Hohenheim

● ● ●

Max Bächer

Mehr als umbaute Luft

Betrachtungen über
Architektur und Zeitgeschichte

Herausgegeben und mit einem Vorwort
von Arno Lederer

Hohenheim Verlag
Stuttgart · Leipzig

Mit freundlicher Unterstützung von

Robert Bosch GmbH, Stuttgart
Deutsche Amphibolin-Werke von Robert Murjan Stiftung & Co KG,
    Ober-Ramstadt
Professor Otto Herbert Hajek, Stuttgart
L-Bank, Karlsruhe
Süd Zement Marketing GmbH, Ostfildern
VELUX-Deutschland GmbH, Architektur-Kommunikation, Hamburg
Adolf Würth GmbH & Co KG, Künzelsau

Satz: Satz & mehr, Besigheim
Druck und Bindearbeiten:
CPI Moravia Books GmbH, Korneuburg
Printed in Austria

ISBN 978-3-89850-155-2

Inhalt

IN ERINNERUNG AN NINA

Vorwort

Sprache und Architektur haben mehr gemeinsam, als manch einer denkt. Wer einen Text nicht nur als eine Mitteilung verfaßt, sondern durch Wortwahl und Grammatik dem Inhalt eine besondere Bedeutung verleihen will, beginnt eine Tätigkeit des Ordnens, die der Architekt in ganz ähnlicher Weise vollbringt. So entsteht durch das Abwägen von Worten, dessen Stellung im Satz, der gewählte Rhythmus von Lauten und Silben gegenüber der sachlichen Mitteilung ein Mehr an Ausdruck, den wir der Schriftstellerei und in besonderen Fällen der Dichtkunst zuordnen. In der Architektur geschieht das, wenn über die technisch notwendige Konstruktion hinaus die Teile zu einer Ordnung geführt werden, die für sich genommen ein Ganzes darstellen und von denen kein Teil wegzunehmen ist, ohne die Gesamtheit zu stören.

So wenigstens definierte Alberti, der große Theoretiker der Renaissance, die Qualität, die Architektur vom schieren Bauen unterscheidet. Vielleicht ist es die Verwandtschaft von Sprache und Architektur, jene strukturelle Grunddisposition, die für Alberti der Anlaß war, sich gleichsam als bauender und schreibender Künstler der Öffentlichkeit zu präsentieren. Denn seine zehn Bücher über die Architektur, die sein Bruder nach seinem Tode veröffentlichte, sind nur im geringsten Teil Handlungsanweisungen für Baumeister, die Auskunft geben, wie etwa ein Grundriß zu entwickeln sei, oder welches Material für welches Bauteil am besten für Boden, Wand und Decke zu verwenden sei. In weiten Bereichen nutzt er die Lust an der Sprache, um über alle jene Zusammenhänge zu schreiben, die Architektur zu dem erklärt, was sie im eigentlichen Sinne ist: eine Res publica.

Die Zahl der Architekten, die wie Alberti auf dem Instrument der Sprache und der Baukunst zu spielen wissen, ist erstaunlicherweise gering. Das betrifft vor allem die Gegenwart, in der der „Universalist" gegenüber dem Spezialisten das Nachsehen hat. Dabei scheint gerade die übergreifende Betrachtung von Architektur, ihr Wirken im sozialen, politischen und künstlerischen Bereich das eigentliche Thema zu sei. Das betrifft nicht nur den Umstand, daß jeder Bauherr meint, er bestimme, wie und was gebaut wird. Ihm klarzumachen, wer ein Innen baue, baue auch ein Äußeres, und deshalb schulde er dem Öffentlichen Raum eine angemessene Architektur, ist eines der Kernthemen, das sich Max Bächer auf die Fahnen geschrieben hat. Mit seinen Texten gelingt ihm, was aus vielen Köpfen verschwunden ist: Mitzuteilen, daß Architektur einen dreidimensionalen Spiegel der Gesellschaft darstellt. Die Qualität von Architektur hängt nicht von ihren inneren technischen Voraussetzungen ab, sondern zuerst von den gesellschaftlichen Zuständen, unter denen sie entsteht.

Max Bächer hat eine Vielzahl von Texten geschrieben, die scheinbar nur am Rande etwas mit Architektur zu tun haben. Und umgekehrt hat er Schriften verfaßt, die scheinbar ausschließlich sich mit Fachfragen der Architektur beschäftigen. Bei genauerem Hinsehen entpuppen sich die Texte als Betrachtungen, in denen das eine nicht losgelöst vom anderen gesehen werden kann, so wie im Detail eines guten Hauses die Gesamtidee seiner Architektur sich wieder findet. Und weil das so ist, sind die Gedanken, was ihre Ambiguität betrifft, sowohl für den Berufsstand selbst, wie für diejenigen, die davon betroffen sind, von hohem Interesse.

In diesem Punkt treffen sein Gefühl für Ordnung, Dramaturgie in Sprache und Architektur gleichermaßen zusammen. Gewiß, hier schreibt ein Architekt, der ein beachtliches Werk geschaffen hat. Vielleicht könnte man sich die Sache auch umgekehrt denken. Ist es der Architekt, der als Schriftsteller tätig ist oder der Schriftsteller, der Architekt ist? Da ist Max Bächer ganz nahe an Alberti und gleichzeitig weit weg von der Sprachlosigkeit, durch die sich heute Architekten in der Mehrzahl auszeichnen.

Was ihn von den wenigen, die viel und gerne schreiben, unterscheidet, ist sein Blick von außen. Unabhängig seines eigenen Schaffens hat er sich einen betrachtenden Standpunkt gewählt. Das ist sympathisch, weil dadurch ein freier Blick für das gesamte Spektrum geöffnet wird und nicht einseitig bestimmten formalen und gestalterischen Vorlieben das Wort geredet wird. Sein einziger Maßstab ist die Frage, ob das Konzept, gleich welchen Ausdrucks es sich bedient, in sich eine konsistente Qualität besitzt. Nichts soll man wegnehmen, nichts hinzufügen können, sagte Alberti. Wie sehr diese Formel über die Zeit hinweg und ungeachtet jeglichen Fortschrittglaubens ihre Gültigkeit bewahrt hat, läßt sich in Bächers Texten nachvollziehen.

Arno Lederer
Dezember 2007

Der Traum eines Dichters

Gabriele d'Annunzios
»Vittoriale degli Italiani«

... aber dieser Scharlatan schrieb Hirtengedichte, die kaum untergehen werden ... Bert Brecht

Wer schon vor dem Krieg am Westufer des Gardasees zwischen Fasano und Saló Erholung suchte, erinnert sich vielleicht noch daran, daß manchmal abends gegen sechs ein schnelles Boot, bestückt mit zwei Kanonen, die friedlichen Wellen zerschnitt; an Bord, gleich einem Zinnsoldaten standhaft, ein kleiner Mann in weißer Uniform wie aus Puccinis Madame Butterfly, den stets ein Böllerschuß begrüßte, wenn er am Torre di San Marco landete. Das war kein Operettenkapitän, sondern der legendäre Nationalheld und Poet Gabriele d'Annunzio persönlich, der nur wenige Wochen nach seinem 100. Geburtstag am 23. Juni 1963 den Porphyrsarkophag in seinem Mausoleum auf dem Berg bezog, hoch über dem heiter bewimpelten See und über den Dächern des verwinkelten Gardone Sopra, den Park, die Villen und sein Waffenarsenal und auch die zehn erwählten Kampfgenossen unter sich lassend, die aus dem Strahlenkranz der Sarkophage zu ihrem Commandante aufblicken: im Leben wie im Tod der Größte!

25 Jahre hatte er auf diese Spitzenlage warten müssen, denn als er 1938 starb, da war das Mausoleum noch nicht begonnen und er kaum mehr als eine vergessene Reliquie. Er erlebte nicht mehr, wie ein Jahr danach Hitler, »der geschwätzige Mönch«, die Welt in Flammen setzte und auch nicht, wie sein einstiger Freund und Leibjournalist, Benito Mussolini, als gestürzter Duce in den 19 Monaten der »Faschistischen Sozialrepublik«

von Saló, fast täglich an seinem Vittoriale vorbeifuhr, bis er am Straßenrand bei Dongo exekutiert wurde. Tempi passati.

Kein Zweifel: D'Annunzio war ein großer Dichter, ein großer Kriegs- und Frauenheld zugleich, ein Lebemann zwischen Heros und Eros. Unsere Mütter und Großmütter lasen Romane wie »Die tote Stadt«, »Francesca da Rimini«, »Lust« oder »Feuer« mit heißen Wangen unter der Schulbank, erschreckt von kunstvoll dekadenter Indiskretion und gepflegter Morbidität. Seine kriegerischen und erotischen Eskapaden, seine Liebesbeziehung zu Eleonora Duse, der »göttlichen« Schauspielerin, von deren Ruhm er sich reichlich bediente und die er dann auch rücksichtslos kompromittierte, waren willkommene Gesprächsthemen der gebildeten Salons. Von Baudelaires dandyhafter Arroganz fasziniert, beeindruckt von Carducci's heidnischer Ästhetik, berauscht von Nietzsches Herrenmenschentum und angeregt von Wagners Kolossalkunstwerk entwickelte d'Annunzio eine eigenständige Form des anarchischen Ästhetizismus, der fast zum leitbildhaften Zeichen für die Jahrhundertwende wurde. Sein Werk war und blieb umstritten, er selbst umjubelt und vielgeschmäht. Sein Einfluß auf die jüngere italienische Literatur hat dennoch in den letzten Jahren ständig zugenommen und ist auch in der europäischen Literatur der Gegenwart nicht mehr zu übersehen. Tempi passati?

Eia, Eia, Alalà

Daß Dichter meist dem Frieden dienten, ist eine fromme Lüge, die Jean Giraudoux durch die Gestalt des Demokos prophetisch widerlegte. D'Annunzio war ein Hazardeur und spielte mit dem Feuer. Mit zündenden Reden trieb er die italienische Jugend 1915 in den Ersten Weltkrieg, in dem er selbst mit laut verkündeten Heldentaten »zu Lande, zu Wasser und in der Luft« in

*Mussolini und d'Annunzio im Gespräch an Bord der MAS
auf dem Gardasee*

jeweils passender Uniform fürs Vaterland agierte. Kein Volksheld seit Garibaldi war so populär wie dieser Dandydichter mit den weißen Glacéhandschuhen am Maschinengewehr. Da befand er sich allerdings in guter Gesellschaft mit der Avantgarde der Futuristen, die in Zerstörung, Krieg und Rebellion den schöpferischen Akt an sich erblickten. So war für ihn der Überfall am 11. September 1919 auf das im Krieg verlorene Fiume – das heutige Rijeka – nicht nur eine politisch-militärische Aktion, sondern zugleich ein theatralisch-künstlerisches Ereignis. Er kleidete seine »Legionäre« mit schwarzen Hemden, Ehrendolch und mit dem Silberzeichen des Totenkopfes, putschte sie mit eigenen Kampfrufen in Wechselgesängen zu patriotischer Ekstase auf: A Noi! und Eia, Alalà!

Fiume wurde für den 20 Jahre jüngeren Exsozialisten Mussolini zum Vorbild, nach welchem er seine militanten Banden organisierte, die »Fasci di combattimento«, mit denen er im gleichen Jahr nach Rom marschierte, als d'Annunzio Fiume, die geheime Hauptstadt seines neuen Lateinischen Imperius, im Januar 1921 räumen mußte. Die Annexion von Fiume wurde zum vaterländischen Mythos und ihr Anstifter zum National-helden verklärt. Wenn der Künstler die Welt erschaffen hat, dann sicherlich nicht nur die gute. Fiume war die erste Choreo-graphie des Faschismus, der auch seither nie ohne die Einbezie-hung szenischer, ästhetischer und künstlerischer Mittel prakti-ziert wurde. Das kam der Empfänglichkeit für Kitsch im breiten Bürgertum entgegen.

Gleich nach seiner siegreichen Niederlage muß sich d'An-nunzio nach Gardone begeben haben, wo er schon 16 Tage später die als Feindbesitz beschlagnahmte Villa des deutschen Kunsthistorikers Henry Thode, einem Schwiegersohn Cosima Wagners, bezieht. Und hier, inmitten der arkadischen Land-schaft des Gardasees, dessen unvergleichliche Schönheit schon Plinius, Catull, Dante, Goethe und viele andere gepriesen ha-ben, reift der Gedanke eines grandiosen Gesamtkunstwerks als Denkmal für die eigene Person: das Vittoriale.

Der Traum eines Architekten

Wie fast alle, die sich ihrer Macht bewußt sind, nahm auch d'Annunzio die Herausforderung der Architektur an, sich durch Bauten darzustellen und zu verewigen. Sein Medium fand er in dem 30 Jahre jüngeren Gian Carlo Maroni aus Arco, der sein Architekturstudium an der Akademie der Brera in Mailand 1919 mit Auszeichnung abgeschlossen und sich nach kurzer Praxis in Riva niedergelassen hatte. Maroni war gerade 28 Jahre, so alt wie Albert Speer, als über diesen der Mantel des Führerbaumeis-ters fiel: den Jungen eine Chance. Als Anhänger der Irredenta, die um die Wiedergewinnung verlorener Gebiete kämpfte, und als junger Frontoffizier verwundet, paßte er auch ideologisch gut zu seinem Bauherrn, der ihn zunächst mit Um- und Anbauten des alten Landhauses beauftragte, der erste Schritt zu einem Ziel, das damals noch in weiter Ferne lag; gehörte doch d'Annunzio erst ein Zehntel des späteren Gesamtareals.

Auch wenn sein Werk erst spät entdeckt wurde, war Maroni durchaus kein unbedeutender Architekt. Der monumentale Bau des Ponale-Kraftwerks in Riva (1925 bis 1928), dicht an der Stadtausfahrt nach Süden, zeigt einen auf die Grundformen reduzierten Klassizismus, die Sportanlagen am nördlichen Seeufer (1930) wirken durch den kühlen »modernismo romano«, der in der faschistischen Architektur Italiens weite Verbreitung fand. Die Seepromenaden von Riva (1932/1933) und Gardone (1936) sind noch heute schön und vorbildlich in ihrer noblen Zurückhaltung. Er könnte auch der Architekt der Blendarkaden in Gardone gewesen sein, die den wenig ausgeprägten Straßenraum der Gardesana dezent zu einem Stadteingang fassen.

Das Vittoriale, mit dessen Planung er 1922 begann, wurde sein Lebenswerk, dessen Verwirklichung sich über 50 Jahre hinzog. Sicherlich ist es kein einheitliches Werk. Es läßt jedoch in seinen Teilen wie im ganzen trotz mannigfacher Stilwandlungen ein Gesamtkonzept erkennen. D'Annunzio, der sich als Ästhet und Machtmensch irrtümlicherweise auch für einen begnadeten Architekten hielt, war gewiß kein einfacher Bauherr und hatte wohl mehr einen tüchtigen Bauleiter, weniger einen schöpferischen Architekten gesucht. Doch Maroni war beides. Er sei ein wortkarger und besonnener Mann gewesen, nicht leicht aus der Fassung zu bringen, aber auch ungerührt, wenn der Bauherr, der sich »comandante« titulieren ließ, etwa die Arbeitslöhne nicht bezahlte. Wenn auch auf vielen Plänen der überaus eitle d'Annunzio sich durch seine Unterschrift und Eintragungen der Verfasserschaft bemächtigte und sicher auch viele Entscheidungen selbst in die Hände nahm, so lassen sich doch die Verfasser unschwer unterscheiden, nicht eben zum Vorteil des letzteren. Dennoch blieben sie zeitlebens durch das Werk verbunden: erst Partner, später Freund, dann Bruder. Maroni starb 1952. Er liegt in einem der zehn Sarkophage zu Füßen seines Bauherrn im selbstentworfenen Mausoleum.

Entlang der »Via triumphallis«

Oben in Gardone Sopra öffnet sich die Straße in die Berge zu einem großen Platz, flankiert von einem weitgespannten Bogen, dem gegenüber eine zweigeschossige Arkade mit einer Loggia als Abschluß des Dorfrandes antwortet, davor die Rostra als ein unverzichtbares Element faschistischer Platzausstattung. Zwischen Andenkenbuden, wie an einem Wallfahrtsort, führt eine breite Straße, eingefaßt von Mauern, die haushoch mit einem grünen Teppich aus kleinblättrigem Ficus repens überzogen sind, durch den Triumphbogen, vorbei an Kassenhäuschen und Verwaltung zu einem doppelten Portal, auf dem die gönnerhafte Mitteilung des Hausherrn steht: »Io ho quel che ho donato« – »Ich besitze, was ich verschenkt habe« – ein Hinweis auf die stückchenweisen Schenkungen seiner Staatsdomäne an das italienische Volk.

Hier beginnt dann ein Stationenweg ins Zentrum der Anlage, bestückt mit Spolien so groß wie der Steinpfeiler einer Piave-Brücke, mit Masten, Figuren, Reliefs, Amphoren, voll mit Wasser aus der Piave, Urnen mit Erde aus Fiume, blutbefleckten Fahnen, Schießgewehren, Votivtafeln, Wappen, Inschriften als Symbole für d'Annunzios überschätzte Männlichkeit und als bedrückende Trophäen, die an die mörderischen Kämpfe am Isonzo, am Pasubio und am Monte Grappa erinnern, wo sinnlos Tausende von jungen Italienern, Österreichern und Deutschen den Tod fanden, nur weil ein Dichter siegen wollte.

Einen Lichtblick stellt die Freilichtbühne dar, die sich hinter einem Arkadenbau in eine überwältigende Landschaft öffnet.

*Das Mausoleum des Comandante und seiner
zehn Legionäre*

Sie war zur Aufführung der Dramen des d'Annunzio gedacht und wird seit wenigen Jahren in den Sommermonaten bespielt. Man wird nicht leicht ein schöner gelegenes Theater finden, dessen Kulisse der See mit seinen Bergen und bizarren Ufern, dem Felsen von Manerba, der Landzunge von Sirmione, im Hintergrund den Hügeln von Solferino bilden und die bei klarem Wetter durch die Gipfel des fernen Apennin begrenzt ist: Ein Schauspiel, zu dem man keine Aufführung braucht. Auch hier spürt man Maronis Hand und seinen untrüglichen Blick für Situationen: ein Meisterwerk der Ortsfindung.

Erholsam wirkt der schattige Innenhof am Ende der Erschließungsachse, die Piazza Dalmatia, die von einem zweigeschossigen Loggienbau eingefaßt wird, ein Leitmotiv, das Maroni bis zu seinen begehbaren Arkadenmauern variierte, die die Bauten mit den dominanten Orten auf einer separaten Ebene verbindet, ein raffiniertes System von Überlagerungen öffentlicher und privater Wege, das immer wieder Durchblicke auf Bauten, See und Berge freigibt und umrahmt.

Purgatorium und Weltverachtung

Das klösterliche Refugium war von vornherein auf öffentliche Repräsentation hin angelegt, denn Eitelkeit lebt von Bewunderung der anderen. Hier wollte sich d'Annunzio in das Labyrinth seiner musealen Erinnerungen zurückziehen von der Welt, doch diese sollte ständig daran teilhaben. So viel egozentrischer Exhibitionismus würde manchen Hollywoodstar erröten lassen. Ohne Maronis großzügiges Gesamtkonzept wäre die Selbstdarstellung des Gefeierten unerträglich.

Die Front der Piazza Dalmatia wird von der »Prioria« gebildet, dem zum Renaissance-Palast umdekorierten Landhaus Henry Thodes, ein öffentlich zugängliches Gruselkabinett, vollgestopft mit Möbeln und Figuren, mit Trophäen aus Krieg und Motorsport, drapiert mit Kissen, Teppichen, Portieren, Samt und Seide, mit Fahnen, Wappen, Netzen, dazwischen Schalen, Vasen, Piedestale, Marmor, Gips, Edelhölzer und Intarsien, auch Kunstwerke von Rang, die einander in ihrer wahllosen Fülle erschlagen, dazu noch Tausende von Büchern, viele mit deutschen Titeln von seinem Vorbesitzer – das alles in ungelüfteten und zwielichtigen Kabinetten, denen der Dichter bedeutungsvolle Namen gab, wie Zimmer »der blutenden Hand« oder »des Aussätzigen«, kurzum: schön wohnlich.

Kunstwerk und Gegenstand sind hier restlos denaturiert zum Träger von Prestige- und Bedeutungswerten, ganz reduziert zum Darstellungsobjekt von Status, Bildung und Besitz: eine Entfremdung, die selbst Karl Marx noch überrascht hätte. In diesem Trödelladen schwülstiger Gefühle entartet Kunst zwangsläufig zum Kitsch. Man kann sich so das Haus der Madame Tellier oder ähnliche Etablissements der Jahrhundertwende vorstellen, wird aber doch zugleich erinnert an Makart und seine Folgen auf die bürgerliche Wohnkultur, die heute in ländlichen Restaurants, Hotelhallen, Chefetagen und in Fernsehausstattungen weiterlebt und tief im Gemüt alternativer Wohnungen versenkt ist: Fluchtwelten auf verschiedenen Umlaufbahnen.

D'Annunzios morbides Plüschpanoptikum reizt zwar zum Lachen, aber stimmt nicht heiter. Man spürt die Absicht, und man ist verstimmt. Auf diesem Kompost von extrovertierter Bildung und Sentimentalität gedieh in der Treibhausluft elitärer Arroganz auch jener totalitäre Kitsch, der selbst die schlimmsten Greueltaten des Dritten Reiches noch mit einer klebrig-süßen Schicht umhüllte. Insofern lohnt sich auch der Gang durchs Purgatorium. Im Winkel dazu steht der Bau des »Schifamondo«, wohin der Dichter aus Abscheu vor der Welt entfliehen wollte. Auf dieser Flucht starb er, bevor er seine Einsiedelei beziehen konnte. Unten stehen noch in den Arkaden wie reisefertig schnelle Autos aus stahlgeschmiedeten Karossen, die Attraktion von jung und alt, und nebenan in der Rotunde seines »Kriegsmuseums« flattert verhuscht der riskante Doppeldecker des Poeten, mit welchem an den »unvergessenen Flug über Wien« erinnert werden soll. Erst in den letzten Jahren wurde diese Halle geschickt in einen vielfältig nutzbaren Vortragsraum verwandelt. Der übrige Bau ist heute weitgehend Museum, eine kaltlackierte Pracht zwischen Jugendstil, Art-Deco und Fernost, ein eigentümlicher Stilmischmasch von der unverbindlichen Eleganz eines Hapag-Lloyd-Dampfers. Auch hier scheint alles Leben balsamiert, und man erwartet jeden Augenblick, daß Gabriele als mumifizierter Wärter seines eigenen Museums auftritt. Dennoch sind diese Räume interessant für eine Phase üppiger Raumausstattung der dreißiger Jahre

Schiffbruch und Götterdämmerung

Ein steiler Weg, sorgsam gestaltet, führt hoch auf einen Quellenplatz, umgeben von Kanonen und Granaten, die hier wie Rüben aus dem Boden sprießen. Dann wird man über einen flachen Laufgraben in eine Achse gelenkt und schreitet über breite Stufen an Deck der »Puglia«, einem abgewrackten Kreuzer, dessen Vorschiff sich d'Annunzio schenken und von einem Bataillon Soldaten den Hang hinaufschleppen ließ, nur weil der Kapitän sein Kampfgenosse war, der in Split bei einem Aufstand ums Leben gekommen war. So absurd dieses Marine-Arrangement inmitten von Zypressen wirkt, als ob das Schiff im nächsten Augenblick die Anker lichten wolle, kann man doch nicht umhin, die Sorgfalt zu bewundern, mit der der Marmorweg in Porphyrstreifen übergeht, die sich nahtlos an die hölzerne Beplankung des Schiffsdecks fügen. Hier trifft man fröhliche Gesellschaft an der Reling, Erwachsene, die einander fotografieren, als seien sie auf einer Kreuzfahrt durch das Mittelmeer, und Kinder, die vergnügt mit den entladenen Kanonen spielen. In einem unzugänglichen Verschlag darunter stößt man auf eine makabre Szenerie: Eine vergoldete Kopie der Venus von Milo, behängt mit einem Tuch wie aus Brokat, steht hier inmitten eines Waffenarsenals wie die Attrappe einer inferioren Priesterin, die selbst das Opfer der genüßlichen Zerstörung ist. Unter dem Schiffsbug aber fällt verwunschen und verschlossen ein »Garten der Gefühle« zum See hinab. Zwei Bächlein, die »närrischen« und die »klugen Wasser«, plätschern in die Tiefe und treffen sich in dem barocken Ornament des »Teichs der Tänze«. Selbst hier, wo zwischen Efeu und Clematis der heilige Franziskus und St. Rochus träumen, wölben sich über lauschigen Gewässern Brückchen und Stege aus Granaten als Zeichen der allgegenwärtigen Gewalt. Bergaufwärts von d'Annunzios Arche passiert man eine Art Garage, ein Schwimmdock für das

Schnellboot MAS, mit dem der alternde Condottiere sich abendlich den Kurgästen präsentierte. Endgültig überzeugt davon, daß die Zukunft der Seefahrt in den Bergen liege, wagt man die letzte Station, das Mausoleum, zu besteigen, das sich erhaben in drei konzentrischen Marmorringen nach Art römischer Tumuli zu einer Plattform über einer Krypta aufbaut, auf der im Kranz die weißen Sarkophage den des erhobenen Dichterhelden schützen. Die Harmonie von Architektur und Landschaft ist vollkommen: ein Monument von würdevoller Schlichtheit. Versöhnlich spielen Kinder hier Versteck hinter den großen Sarkophagen, die Älteren verzehren unbefangen ihr Picknick und freuen sich des Lebens auf diesem Höhepunkt des Vittoriales. Die Gruft scheint häufig menschlichen Bedürfnissen zu dienen, ja, hier hat uns die Erde wieder. Das alte Thema vom Grabhügel, vielfältig in der Baugeschichte abgewandelt, vom Grab des Hadrian über Boullée, Wilhelm Kreis zu Adolpho Natalinis Friedhofsprojekt, hat sich hier in eindrucksvoller Klarheit manifestiert. Es scheint, als seien Anlaß und Bedeutung verblaßt, vergessen, was sie sagen wollten. Mag diese Architektur auch aus dubiosen Motiven und fatalen Absichten entstanden sein, hier ist sie autonom geworden, das Zeichen eines Ortes in einer erhabenen Umgebung.

Das Vittoriale über dem See –
Schlachtschiff zwischen den Zypressen

Im Wendekreis des Krebses?

D'Annunzios Vittoriale läßt die Seismographen unserer Zeit empfindlich ausschlagen. Die Wiederentdeckung der Vergangenheit macht Fortschritte. Umberto Eco, der schon lange vor den Architekturpropheten über den Begriff der Postmoderne in der Literatur reflektierte, stellt das Vittoriale in Vergleich zu den Festungen der Einsamkeit und zu den verzauberten Schlössern zwischen Neuschwanstein und Los Angeles.

Tankred Dorst zersetzt mit seinen Fragmenten über das Vittoriale die Legende um d'Annunzio. Fernsehsendungen beschäftigen sich mit dem verführerischen Phänomen des Traumes eines Literaten. Harald Szeemann widmete ihm Platz in einer Dokumentation über das Gesamtkunstwerk. Doch Architektur ist keine Literatur und umgekehrt. Beide reagieren wie ein System kommunzierender Röhren auf unser wechselndes Bewußtsein. Gebaute Architektur verändert sich nicht. Sie ist ein Spiegel ihrer Zeit, jedoch auch jeder Gegenwart, die die Veränderungen ihres eigenen Bildes darin entdecken kann. So werden die Besucherzahlen des Vittoriale künftig weiter steigen. Auch ohne diese kritischen Betrachtungen. Avanti.

Sanfte Ruhe in Venetien

Ein Friedhof von und mit Carlo Scarpa

Darin ist Italien zuverlässig und krisenfest: Man kann irgendwo auf der Landkarte mit dem Finger eine Linie ziehen und braucht ihr nur nachzugehen, um fündig zu werden. Kaum in einem anderen Land treten die Ablagerungen der Geschichte so offen zutage und werden ihre Ausblühungen so selbstverständlich zu gutdurchlüftetem Nährboden für neue kulturelle Aussaat kompostiert.

Auf dem Wege zu Scarpas Grab

Daß alle Wege nach Rom führen, ist sicher eine imperialistische Anmaßung. Jeder Weg führt woanders hin, verführt zu eigenen thematischen oder dramatischen Interpretationen. Wer zum Beispiel von Padua direkt nach Norden reist, um San Vito d'Altivole und Scarpas Grab zu finden, dem können sich entlang der Straße, nur einen Steinwurf weit entfernt, Figuren und Gestalten aus verschiedensten Epochen zeigen, die aus den Erinnerungen hervortreten, als ob sie Dantes Divina Commedia fortsetzen wollten.

So winkt uns beim Verlassen Paduas der heilige Antonius nach, dem unsere Sympathie weniger als Bußprediger denn als unverzichtbarem Helfer beim Wiederfinden verlorener Dinge gilt. Er hat es zu einer respektablen Basilika gebracht, von der er selbst nur eine kleine Seitenkapelle bewohnt: huldigt ihm doch ganz Padua.

Hat man die Brenta nach Norden überquert, zeigen viele Schilder, daß die Meister des Straßenbaus auch Meister der Umleitungen sind. Es dauert länger als man denkt, bis Castelfranco Veneto in Sicht kommt, kürzer als erwartet, bis die

Chaussee in schmatzendem Asphalt mündet und in Serpentinen zum befestigten Städtchen Asolo hochführt, wo über den Weinbergen gleich hinter der Klostermauer eine einfache graue Granitplatte das Grab der »göttlichen« Eleonora Duse beschwert, deren hingebungsvoll-empfindsames Spiel das internationale Theaterpublikum der Jahrhundertwende ebenso begeisterte wie den etwas zu klein geratenen Dichter Gabriele d'Annunzio, der in seinem etwas zu groß geratenen Heldensarkophag hoch über dem Gardasee ruht.

Von Asolo ist es gleich weit zu Palladios Villa Barbaro in Maser wie nach Possagno, wo man nach 15 Minuten auf felsigem Gebirgshang von weitem schon die riesige Rotunde sieht, die der gefeiertste Bildhauer seiner Zeit, Antonio Canova, seinem Heimatstädtchen und sich selbst beschert hat, ein klassizistisch erkältetes Pantheon, das den größten Teil seines Leichnams birgt, abgerechnet sein Herz, das in der Frarikirche in Venedig in einem seiner berühmten Grabmonumente aufbewahrt wird, so wie die Abgüsse seiner schönsten Statuen in Possagno, wo der Enkel in den Marmorsteinbrüchen vom Großvater das Steinmetzhandwerk erlernte und zu seinem 200. Geburtstag eine neue Gipsothek erhielt, in deren Gestaltung wir derselben delikaten und unverkennbaren Handschrift begegnen wie im Castlevecchio in Verona, nämlich der Carlo Scarpas.

Bevor wir uns ihm zuwenden, müssen wir unseren Weg zu Ende gehen. Steile Kurven führen auf den 1775 m hohen Monte Grappa zum monumentalen Soldatenfriedhof, wo unter den Hunderttausenden von Zeugen der Anklage keine Bekannten mehr zu finden sind. In konzentrischen Kreisen bauen sich die Gräber auf, in denen die Gebeine jener ruhen, die an der Brenta, am Pasubio und am Piave ihre Träume, ihre Siege und ihr Leben verloren haben: Inferno und Purgatorio in einem.

Das Paradies von San Vito d'Altivole, dem Ort, wo Scarpa dem toten Großindustriellen Giuseppe Brion sein Grabmal erbaut hat, liegt weiter südlich. Auf der Karte war es nicht zu finden. Die einsame Kreuzung auf einer von Platanen gesäumten Landstraße führt unbemerkt und direkt zu der großen vanillefarbenen Kirchenfront, über deren Portal in goldenen Buchstaben DUOMO steht. Der Ort scheint nur aus einem kleinen dreiseitig geschlossenen Platz mitten in den Maisfeldern zu bestehen. Kein Friedhof neben der Kirche noch dahinter; keine Menschenseele, alles zu. Der Kies knirscht; die Hitze rührt sich nicht von der Stelle: »High Noon« von Fellini?

Il grande Scarpa

In der Bar an der Ecke hocken im Halbdunkel ein paar Schnauzbärtige. Fremde Gäste scheinen unwillkommen. Die Wirtin wischt mit dem Gläsertuch den Schweiß von der Stirn. Doch die vage Frage nach einem Cimetero verändert das Bild schlagartig: Es ist, als hätte man den Garten gegossen, so beginnt alles neu zu leben. Die Wirtin entringt sich einen Aufschrei: »Oh, il grande Scarpa. Lui era il mio grande amore!« Sie putzt sich die Hände an der Schürze und stürzt auf uns zu. Die Schnauzbärte müssen die Tische zusammenrücken: so sei er immer hier gesessen, mit Spitzbart und Panamahut, habe Nostrano getrunken und skizziert: con due mani! Einen anderen Grund nach San Vito zu kommen, als den neuen Friedhof und seinen Architekten zu besuchen, gibt es hier nicht. Er hätte sie mit auf die Baustelle geholt, um mit ihm anzusehen, wie schön die Mosaikstreifen auf der Betonwand in der Sonne glänzten, habe mit ihnen besprochen, wie man die komplizierten Schalungen baut, das Wasser in den Kanälen hält; immer sei er wieder gekommen bis zu dem Tage des »grande disastro« am 28. November 1978, als der 72jährige Professore in Japan beim Fotografieren rückwärts die Treppe hinuntergestürzt sei. »Il povero Scarpa!« Schwer vorstellbar, daß man einem ähnlichen

Interesse und Mitwissen begegnet, würde man in Biberach an der Riß nach Hugo Häring fragen! Hier in Venetien ist Architektur noch immer Kunst und ein Teil des Lebens.

Da uns einige begleiten wollen, bewegt sich bald ein kleiner Zug auf der geschotterten Straße zum Friedhof, der sich zwischen Feldern und Weinstöcken verbirgt. Auf dem Weg haben wir schon die halbe Geschichte erfahren: daß Giuseppe Brion aus San Vito stammte, die Firma Brionvega, die die schönsten Fernsehgeräte Italiens verkaufe, aufgebaut, aber seine Heimat nicht vergessen habe: erst eine Fabrik in Altivole und dann seine Familiengruft – nicht in Genua, Turin oder auf dem Cimetero Monumentale in Mailand, sondern in der Nähe der Felder, von wo er herkam. Sie alle sind stolz darauf. Onorina, seine Frau, die auch aus dem Dorf kommt, wußte, was sich gehört. Erst sollten es ja nur 100 m² sein; aber der Bauer wollte nur eine größere Fläche hergeben, und nun sei eben das Familiengrab für Beppo Brion größer geworden als der ganze Friedhof: »Ma una tomba bellissima, un paradiso!« Nur dürfe Onorina nicht noch einmal heiraten, sonst stimme die ganze Konzeption nicht mehr.

Der Friedhof

Wie der Eingang zum Paradies wirkt das verrostete Eisentor nicht, auch wenn von der Landstraße her eine alte Zypressenallee, ausdrucksstarkes und unverzichtbares Requisit des Monumentalen, darauf zuführt und verrät, daß es auch vor Brion schon einmal bessere Zeiten gegeben hat. Der karge Dorffriedhof ist nach dem üblichen Schema angelegt: zwei links, zwei rechts, eine Mittelachse. Grauer Split, polierter Marmor, Plastikblumen, Alu-Vasen, da und dort vergilbte Fotos und ein Saum von Totenhäusern. Nein, hier gibt es keinen Tod in Hollywood: hier wird gestorben und begraben. Das Leben bleibt draußen und geht weiter. Um so verbindlicher fällt darum wohl

Friedhof Riva d'Altivole,
Portal zur Brionschen Grabstätte

Die Sarkophage des Ehepaars Brion.
Zweisamkeit im Leben wie im Tod.

das in die Achse gestellte Gebäude ins Auge, Grabmal nach Maß
und Größe wie die anderen, aber von sehr viel feinerer, edlerer
Art, Öffnung und Abschluß zugleich. Ein grüner Schleier fal-
lender Zweige verhüllt wie eine Portiere das Portal, der etwas
trennt und verbindet, was hinter der Mauer liegt, die den alten
Friedhof umschließt; ein Tor der Verwandlung, der Grenzen und
Übergänge, der vielfältigen Schwellen aus Licht und Schatten,
Marmor und Beton, dessen Achse vor einem zweigeteilten Auge
endet und sich nach beiden Seiten verliert, nach rechts in einer
Scheibe aus Kristallglas, die den Weg verstellt, der übers Wasser
führt; nach links in einer Wiese, auf der ein seltsames Gebilde
steht, dessen Grundriß aussieht wie die drehbare Lafette eines
Weltraumfahrzeugs.

Der Plan verwirrt mehr als er zunächst klärt. Man kann ihn
lesen, aber versteht den Sinn der Zeichen und Bezeichnungen
nicht. Pavillon, Tempelchen, Kreuzgang, Quelle, Wasserspiegel

sind Worte, die ahnen lassen, daß hier kaum etwas an Friedhofs-
bauten jenseits der Alpen denken läßt, aber auch nur wenig an
das Diesseits. Das ist ein traumhaft schönes und raffiniertes
Spiel von Formen und Symbolen, von Orten, die in geheimnis-
voller Weise miteinander verwoben sind, eine Welt der künstlerischen Phantasie, in welcher Zeit und Ziele zu verschwinden
scheinen. Wie ein großes »L« umschließt eine nach innen ge-
neigte Mauer den Rätselgarten, der an nichts erinnert und doch
vielfältige Assoziationen weckt: an chinesische oder islamische
Gärten an Labyrinthe und Zauberschlösser, an Arkadien und
Elysium – kaum an Christliches. Ein Meisterwerk von gelasse-
ner Erbaulichkeit.

Scarpa: »Es gab keine präzise Funktion, kein Programm, man
konnte tun, was man wollte, und ich glaube, daß ich mich dieser
Freiheit befriedigend bedient habe.«

Lediglich der Tempel erlaubt praktische Benutzung. Direkt
von der Straße zu erreichen, dient er den Leuten von San Vito als
Friedhofskapelle, ein leichtdurchfluteter, stimmungsvoller, fast
intimer Raum, dessen polierte Decke Reflexe aus der Wasserfläche widerspiegelt, die das Gebäude wie ein Teich umgibt, auf
dessen Grund verschwommene Fragmente Erinnerungen an
vergangene Paläste wecken.

Vom Kreuzgang her wirkt das Mausoleum für die Angehö-
rigen Brions als eine mächtige Lade, auf deren Boden sich
trommelförmige Grabsteine aus Marmor wie alte Schriftrollen
reihen. Durch keinen Weg verbunden liegt, in die Erde einge-
senkt, die eheliche Gruft der Brions, von einem Brückenbogen
überspannt, unter dessen Schatten zwei schwere Granitsarko-
phage einander heftig zugeneigt sind.

Scarpa: »Das erleichtert das Gespräch der beiden: Beppo,
Giuseppe, Joseph, liegst du auch gut? Ja danke, Rina, schön,
daß du auch da bist.«

Eine kunstvoll gefaßte Quelle speist den Wasserkanal, der geradlinig in das große Bassin mündet, wo auf einer Insel, von Seerosen umgeben, ein Baldachin auf zerbrechlich dünnen Stützen schwebt, der Pavillon der Kontemplation, der nur über einen Steg zu erreichen ist, wenn zuvor die kristallene Tür mit Hilfe eines kunstvollen Mechanismus von vielen Rollen und Seilen im Boden versenkt wird.

Scarpa: »Den Pavillon habe ich eigentlich für mich gebaut. Ich setze mich gerne dahin und meditiere. Das Wasser brauchte ich als Reflex für den Baldachin.«

Mögen die kessen Najaden, die nicht nur viele Skizzen, sondern auch die Werkpläne für den Pavillon zieren, ihm dabei geholfen haben! Der Ungestörtheit dieses »locus solus« dient wohl auch jenes Bündel von Stahlseilen, das, von kostbaren Spannschrauben aus Bronze gehalten, wie eine symbolische Schwelle quer über die Wiese gezogen ist, eines der vielen Details, an deren handwerklicher Präzision und beherrschter Technik man sich kaum satt sehen kann.

Da gibt es schwere Betontüren, die sich mühelos in raffiniert ausgeklügelten Scharnieren drehen. Betonpfeiler und Schwellen sind zu vielfältig gegliederten Linienbündeln verfeinert; Wasserspeier aus gedrehten Bronzezylindern werden durch Bohrung und Schnitt zum abstrakten »Löwenkopf«. Überall spürt man die sichere Hand, die das industrielle Produkt bearbeitet und vollkommen gemacht hat. Aus jedem Materialanschluß wird eine Erstaufführung, ohne daß Scarpa die Regie über die ganze Vielfalt von Einfällen verliert. Denn alles wird durch die Einheit des Materials und durch das Grundmotiv eines endlos abgewandelten Stufenprofils zusammengebunden, das das Licht über viele Kanten bricht und in dunklen Taschen versinken läßt. Fast 3 Mio. DM soll die Gesamtanlage gekostet haben.

Scarpa: »Architektur muß kostbar sein, aber es ist nicht nur das gezielt eingesetzte Material, sondern die Arbeit des Kopfes und der Hände, die die Architektur ausmacht.« Der Kontrast zu dem herben Landfriedhof und Brions Elysium ist frappierend, aber nicht störend. Man verdrängt die sich regende kritische Frage, ob das alles nicht sehr unbescheiden, ja asozial sei angesichts der Anspruchslosigkeit der Leute von San Vito, die den Friedhof des Großindustriellen als ihren eigenen bewundern, und man tröstet sich mit Goethe: »Das Volk, wie es gerne seine Hüte schmückt, will auch seine Oberen prächtig und geputzt sehen.« Im unbefangenen Hin- und Herwandern zwischen diesen beiden Welten voller Gegensätze wird deutlich, wie sorgfältig sie miteinander verwoben sind und wie sehr sie einander bedingen. Hier die strengen rationalen Achsen, dort das Spiel des kalkulierten Zufalls; hier eine ablesbare einheitliche Ordnung, dort eine Pluralität von Orten der Zwanglosigkeit; hier jedes Grab und jedes Totenhaus ein erstrebtes Monument, dort die Vermeidung aller Hierarchien und ein memento mori ohne Monumentalität. Sie erübrigt sich einfach bei einem Familiengrab von 2000 m² Größe. Aber es ist gut, daß sich diese Welten so darstellen, wie sie sind, denn jede ist die Inszenierung der anderen.

Architektur ist etwas für alte Männer

Die Leute im Dorf fragen nicht, was das alles soll. Sie verstehen die Sprache dieser Architektur, denn sie ist märchenhaft und künstlerisch. Sie gehen sehr diesseitig hinter der Mauer spazieren, ein Gärtner stutzt die Grashalme auf der Wiese, die man nicht zu betreten wagt, bis man dort Kinder ganz ungeniert spielen sieht. Solange ihnen keiner etwas weisgemacht hat, schreckt sie der Tod nicht. Nur »Kenner« wollen immer gescheite Fragen stellen und können sich nicht am Rätselhaften

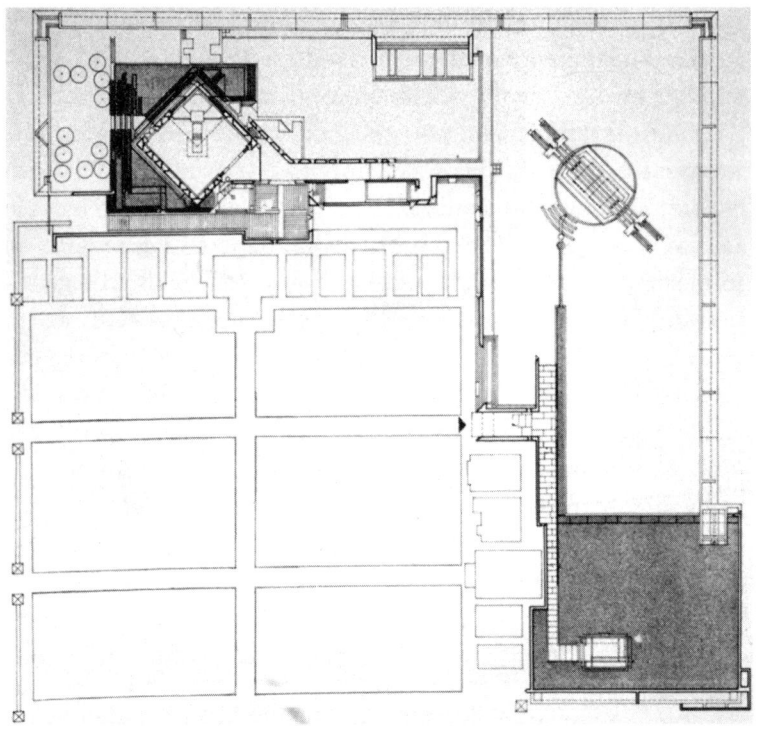

*Lageplan des Friedhofs San Vito d'Altivole mit Grabstätte
und Kapelle der Familie Brion*

freuen, ohne genau zu wissen, was es bedeutet. Dies ist das Werk
eines großen Meisters, der mit höchster Sensibilität komponiert
hat, was ihm gefällt. So ist alles mehrschichtig und vieldeutig,
metaphorisch und literarisch, poetisch, spielerisch und philo-
sophisch, architektonisch und handwerklich, manieristisch,
fremd und vertraut – sehr alt und immerwährend.

Scarpa: »Architektur ist etwas für alte Männer! Das Glück,
mit den Jahrtausenden zu leben, bedeutet, immer wieder Epochen zu begegnen, die die Würde haben, ihre eigene Repräsentation ernst zu nehmen.«

Er war 64 Jahre alt, als er den Auftrag für den Brionschen Friedhof annahm, nachdem er zuvor die Projektierung der Erweiterung des Friedhofs von Modena abgelehnt hatte, deren Ausführung dann in Aldo Rossis Händen lag. Fast ein Jahrzehnt hat Scarpa an San Vito gearbeitet und über 4000 Pläne und Skizzen soll er dafür gezeichnet haben. Er tat das meiste selbst und verschmähte, als Architekt ein Büro zu führen. Er fand immer die Mitarbeiter, die sich für seine Arbeit begeisterten und ihm zur Hand gingen, um sie umzusetzen und weiterzuentwickeln, so wie sein Nachfolger, der engagierte und unbeirrbare Arrigo Rudi aus Verona, der schon den Museumsbau im Castelvecchio leitete und seit Scarpas Tod die Fertigstellung der Banca Popolare vorantreibt, die schon seit Jahren in der internationalen Fachpresse publiziert wird. In Deutschland dagegen war Scarpa sehr lange ein verschwiegener Geheimtip. Doch wer verschwieg ihn eigentlich?

Scarpa vergessen?

Unter den 140 Titeln seiner Bibliographie, die mir bis 1979 vorlagen, ist kein deutscher aufgeführt. Scarpas brillante Darstellungen fehlen in der angeblich so umfassenden Auswahl von Architekturzeichnungen seit 1479 der Kunstbibliothek Berlin.

Scarpa: »Ich mache meine Architektur wie ein Architekt mit dem Mittel des Architekten, und dieses ist ausschließlich die Zeichnung!«Er fehlte in den meisten deutschen Publikationen über die Architektur der Gegenwart; Heinrich Klotz hat sicher eines seiner wichtigsten Architekteninterviews versäumt und wird es nicht mehr nachholen können. Charles Jenks konnte ihn zwar nicht in seinen weiten Taschen der Postmodernen unterbringen, aber Japaner, Franzosen, Amerikaner, Engländer und natürlich Italiener haben Scarpa erlesene Sonderpublikationen gewidmet. Liegt es daran, daß Scarpa sich immer geweigert hat, seine Architektur mit einer schriftlichen Ideologie zu vertreiben? Oder sollte der deutsche Geist erst auf eine Zuständigkeitsbescheinigung gewartet haben oder darauf, daß Scarpa von der Zensur freigegeben wird?

Vivo – ergo cogito

Scarpa war Venezianer. Er war mit seiner Stadt, die Goethe als »Biberrepublik« bezeichnete, aufs engste verbunden. Er mußte nicht seine Wurzeln ausreißen, wenn er sich nach der Sonne drehen wollte. Aber sein Ort war nicht Venedig als ein Arsenal von Monumenten, als das es dem kunstsinnigen Touristen erscheinen mag, sondern: Eine Kontinuität von Vergangenheit und Gegenwart, die nur mit den Augen entdeckt und mit den Händen begriffen werden kann; als eine Möglichkeit, um Dinge in ihrer Widersprüchlichkeit miteinander zu verbinden, als Summe menschlicher Erfindungen und Kunstfertigkeiten; als offenes Tor zur Welt; als Spiel von Licht und Schaffen, Farbe und Textur, von Marmor, Ziegel, Glas, Holz und Metall mit den unstet huschenden Reflexen des Wassers und als Stadt für Menschen, die die Magie solcher Kostbarkeiten körperlich empfinden: Vivo – ergo cogito.

Das alles findet sich in Scarpas Arbeiten und in San Vito wieder: Die Stufen, aus denen die Paläste aus dem Wasser steigen, die Kanäle, die Vielfalt an Formen, die Lust am Fremden, die handwerkliche Tradition, die Künstlichkeit, der Wechsel der Thematik, die Kontinuität des schöpferischen Prozesses, unabhängig vom Zweck des Augenblicks. Auch Venedig ist unnötig. Und so, wie auch Venedig nur durch das Höchstmaß an Qualität jedes einzelnen Stücks dem Odium des Kitsches entgeht, so bewahrt es auch Scarpa auf seiner Gratwanderung von San Vito vor einer nur gefälligen »Niedlichkeit« seiner Schöpfung.

Sie war das letzte Werk, das er vor seinem Tod vollendete, nachdem er noch die Aufstellung der Marmorstele auf seiner Gedenkstätte für die Opfer des faschistischen Attentats von Brescia und die Fertigstellung des Rohbaus der Banca Popolare von Verona erlebt hatte. Er hatte sich gewünscht, auf seinem Friedhof in San Vito di Altivole bestattet zu werden, der so zu seinem eigenen Requiem geworden ist. Eigentlich möchte man es jedem selbst überlassen, Scarpas Grab dort zu suchen und zu finden. Ein schräg angeschnittenes, rostiges Stahlrohr mit polierter Schnittkante ragt an einer Stelle, die man ganz beiläufig erreicht, aus dem Boden und bezeichnet den Ort, den er sich in geradezu prätentiöser Bescheidenheit ausgewählt hat: an einer Mauer im Zwischenbereich, außerhalb der Brionschen Grablege und innerhalb des alten Friedhofes, innerhalb und außerhalb zugleich. Sein Grab liegt genau in der Achse des Querweges, der den alten Hauptzugang kreuzt. Übrigens die einzige von Scarpas Achsen, die zu einem Ziel führt.

Eingang zur Kapelle

Alles Beton

Eine Kirche von Walter Förderer

Obwohl sie von jedem Satelliten aus zu sehen sind, verschweigt man heute lieber solche gigantischen Bauwerke wie diesen Staudamm im Wallis südlich von Sion. Er war der größte Europas, als er in den sechziger Jahren fertig wurde, eine 300 Meter hohe Schwergewichtsmauer, die als eine maßlose Wand zwischen den Viertausendern das Val des Dix abriegelt: ein bedrohliches Wunder am Ende der Welt. Die die große Mauer gebaut haben, wissen wohl, was sich dahinter verbirgt: Eine Sintflut von Millionen Hektolitern Wasser – genug, um nicht nur ihr ganzes Tal mit seinen Weilern unter einer einzigen Welle zu begraben, sondern auch das ganze Rhônetal bis zum Genfer See hin zu überfluten. Ein Kommafehler in der Berechnung würde genügen oder einfach schlampige Arbeit. Drum wollten die Bewohner der Talgemeinde sicher gehen und die Arbeit lieber selbst machen. Abkaufen wollte die Elektrizitätsgesellschaft ihnen das Val de Dix, dessen Name an die zehn legendären sarazenischen Räuber erinnert, die sich hier einst verschanzt haben sollen. Aber Bergbauern sind gewitzt, und sie kannten sich selbst. Wenn noch was für die Kinder und Kindeskinder übrigbleiben sollte, dann war es besser, einen Pachtvertrag auszuhandeln, wie der Pfarrer vorgeschlagen hatte. Und so blieb es ihr Tal, und es wurde ihre Mauer.

Gut war sie geworden, und jeder fühlte sich mitverantwortlich. Aber eine Rückversicherung beim lieben Gott für das Restrisiko konnte nichts schaden, und der Pfarrer hatte sie gut beraten, und so beschlossen sie, anstelle der alten Kirche eine große, neue mitten im Ort zu bauen: eine feste Burg ganz aus Beton, denn das konnten sie ja. Und sie holten sich als Architekten keinen aus der Region, sondern einen, der wußte, was man aus Beton machen kann, den Basler Walter M. Förderer, der hier sein Meisterstück bauen sollte.

Architektur als staunenswertes Ereignis

Wie ein vom Himmel gefallener erratischer Block steht die neue Kirche von Gottes Gnaden und der Grande Dixence zwischen den holzverschalten Walliser Bauernhäusern mit ihren weitauskragenden Dächern und den roten Geranien, die in Kaskaden über die Balkonbrüstungen herunterhängen, eine selbstbewußte Skulptur am Steilhang, die den Höhenunterschied von fünfzehn Metern zwischen den beiden Ortsteilen miteinander verbindet und das schwere Betonkreuz 35 Meter über den Kirchplatz weithin sichtbar in den Himmel stemmt. Wehrhaft, wie Schießscharten zur Verteidigung des rechten Glaubens wirken die unregelmäßigen kleinen Fenster im Turm, einladend die Treppen mit ihren ständig wechselnden Ausblicken und imponierend der ganze Bau; ein Werk *ad maiorem Dei gloriam*. Warum sollten sich denn Kirchen in heuchlerischer Bescheidenheit verstecken und vor wem eigentlich?

Förderers formales Gestaltungsrepertoire ist von unerbittlicher Konsequenz und evoziert keine anderen Ähnlichkeiten als die mit sich selbst. Natürlich hat Le Corbusier Spuren hinterlassen so wie auch Louis Kahn und andere, auf dem Weg zur eigenen Sprache, die viele Nachahmer gefunden hat, ohne daß es nur einem gelungen wäre, sich so kompromißlos und komplex auszudrücken wie Walter Förderer. Doch während man die ungewohnte Erscheinung des eigenwilligen Baukörpers noch vergleichend diskutieren mag, bringt der unvergleichliche Innenraum jede akademische Erörterung zum Schweigen vor dem grandiosen Akkord von Licht und Schatten, in dem die Sonne wie Trompetenstöße die dicken Wände durchdringt und der umbauten Luft strahlende Botschaften mitteilt.

Kirche in Hérémence/Wallis von Walter Förderer

Körper und Raum bedingen einander, wie sie einander zugleich ausschließen. Doch welchen belebten Raum der Monolith birgt, sieht man weder ihm noch den Plänen an. Förderers Raumvorstellung ist unfaßlich, denn solche Wirkungen können nur entstehen, weil sie so vorgedacht, komponiert und mit kompromißloser Entschlossenheit orchestriert werden. Soviel ist die Rede von gestalteter Räumlichkeit, und dann ist es nicht mehr als Länge mal Breite mal Höhe. In Hérémence ist sie erlebbar: hier jubelnd wie eine Bachsche Toccata, dort die meditative Stille, hörbar nur durch das Gleichmaß der Zeit, mit der ein steter Tropfen in die Taufschale fällt.

Macht doch die Wände dick genug!

Förderers Grundregel für Sichtbeton leuchtet ein: Die Kosten für die teure Schalung bleiben gleich, und was man mehr an Beton braucht, zahlt sich aus. Mehr Gewicht, mehr Schalungsdruck und damit eine geschlossenere Oberfläche und ein schärferes Abbild der Schalung. Eine 40 bis 50 Zentimeter dicke Wand schafft Platz für die Bewehrung, damit man mit dem Rüttler auch zwischen die Eisen kommt und wenigstens fünf Zentimeter Überdeckung gewinnt. Warum finden sich an Ingenieurbauten viel seltener Betonfehler als im Hochbau? Weil niemand auf die Idee kommt, am Beton zu sparen. Drum sollten geizige Finger vom Sichtbeton lassen. Schon über dreißig Jahre trotzt der Dom von Hérémence dem rauhen Klima der Berge ohne all die Betonschäden, mit deren Reparatur sich die, die sie verursachten, längst eine goldene Nase verdient haben, weil sie damals nicht einmal die vorgeschriebene Überdeckung einhielten und damit ganz wesentlich zur Verteufelung des Sichtbetons beigetragen haben. Wer allerdings bei Förderers Bauten nach den unverzichtbaren Dehnfugen sucht, wird sie so selten finden wie an Rudolf Steiners Goetheanum in Dornach – aus gegensätzlichen Gründen: Steiners Wände sind konkav-konvex gekrümmt, teilweise weniger als zehn Zentimeter stark und damit elastisch genug, um Zug- und Druckspannungen auszugleichen. Förderer schafft sich seine eigenen Regeln, die jedem Statiker schlaflose Nächte bereiten. »Wenn der Beton reißen will, zeige ich ihm, wo es am leichtesten geht, indem ich dort die Bewehrung schwäche oder weglasse.« Und der Riß? »Der versintert im Lauf der Zeit.« Doch Förderers Beziehungen zum Material resultieren nicht aus dessen Technologie. Für ihn sind es die plastische Substanz und ihre beliebige Formbarkeit, die er wie nur wenige ausschöpft. Und ein ganz persönliches Argument hat er mir einmal anvertraut: »Der Gedanke, eines meiner Werke könnte abbrennen, wäre mir unerträglich.« Beton brennt nicht.

Architektur oder Skulptur

Warum nicht beides? Walter Förderer gehört zu der beängstigend großen Zahl bedeutender Autodidakten, die nie durch den Besuch einer Hochschule verdorben wurden. Mal ist er Architekt, mal Bildhauer, und immer arbeitet er gerade so wie der andere. Er ist radikaler Individualist, sucht ständig die Freiheiten in den Bindungen, fordert Eigenständigkeit und lehnt alles Vorgewußte ab. Wie nur wenige andere hat er bis in die siebziger Jahre die Architektur einer ganzen Epoche besonders in der Schweiz und in Deutschland angeregt und mitgeprägt, nicht zuletzt durch seine Beiträge wie *Bauen ein Prozeß* mit Lucius Burckhardt, die bis heute von unverminderter Aktualität sind. Dann wechselte der Architekt wieder sein Metier und arbeitete erneut als Bildhauer, beides verknüpfend als Hochschullehrer an der Karlsruher Kunstakademie. Die Antike kannte solche Unterscheidungen nicht, und Michelangelo oder Leonardo wären wahrscheinlich weder von der Architektenkammer noch vom Künstlerbund aufgenommen worden. Die

Trennung der Zuständigkeiten wird längst als selbstverständlich hingenommen und kaum noch als Verarmung empfunden. Dafür gibt es zahlreiche Gründe, nicht zuletzt eine zunehmend zentralistische, einheitliche statt einer pluralistischen Ausbildungspolitik und dementsprechend das Verblassen von Alternativen und Vorbildern. Das hohe Lied von Hérémence könnte ein Weckruf sein, der heute wieder vernommen wird.

Die Wiedergeburt eines Tempels

Impressionen von der Einweihung des Barcelona-Pavillons von Ludwig Mies van der Rohe

Wie immer die riskante Kurve des Flugzeugs überm Meer, bevor die Räder auf der Landebahn aufsetzen, in Barcelona wie in Athen oder Hongkong. Die struppigen Palmwedel entlang der Straße sehen verkühlt aus, denn auch hier hat's an Wärme gefehlt. Der mennigerote Don Quijote auf Rosinante aus verkantetem Blech grüßt auf dem Weg zur Innenstadt. Olympiaflaggen überall. Der Chauffeur erzählt, daß im September die Würfel fallen, wo die Olympischen Spiele 1992 stattfinden werden: in Paris oder in Barcelona. Es hatte schon einmal fast gereicht, aber Olympischer Friede und Bürgerkrieg vertragen sich schlecht. Diesmal scheinen sie ihrer Sache sicher, und wir versprechen, den Daumen zu halten.

Nun sind wir da. Wochenlang wurden die Termine für die Einweihung verschoben. Mal konnte der König nicht, dann waren die Onyx-Platten aus Algerien nicht da. Und schließlich, überstürzt die Nachricht: Inauguración el dia 2 de Juny alla una del migdia. In zwei Tagen also, bueno.

Samstagsausflug mit Lluis Vidal, dem sensiblen Architekten, der aussieht wie Cervantes. Barcelona hat sich geputzt, seit wir das letzte Mal hier waren. Das düstere alte Zollgebäude strahlt in frischgewaschenem Sandstein, und Ignasi Solà Morales hat den Passeig de Colom zur Prachtachse umgestaltet. Hinter dem drahtigen Bahnhofsplatz von Piñon und Viaplana breitet sich die neue Placa de la Espagnol Industrial des baskischen Architekten Ganchegui aus, halb Stadion, halb Seebad, ein fröhliches Arrangement von Brücken, Treppen, Wasser und Leuchttürmen, die den Kindern in den grünen Plastikbootchen mitten in der Stadt den Weg anzeigen; Wasserkaskaden, zwischen denen

43

man plötzlich inmitten einer künstlichen Sprungflut zum aus-
sichtslosen Robinson wird. Vergnügt und unbekümmert. Man
denkt an Yellow-Submarine und an den Charme der Utopie von
gestern. Warum darf nur bei uns zulande Architektur nicht
heiter sein?

Droben auf dem Montjuic höhlen schon die Bagger das alte
Stadion nach Vittorio Gregottis Wettbewerbsplänen aus, und
gleich daneben baut Kikutake für den Sport. Olympiafieber
auch bei den Architekten. Ein Abstecher vor die Stadt hinaus;
vorbei an Bofills traumhaft schöner Architekturfabrik und an
dem imposanten roten Wohngebirge »Walden 7«, dessen Bewohner inzwischen mit Netzen vor dem Steinschlag der her-
abfallenden Vormauerklinker geschützt werden.

Draußen in der Colonia Güell kommen wir gerade zu einer
Trauung in Gaudis Santa Coloma de Cervelló, jener aberwitzigen Kryptakirche, die nie vollendet wurde. Zum Glück, denn
hier ist die Improvisation lebendig geblieben, im Gegensatz zur
Sagrada Famiglia, deren verbissene Vollendung in Langeweile
endet. Hier draußen wird Gaudi zum Expressionisten, der mich
stark an Hoetgers Böttcherstraße und an Worpswede erinnert.
Übrigens auch ideologisch. Die kulturellen Parallelen zwischen
Katalonien und Deutschland sind nicht zu verheimlichen.

Gegen Abend steigt die Neugier auf Mies. Ich fahre an die
Placa Espagna zur alten Arena des Torres. Die lange Messe-
Achse am Fuß des Palau Nacional zieht sich in der Sonne in die
Länge. Endlich ragt die Steilwand der Ausstellungshallen von
1928 mit ihren katalanischen Sgraffitis und bizarren Türmchen
hoch, die auf den Fotos immer den Barcelona-Pavillon über-
ragen. Kaum zu glauben, daß dieser Messe-Escorial von Puig i
Cadafalch im gleichen Jahr wie das bedeutendste Manifest der
Modernen Architektur fertiggestellt wurde! Aber wo steckt er
bloß, der Mies? Endlich, hinter einem organisch aufgeblähten
Betonbau kommt etwas Hübsches Flaches hervor, viel kleiner,

als man dachte, ein eingeklemmter Kanzlerbungalow, einfach eine Nummer zu klein. Und die Pinie ist inzwischen fünfzig Jahre höher. Ganz seines repräsentativen Vorfelds beraubt steht der Bau unvermittelt an der Straße. Putzkolonnen seifen ihn zum letzten Male ab und machen eine vorzeitige Besichtigung unmöglich. Zweifel auf dem Heimweg: War es am Ende doch falsch, den Barcelona-Pavillon nach einem halben Jahrhundert noch einmal zum Leben zu erwecken? Und was würden wir sagen, wenn da ein barockes Lustschlößchen wiederaufgebaut worden wäre?

Abends bei Christian Cirici, der auf Anregung von Oriol Bohigas mit Fernando Ramos und Ignasi Solà Morales die Rekonstruktion durchgeführt hat, übrigens mit ausdrücklicher Zustimmung von Mies. Auf dem Fensterbrett liegt eine moderne Reliquie: ein ca. 10 cm hoher Abschnitt einer der originalen Kreuzstützen vom Pavillon, die man alle nur 50 cm unter der Oberfläche wiederfand. Man hatte nach dem Ende der Weltausstellung 1929 den Pavillon einfach abgeschnitten und, was noch rausguckte, zugeschüttet. Da liegt sie nun wie ein Stück Parthenon, auch als Beweis, daß er entgegen den Kassandrarufen von Sergius Ruegenberg genau an der alten Stelle wiederaufgebaut werden konnte, auch ohne »seine« Pläne, für die er wohl Lizenzgebühren wollte. Dirk Lohan und das Museum of Modern Art gaben sie jedenfalls umsonst heraus.

Sonntag früh. Drüben vor der Kathedrale fangen sie an zu musizieren, und wie überall in Katalonien, legen die Passanten Taschen, Mappen, Körbe auf die Straße, fassen sich an den Händen und tanzen im Kreis miteinander die Sardana. Im Hotel treffen immer mehr Mitglieder der Mies-Familie ein. Er hat auch immer hier gewohnt und soll es geschafft haben, daß er sein tägliches Schwarzbrot aus Deutschland zum Frühstück bekam. »Er war ein Snob!« sagt Georgia von der Rohe, die mediterrane Ausgabe ihres Vaters. Ich widerspreche: »Er war ein Spanier!« denn so hatte unsere Arbeitsgruppe in den Pyrenäen vor einigen Jahren beschlossen, nachdem ich ihn geschildert hatte.

Nein, eher noch ein Katalane aufgrund des einsilbigen Namens! Zu schön, um wahr zu sein. Wir besuchen die riesige Nekropole auf dem Rücken des Monjuic und studieren Namen: Bach, Bosch, Blay, Font, Grau, Gaig, Gual, Güell, Mas, Mes, Mir, Pla, Puig, Rez, Reig, Sert, Tort, Tons. Schließlich finden wir auf dem Cementerio Viejo einen Mies. Und einen im Telefonbuch. Heimwärts über das alte Elektrizitätswerk von Pere Falques i Urpi, ein Bau des Modernismo der Jahrhundertwende: Backstein und Stahl in verwegenster Verbindung, Details, an denen Mies seine helle Freude gehabt hätte. Crown-Hall und Stromfabrik, ein phantastischer Vergleich!

Müde von den langen Wegen, Sonntagsruhe, Siestazeit, schlendernd auf der leeren Carrer de la Princesa. Die schnellen Schritte passen nicht dazu, man wittert die Gefahr sofort, aber dann ist in wenigen Sekunden alles schon vorbei. Man weiß eigentlich nicht genau, wie es geschah. Die Leute sagten nachher zur Polizei, es seien drei Schwarze gewesen. Aber meine Frau und ich hatten nur zwei gesehen. Nina hielt noch immer den abgerissenen Lederriemen ihrer Tasche fest. Ich hatte wohl meine Kamera zurückerobert, aber dafür mußte mir dann auf der Unfallstation von Barcelona ein ausgerenkter Arm wieder eingekugelt werden. Ich vermute, im Mittelalter hat man's auch schon so gemacht. Zerrissene Kleider, Schürfungen, verbogene Brillen, Beulen, Blutergüsse. Die Polizei meinte, es sei wohl ziemlich heftig zugegangen. Drei Stunden später Abendessen mit dem Kollegen der Escola Tècnica Superior, mit dem wir unsere Arbeit in La Seu im Sommer gemeinsam weiterführen wollen. Wir trinken auf »Mies, den Katalanen«. Man muß eben Opfer bringen, nur hätten es nicht Ninas Papiere und meine belichteten Filme sein müssen. Und mein Arm wird mich noch lange an einen Sonntagnachmittag in Barcelona erinnern. Lange Schlangen vor dem deutschen Konsulat. Alle wollen Ersatzpapiere. Achtzig Raubüberfälle pro Tag ist die derzeitige Quote – keine Zeit für individuelle Behandlung. Sind eigentlich alle Konsulate so schäbig eingerichtet wie Polizeistationen oder wie die Wartezimmer vieler Ärzte oder nur unsere? Leidlich verbunden, Arm an der Brust, im Taxi zu Mies. »Barcelona-Pavillon?« Der Chauffeur schüttelt den Kopf. Nina erklärt es auf Katalanisch. Er weiß nur, daß der Alkalde, der Oberbürgermeister, um 13 Uhr was eröffnet. Dort weht groß die deutsche Fahne, ein roter Teppich liegt schräg über die Stufen zur Straße und möchte dringend gerade gerückt werden. Alles ist festlich gestimmt. Elegante Kleider, dunkle Anzüge auf blondem Travertin in weißer Sonne. Im Schatten leuchtet Julius Posener mit Sonnenbrand und mit Krawatte, ein großer Festtag also, nicht nur für ihn. Verzückt erzählt er allen, daß das Dach ja gar nicht auf acht Stützen stehe, sondern auf 13, von denen aber fünf in den »nichttragenden Wänden« versteckt seien. Aber es mache gar nichts aus, denn schließlich gehe es ja um die Idee der Unabhängigkeit von Raumabschluß und Konstruktion! Wie ein glücklicher Besitzer beschreitet er den Pavillon und saugt seine Räumlichkeit wie frische Seeluft ein. Ich treffe einen anderen Invaliden: Oriol Bohigas, gut genäht von seinem letzten Autounfall. Mario Botta ist eben von Palma herübergekommen, Cristian Cirici und seine Frau Anna treffen ein; langsam füllt sich die Terrasse. Viele Reden im Schatten, aber kaum eine länger als zwei Minuten. Welche Wohltat! Dann spricht Georgia klar und eindrucksvoll umringt von vielen Enkeln, Neffen, Schwagern, Nichten, man weiß es nicht genau. Hier hat vor 57 Jahren ihr 43jähriger Vater gestanden, als sich der König und die Königin ins Gästebuch eintrugen und die Ausstellung eröffneten, der einzige Akt übrigens, der in dem Pavillon stattgefunden hatte, der ja zu nichts anderem diente, als der reinen

Repräsentation der Deutschen Republik. Mies hatte zusammen mit Lilly Reich, der künstlerischen Leiterin, die deutsche Abteilung der Ausstellung einzurichten, als er den Auftrag bekam, noch einen Pavillon für die Einweihungsfeierlichkeiten zu bauen. Als er sich erkundigte, was denn dort ausgestellt werden solle, erhielt er die Antwort: Nichts. Ihr Pavillon soll unser Ausstellungsgegenstand sein! Welche ein Bekenntnis zur Selbstdarstellung einer kleinen, armen Republik! Auch ein Bekenntnis zu einer neuen Zukunft und Symbol für die Kultur eines Landes. Was täte wohl heute eine reiche Bundesrepublik? Der Alkalde und die energische Direktorin der Fundació Mies van der Rohe, Rosa Subirana, verteilen kleine Lederbeutelchen mit einem polierten Würfel aus Onyx an die Förderer des Pavillons: Knoll-International, Mercedes-Benz und Siemens sind auch dabei. Der Barcelona-Pavillon ist wiedererstanden.

Das alles hat noch den Schein des Momentanen, Unwirklichen. Man traut sich fast nicht aufzutreten. Dabei ist eigentlich alles genauso, wie man es kennt, nur eben nicht mehr schwarzweiß, sondern erstmals in Farbe. Oder haben wir die alten Fotos schon immer farbig gesehen: den ocker-grauen Travertin aus Tivoli, die Wände aus grünem Marmor aus Tinos, den Vert Antique und natürlich die berühmte Wand aus Onyx – wie war sie gleich? Weder Onyx noch Marmor! Das kommt davon, wenn immer einer vom anderen abschreibt und wenn's gut klingt, steht's überall zu lesen. Onyx ist ein dem Achat verwandter Halbedelstein. Dies hier ist Sinterkalk, ein Calzium-Karbonat, wie es in den jungen Gesteinen der Thermalbereiche vorkommt. Seine bizarre, rötlich-gelbe Zeichnung hatte Mies, den Steinmetzsohn, begeistert. Man würde sich gar nicht wundern, ihn in seinem Barcelonastuhl vor seiner »Onyxwand« zu treffen: Mies, wie ihn jeder kennt! Die Räume sind viel größer, als man glaubt. Die Kategorien von Außenraum und Innenraum, hier sind sie aufgehoben, und man bewegt sich in einem Kontinuum von architektonisch kalkuliertem, künstlerisch beherrschtem Raum. Kolbes Tänzerin, gestiftet von der Bundesrepublik, betrachtet versonnen ihr Spiegelbild im Wasser wie vor 50 Jahren, ein Windhauch löst die Wasserfläche in Lichtflecken auf. Der Pavillon verwandelt seine Besucher. Raucher stehen ein wenig hilflos herum; wohin mit der Asche? Doch nicht auf den Travertin? Ein Tempel der wohltuenden Gelassenheit, dessen Würde sich wohl keiner entziehen kann, ein Haus für »Menschen erhobenen Hauptes«. Jeder spürt die stille Größe dieses Kleinods, das sein Geheimnis gegenüber theoretischen Exegesen verteidigt: auch ein Racheakt der Kunst an der Interpretation. Beckmessereien am Rande des Rituals: 1929 gab es doch noch keine Kreuzschlitzschrauben, und nie hätte Mies den weißen Pinselstrich an der polierten Stütze übersehen! Und da sei ein Eckchen am Travertin schon abgebrochen, und Mies würde nie diesen roten Vorhang aufgehängt haben! Er hat. Der gelbgoldene Stein und der schwarze Wollteppich gehörten auch dazu. Das sah im schwarz-weiß Foto besser aus. Aber gibt es überhaupt einen schöneren Bau der Moderne? Sicher gibt es kaum einen unbescheideneren, weil er mit wenig alles erreicht: teuerste Einfachheit in höchster Perfektion. Wenn das kein Luxus ist?!

Droben im Parc Albeniz, des Königs Zweitwohnung in Barcelona. Erlesenes Buffet unter schattigen Bäumen. Ungezwungene Gespräche über »Less is more« und »Nothing is not enough«. Man spricht darüber, ob nicht die große schwarz-rot-goldene Fahne, die werkgetreu über dem Pavillon schwebt, gegen die von Barcelona ausgetauscht werden müsse. Schließlich ist das nicht mehr der Deutsche Pavillon von damals, und die Literatur nennt ihn schon längst den Barcelona-Pavillon. Weiter hinten stehen drei Masten. Warum nicht dort die Fahnen von Europa, Spanien, Deutschland? Das wäre eine gute Lösung, sagt Georgia van der Rohe, kein Kompromiß! Aber der gegenüberliegende Bau muß weg, darin sind sich alle einig. Nun muß man auch »B« sagen. Ich erzähle Georgia von meinem alten Wunsch, das Denkmal für Rosa Luxemburg und Karl Liebknecht wieder aufzubauen und bekomme ihr Jawort. Man trennt sich schwer, aber abends ist noch mal ein offizieller Empfang im Rathaus.

Bürgerstolz im Prunksaal. Die Dimensionen des gotischen Gemäuers im Renaissancegewand sind voller Würde. Der Alkalde thront mit der Mies-Tochter im hohen holzgeschnitzten Ratsherrengestühl. Weit vor ihm, etwas auf der Seite, sitzt Oriol Bohigas an einem breiten Schreibtisch mit grüner Leselampe und trägt seine Gedanken vor. Er reflektiert über Rekonstruktionen und vergleicht den Barcelona Pavillon mit Gaudis Sagrada Famiglia. Natürlich auf Katalanisch. Man weiß, wie der Pavillon ausgesehen hat, man hat die Pläne und schließlich stand er einmal. Gaudi's Kathedrale weiterzubauen, sei eine Spekulation, fast eine Unterstellung. Es gibt keine Detailpläne, da Gaudi seine Entscheidungen am liebsten an der Baustelle traf und den Handwerkern direkt spontane Angaben machte. Der Anblick eines Steines oder die Entdeckung einer Form konnten ihn anregen oder zur Änderung einer Entscheidung bewegen. Aber Gaudi ist tot. Nun wird er nur noch akademisch interpretiert. Bohigas geht es um den Torso. Extremsituationen des Denkmalschutzes, der eine wie der andere Bau.

Abendessen im kleinen Kreis. Keine Diskussion, die alles zerschneiden würde, was eben einer an Gedanken zusammengefügt hat, kein Podium, keine Statements. Man unterhält sich: von Mensch zu Mensch. Ja, davon spricht man gern bei uns und meint damit, den anderen zu belehren. Mir fällt ein, wie ich 1949 Mies van der Rohe als Student in Chicago aufsuchte und er mir seine Architekturtheorie anhand eines Backsteins erklärte. Weil alles so einleuchtend und klar war, habe ich sie damals nicht verstanden. Machen wir deswegen die Dinge oft so kompliziert, damit man sie besser versteht? Juan Nadal, unser Mann aus La Seu, bringt uns am nächsten Morgen zum Flughafen: Adéu bis August! Allein der eine Tag war schon die Reise wert. Gibt es überhaupt einen wichtigeren Bau unseres Jahrhunderts? Bald liegt die Stadt wieder unter uns, und man sieht im Dunst des Vormittags den langen Schnitt der Diagonale durch Barcelonas Schachbrett. Wir erkennen die Placa Espagna und schauen von oben in die Arena wie in einen Kochtopf. Ganz in der Nähe muß der Barcelona-Pavillon liegen, aber wir finden ihn nicht mehr.

Mies hat ihn sicher schon entdeckt.

Ein blindes Huhn kommt selten allein

Über Mode und Trends in der Architektur

Da Sie alle das Märchen schon kennen, das ich erzählen will, beginne ich gleich mit dem Schluß:

»So ging der Kaiser unter dem prächtigen Thronhimmel, und alle Menschen auf den Straßen und in den Fenstern sprachen: Gott wie sind des Kaisers neue Kleider unvergleichlich! Welche Schleppe er am Kleide hat! Wie schön sie sitzt! Keiner wolle es sich merken lassen, daß er nichts sah, denn so hätte er ja nicht zu seinem Amte getaugt oder wäre sehr dumm gewesen. Keine Kleider des Kaisers hatten solches Glück gemacht als diese. Aber er hat ja gar nichts an! sagte endlich ein kleines Kind. Aber er hat ja gar nichts an! rief zuletzt das ganze Volk. Das ergriff den Kaiser, denn es schien ihm als hätte das Volk recht, aber er dachte bei sich: Nun muß ich aushalten. Und die Kammerherrn gingen und trugen die Schleppe, die gar nicht da war.«

Das Märchen von des Kaisers neuen Kleidern von Hans Christian Andersen ist eine Parabel, die sich gut dazu eignet, hinter das Thema des diesjährigen Godesburger Gesprächs des BDA über Mode und Trends in der Architektur zu leuchten. Was wohl aus den beiden Phantomschneidern geworden ist? Dies scheint auch das Anliegen dieser Tagung zu sein. Man will den Verführern auf die Spur kommen, sie entlarven und dingfest machen, um ihnen ein für allemal das Handwerk zu legen. Dabei kennen wir noch nicht einmal ihre Namen, weder im Märchen noch in dem Fahndungsaufruf des BDA: Wer ist verantwortlich für Mode und Trends in der Architektur?

Ich fürchte, wer so fragt, hat das Lehrstück von Hans Christian Andersen nicht ganz richtig verstanden. Es geht doch gar nicht um die Couturiers des schönen Scheins, sondern um die anderen, um uns. Le Roi est mort. Wir sind das Volk. Nackt wie der Kaiser, aber unter welchen Kleidern! Wer hat uns bloß verführt? Doch mit der Verführung ist es wie mit der Hypnose. Man kann nur einen hypnotisieren, der bereit ist, sich hypnotisieren zu lassen. Und warum sollte man sich eigentlich nicht einmal verführen lassen? Wenn's keinen Reiz hätte, hätte es des dritten Gebotes nicht bedurft.

Und wenn ich mich recht erinnere, gibt es sogar ganze Bücher und vorzügliche Artikel über Trends und Tendenzen der Gegenwartsarchitektur in Hülle und Fülle. Heinrich Klotz, Wolfgang Pehnt, Anatol Ginelli haben gescheit darüber geschrieben, und wer sich über den aktuellen Stand des Berliner Zwists über Freiheit und Ordnung informieren möchte, braucht nur eine der Fachzeitschriften der vergangenen Jahre aufzuschlagen. Aber wie sagt doch Hamm in Becketts Endspiel: »Ich liebe die alten Fragen. Ah, die alten Fragen, die alten Antworten, da geht nichts drüber.«

Ja, es ist wahr, über Architektur wurde vor lauter »Planen in sozialer Verantwortung« im BDA ein bißchen wenig geredet. Aber das ist lange her. Der Neubeginn einer offenen und heftigen Architekturdebatte nach vielen Jahren zufriedener Nabelschau läßt sich in Deutschland auf den Tag genau datieren. Es war der 15. September 1977, der Tag, an dem eine Jury es gewagt hatte, James Stirling den 1. Preis im Wettbewerb für die Stuttgarter Staatsgalerie zu erteilen, mit deren Planung er nur 12 Tage später vom Finanzminister des Landes Baden-Württemberg beauftragt wurde. Die Empörung kannte bei vielen keine Grenzen und man konnte fast glauben, der Untergang des Abendlandes sei über uns hereingebrochen. Selbst wenn Herr Sumsemann gerade auf dem Mond seine Beinchen gezählt hätte, hätte er von Mr. Spock erfahren, daß sich da unten etwas getan hat. Es war ja auch Zeit.

Erlauben Sie mir, sehr offen zu reden. Wir sollten, meine ich, nicht so tun, als wäre dieses Thema neu, unbedenklich, unproblematisch oder gar besonders wichtig. Denn es ist ja gerade umgekehrt. Es handelt sich um eine überaus heikle, eine höchst fragwürdige Veranstaltung.

Dieses Godesburger Gespräch provoziert viele Fragen, insbesondere die, wozu es wohl dient. Der Herbst des Mittelalters trifft sich auf der Gralsburg zu schöngeistiger Auseinandersetzung, um sich an Meinungen über Mode, Trends und Stile zu delektieren oder – gemäß den bedrohlichen Ankündigungen in der Einladung – an einem Schauprozeß gegen die Verführer, Gurus, Stars und Meinungsmacher teilzunehmen. Der Berg ruft. Aber was fangen wir eigentlich damit an? Was bewegen wir damit, und wie können aus so tiefschürfenden Erkenntnissen Ziele formuliert und in Handlung umgesetzt werden? Haben wir nicht, weiß Gott, wichtigere Probleme, die die Zukunft unseres Berufsstands ebenso wie die Zukunft unserer Städte und Landschaften angehen? Ist diese überschwengliche Zurückhaltung gegenüber der Nibelungen Not schon ein Anzeichen von Resignation und der Tagungsort zur Fluchtburg für jene geworden, die nach Tocqueville (Charles Alexis de Tocqueville: »Über die Demokratie in Amerika«, Anm. der Red.) sich weigern zu glauben, daß das Haus brenne, so lange sie noch den Hausschlüssel in der Tasche haben? Gleichwohl, es muß ein anderes Anliegen geben, das einige bedrückt, und so bemühe ich mich, mein Thema ernst zu nehmen und aus meiner Sicht zu aktualisieren. Ich diagnostiziere also, daß es sich wohl um eine schwere Orientierungskrise handelt. Keine Meldung mehr vom Tower. Überall Nebel. Wo ist vorn?

Mutmaßungen über Unklarheiten

Ich bitte Sie darum, keine Antwort von mir zu heischen, denn der Versuch, den Pulsschlag von Mode, Trend und Stil einzufangen, läßt den Verdacht aufkommen, dieses könne einen Sinn haben. Sind doch schon die Begriffe, mit denen wir so fraglos hantieren, an sich höchst fragwürdig. Wo liegt die Grenze zwischen modisch und modern? Wenn wir unter der Moderne etwas wie »l'architecture d'aujourd'hui« verstehen, kann sie unmöglich ein Stilbegriff sein, sondern allenfalls eine Gemischtwarenhandlung sämtlicher stilistischer Innovationen der Geschichte, zu denen der Tempel von Bassai, die Kuppel von Isidoro von Milet, Brunelleschis Pazzi-Kapelle ebenso gehören wie das schaurig-schöne Leipziger Rathaus von Lich, das seinerzeit explizit unter dem Titel »Moderne Architektur« publiziert wurde. Wenn die Moderne »l'architecture d'aujourd'hui« ist, dann kann man schwerlich von ihrem Tod sprechen, allenfalls vom ewig »unvollendeten Projekt«, da sie ja jeden Tag neu entsteht. Das ahnten die Väter der Bewegung und nannten sie zunächst ganz schlicht »Neue Sachlichkeit«, während die Italiener ihren stürmischen Futurismo überraschenderweise »Stile tedesco« nannten.

Jede Modernitätsbewegung der neueren Geschichte läuft Gefahr, zunächst als Mode verdammt zu werden. Umberto Eco reiht die Mode folgerichtig in einen Zyklus ein: Ignoranz, Information, Konsens, Mode und schließlich Überdruß, auf den ein neuer Zyklus folgt. Er sieht die kulturellen Moden als die unvermeidliche Konsequenz einer Dynamisierung der Kultur und hält sie sogar essentiell für die Triebkraft ihres Fortschritts. Eine Kultur, die keine Moden erzeugt, wäre damit eine statische. Wir müßten uns also nicht darüber entrüsten, daß es solche Moden gibt, sondern höchstens darüber, daß Architektur zur Ware geworden ist und damit die Mode zum Bestandteil ihrer Vermarktung.

Das Architektenherz sträubt sich naturgemäß gegen das eine wie das andere. Der Begriff Mode ist ihm suspekt. Unterdrükkung würde ihren Reiz jedoch steigern ebenso wie scheinheilige Bewunderung. Vielleicht läßt sich das Problem einfach durch

Nichtbeachtung lösen, so dachte mancher, als die Postmoderne über das Land kam. Bekanntlich sind Lösungen die häufigsten Ursachen von Problemen. Ein Blick in die buntbebilderten Immobilienprospekte müßte uns die Augen öffnen. Die von amtlicher Seite totgesagte Postmoderne hat auf der ganzen Linie hoffnungslos gesiegt. Das Publikum frißt den Maklern die nostalgischen Collagen rundbögiger Dachgauben, dreieckiger Blumenfenster, Wintergärten, von Säulchen getragen und gekrönt vom pflichtschuldigen Biotop, kurz, den ganzen abgestandenen Formensalat, buchstäblich aus der Hand. Von Ironie und tieferer Bedeutung keine Spur. Das ist tierischer Ernst!

Die Bedeutung von Mode, Trend, Tendenz und Stil auseinanderzuklauben, wollen wir lieber den Ethymologen überlassen, die diese Begriffe so willkürlich gebrauchen wie unsereins. Mir scheint es auszureichen, den Trend als Strömung zu definieren und die Tendenz als deren Richtung. Manche reden von Modetrends, andere von Stiltendenzen. Was soll's, wir haben kapiert, was gemeint ist und wissen nur eines: Der einzelne hat wenig Chancen, sie zu lenken oder aufzuhalten. Und wer gar ins rollende Rad der Zeit eingreifen will, verliert schnelle seine Hand dabei. Auch gegen den Strom zu schwimmen, kostet viel Kraft, und es fällt nicht einmal auf, wenn einer umgekehrt den Fluß hinuntertreibt. Man kann sich ans Ufer retten und hoffen, daß die Strömung einen nicht mitreißt.

Aber es geht hier wohl weniger um Sicherheits- als um Unsicherheitsprobleme. Man möchte ja schon mitschwimmen, aber nicht absaufen im Strudel der Strömungen und sucht im Stilbegriff den rettenden Strohhalm. Safety first. Egal, wohin es einen treibt. Auch das wäre indessen nicht neu. Architekten schlüpften schon immer gern unter die schützende Pelerine eines Stilbegriffs, um nicht im Regen zu stehen. »In welchem Stil sollen wir bauen?« – »Stilfibel für Architekten« – »Die neuen Stile« – »Der Internationale Stil« – »Stil 2000« – die Titelreihe bekannter Schriften und Manifeste könnte beliebig fortgesetzt werden. Studenten werden ungeduldig, wenn sie nach ihrem ersten Entwurf noch nicht ihren »eigenen Stil« gefunden haben. Auch uns bewegte diese Frage einst, bis der alte Martin Elsässer uns anschnauzte: »Was geht Euch der Stil an? Baut, was Ihr für richtig haltet und überlaßt es den Baugeschichtlern herauszufinden, ob es denn einer war. Die müssen später auch noch was zu tun haben.« Und Hans Hildebrandt, der leidenschaftliche Vorkämpfer für die Moderne Kunst, schrieb »Die Künstler und Richtungen der entferntesten Epochen stehen einander näher als die Künstler und Richtungen der gleichen Epoche.« Der Stil von Hermann Hesse, Thomas Mann oder James Joyce kann kaum miteinander verglichen werden, obwohl sie zur gleichen Zeit lebten. Stil ist ein kulturgeschichtlicher Ordnungsbegriff für vergleichbare charakteristische Phänomene. Als Gesamtheit entzieht er sich der Planung. Stile könne man nicht erzeugen, sagen die meisten Soziologen; sie seien das Ergebnis gesellschaftlicher, politischer und wirtschaftlicher Entscheidungen und unberechenbar wie die Aktienkurse.

Genormte Pluralität – konforme Individualität

Darum meine ich, daß die Frage nach den berüchtigten Verursachern von Moden und Trends in der Architektur schwerlich etwas Neues bringt, sondern eher etwa verwunderlich ist. Schließlich kennen wir alle die Gesetze des physikalischen Pendels und seiner wechselnden Ausschläge. Offenbar besteht aber eine allgemeine Verunsicherung gegenüber allzu schnellen Wechseln der Architekturtendenzen: »Jeden Montag morgen eine neue Architektur!« Nur frage ich mich immer, wo sie denn sei? Ich finde einen gediegenen Konformismus landauf, landab, zweiter Aufguß der Moderne der fünfziger Jahre. Selbst beim Einfamilienhaus erschöpft sich die beharrlich verteidigte

Individualität in der Zusammenstellung des hausbackenen Ensembles von Briefkasten, Hausnummer, Blumenschale und Laterne am Gartentörchen. Auch heute noch braucht man ein Flugzeug, um die paar außergewöhnlichen Bauten zusammenzusuchen. Wen ficht es eigentlich an, wenn einer mal aus dem Rahmen fällt und etwas Neues riskiert?

Es ist das Los später Zeiten, auf Jahrhunderte zurückblicken zu können. Alles steht nebeneinander als eine unendlich erweiterte Vielfalt der Möglichkeiten. Wir leben in einer Epoche des Pluralismus, aber machen nur sehr zurückhaltend Gebrauch davon. Wäre er nicht der konsequente Ausdruck der Vielfalt von Meinungen in einer demokratischen Gesellschaft? Vielleicht meinen wir auch schon mehrheitlich dasselbe. Oder soll man sich besser gleich an der Normung des Durchschnitts orientieren? »Mittelmäßige aller Länder, vereinigt euch!« André Malraux hat für uns die Formel des Musée Imaginaire, von der gleichzeitigen Gegenwart des Vergangenen geprägt. Wir ziehen die Konsequenz daraus, indem wir auf Axiome verzichten und den unterschiedlichen Tendenzen einer Zeit ihre Daseinsberechtigung zuerkennen. Die pluralistische Haltung und die Aufforderung zur Toleranz lag den Kennern des Menschlichen schon immer nahe. In seinem Aufsatz »Antik und Modern« vergleicht Goethe 1818 den Parnass mit einem »Montserrat«, der viele Ansiedlungen in mancherlei Etagen erlaubt: »Ein jeder gehe hin, versuche sich, und er wird eine Stätte finden, es sei auf den Gipfeln oder in den Winkeln.«

Der Wunsch nach einer alleinseligmachenden Richtung in der Architektur paßt schlecht zum Bekenntnis zur Demokratie. Er ist vielmehr ein Überbleibsel aus einer vergangenen Bildungsgesellschaft mit dem Glauben an eine hierarchische Struktur. Man wartete auf die Eingebung von oben. »Die Gedanken der herrschenden Klasse sind die herrschenden Gedanken« formulierte Karl Max. Sie legte die Normen fest, nach denen sich die anderen richteten. Noch vor hundert Jahren gab es erbitterte Auseinandersetzungen über die Frage: Brahms oder Bruckner? Wir antworten heute: warum nicht beide? Sie stehen beide für uns nebeneinander, nebst vielen anderen, die jeder nach seiner eigenen Wahl hinstellen kann, wie es ihm gefällt. Aber Pluralismus setzt zwei Eigenschaften voraus, die nicht gerade zu unseren Kardinaltugenden zu gehören scheinen: Toleranz und gegenseitige Achtung.

Auch neigt eine digitale Gesellschaft dazu, Entscheidungsvorgänge auf die primitivsten Antworten zu reduzieren, die es gibt: ja–nein, richtig–falsch oder 0–1, ohne alle Differenzierungen und Nuancen. Dazwischen ist nichts! So wird die Vielfalt eher als störend und kompliziert empfunden. Statt sich auf das eigene Urteil zu verlassen, sucht man Deckung hinter dem Schutzschild der herrschenden Tendenz. Doch wo Tendenzen herrschen und sich gar noch mit moralischen und ethischen Platitüden zu legitimieren suchen, da sind sie nicht weniger verachtenswert, als die Dogmen totalitärer Systeme. Solche Tendenzen sind meist begleitet vom Hang zur Durchsetzung und bedienen sich bei uns gerne der Denunzierung, Diffamierung und Häme. Da hat sich nichts geändert.

Sachliche Vernunft, Intellekt, Toleranz, kritisches Unterscheidungs- und Urteilsvermögen waren noch nie unsere besondere Stärke. Die überließ man lieber jenen, die darüber verfügten, wie Heine, Börne, Polgar, Kerr, Friedell und vielen anderen, was ihnen bekanntlich nicht gut bekam.

Spieglein, Spieglein an der Wand

Ich meine, wir hätten einigen Grund dazu, uns nicht allzuweit zum Fenster herauszuhängen. Architekten sind doch viel schneller als Speedy Gonzales, wenn's um neue »Modetrends« geht. Und ihre Anpassungsgeschwindigkeit steht der vieler Politiker und Oberschullehrer nicht nach. Wir sprechen dann von »Neuorientierung«.

So geisterte schon zu Beginn der zwanziger Jahre der Traum vom Gesamtkunstwerk und der sehnsüchtige Ruf nach der glühenden, gemeinsamen Bauidee durch die Manifeste. Bruno Taut forderte die Einsetzung eines obersten Architekten und eines einzigen Preisrichters, der bei Wettbewerben allein die Entscheidungen über die künftige Architektur treffen solle. Und sie bekamen ihn. Beim Wettbewerb für die Reichsuniversität Jena 1940 war Hitler sogar laut Ausschreibung der einzige Preisrichter. Sollen wir auch noch daran erinnern, daß der BDA, einem kommenden Trend in avantgardistischem Eifer vorauseilend, den Arierparagraphen der Nürnberger Rassegesetze um zwei Jahre vorweggenommen hatte, indem er 1933 den Ausschluß seiner jüdischen Mitglieder verfügte?

Es geht mir hier nicht darum, einen speziellen moralischen Defekt des Architektenstandes zu konstatieren. Architektur war schon immer die Konkubine der Macht. »Wes Brod ich eß, des Lied ich sing!« bekannte Walther von der Vogelweide freimütig, als er vom kaiserlichen in den päpstlichen Dienst wechselte. Ein Dichter kann auch ohne Auftrag dichten, ein Zeichner zeichnen, ein Maler ein Bild malen. Der Architekt ist auf Gedeih und Verderb auf die Macht des Kapitals angewiesen, und wenn er bauen will, bleibt ihm oft nichts anderes übrig, als sich mit ihr zu verbünden. Es ist zwar unser Schicksal, abhängig zu sein, weshalb wir wohl nicht müde werden, ständig unsere Unabhängigkeit zu verkünden. Es geht aber darum, die Freiheiten, die wir besitzen, zu verteidigen. Doch diese Bereitschaft schmilzt dahin wie der Schnee in der Frühlingssonne, wenn's drauf ankommt. Seien wir froh an unserer Freiheit und hoffen wir, nie unsere Standhaftigkeit gegenüber den Moden und Trends und die wohlfeile Entrüstung gegenüber den Verführern unter Beweis stellen zu müssen.

Aber wie steht's denn nun mit den Verführern? Sind es etwa die Redakteure der Fachzeitschriften, die uns manipulieren? Sind es die, die von sich reden machen? Oder die Hochschullehrer, die ihre Zöglinge von verbotenen Früchten der Baukunst naschen lassen?

Ich bin in diesem Fall in einer verzwickten Lage, denn einerseits ist es mir immer noch nicht gelungen, die Mafia der Modemacher zu entlarven. Andererseits verdränge ich den Argwohn, man erwarte sich von all den Fragen vielleicht gar nicht mehr als eine Bestätigung der Diagnose des Fuchses über den Reifegrad der Trauben an den hochrankenden Reben.

Trüffelhunde oder Trendsetter?

Die Cosa Nostra der Juroren ist es, die den Kurs durch ihre Preisgerichtsentscheidungen steuert! Der Vorsitzende ist an allem schuld, denn er hat das Ruder in der Hand! Da ist ja was dran, und wer wollte bestreiten, daß sich Preisgerichtsentscheidungen auf die Architekturentwicklung auswirken. Ich halte es sogar für eine der Aufgaben einer Jury, nicht nur Richtigkeiten und »Déjà-vues« zu prämieren, sondern neue Impulse zu suchen, andere Qualitäten zu entdecken und Stellung zu beziehen. Doch eine Jury kann immer nur bewerten, was da ist, und die Projekte werden von den Teilnehmern gemacht und nicht von den Juroren. Ob sie gut sind, das ist dann eine andere Frage. Eines bestätigt jedenfalls die Erfahrung: daß jene, die sich immer an den letzten Wettbewerbsmoden orientieren, bei einer guten Jury in der Regel auch schnell im Aus landen. Wer ankommen will, muß auch gut fahren können, und ohne Qualität nützt auch die beste Tarnung nichts.

Dabei kann ich es nicht einmal verwerflich finden, wenn jemand das Gute aufgreift, so lange ihm nichts Besseres einfällt. Lebt nicht die Menschheit seit Jahrtausenden von der Nachahmung des Bewährten? Nennt man das auch einen Trend, wenn etwas Schule macht? Wozu sollten denn sonst all die Zeitschriften, Vorträge, Werkberichte, Exkursionen und das ganze Studium dienen, als zu informieren und gesammelte Erfahrungen weiterzugeben? Sollte das Lernen nur unter der Prämisse erlaubt sein, daß man nie vom Baum der Erkenntnis essen darf?

Die Nachahmung seines Vorbildes durch den Schüler ehrt den Meister. Sie war auch für den Epigonen durchaus nicht unehrenhaft. Die reine Imitation erreicht zwar nie die Gestalthöhe des Originals. Wir reden hier nicht solch karnevalistischen Imitationen das Wort wie jene oberhessische Friedhofskapelle im Stile von Ronchamp, die einer Transkription der h-Moll-Messe für Okarina gleicht. Es könnte jedoch interessant sein, die Übernahme von Prototypen und Leitbildern auch einmal unter dem Aspekt eines Formverschleißes zu betrachten, da der Vorrat an Formen in der Baukunst nicht unbegrenzt ist. Aber ich glaube, die Sorge ist unbegründet, oder hat jemand das Gefühl, daß unsere Architektur unter übermäßiger Originalität leide und eine Verausgabung aller schöpferischen Kräfte demnächst zu einem kreativen breakdown führe? Das Gegenteil ist doch der Fall, und es wäre wohl absurd, wenn der BDA die Verteilung von Verhütungsmitteln gegen die Früchte der Phantasie propagieren wollte. So liest sich für mich die kategorische Aufforderung: »Für die Alltagsarchitektur sind Wertbestimmungen festzulegen!« Ist es schon wieder so weit? Und wer bitte, legt fest? Ich unterstelle ja keinem unlautere Absichten, aber Georg Büchners Mahnung aus Dantons Tod kommt mir immer öfters in den Sinn: »Geht einmal euren Phrasen nach und prüft sie auf den Grund!«

Schlimm wäre es, wenn Juroren ein Exempel gegen vermeintliche Trends statuieren wollten, um Entwicklungen zu verhindern, die außerhalb gängiger Normen liegen? Es geht nicht um Disziplinierung und nicht um Ideologien oder Gesangbücher. Es geht um Architektur. Da darf man freilich unterschiedlicher Meinung sein.

Aber Offenheit, Lernfähigkeit und Kompetenz sind die wichtigsten Voraussetzungen für gute Entscheidungen. Die sehe ich allerdings gefährdet, wenn sich Architekten in den Juries zunehmend durch Vertreter anderer Disziplinen aus ihren Positionen als Fachpreisrichter verdrängen lassen. Ich achte die Meinung von Architekturkritikern hoch. Aber sie haben eine andere Aufgabe und sollten sich nicht als Alibi für Preisgerichtsentscheidungen mißbrauchen lassen. Wie wollen sie denn hinterher ihre eigene Mitentscheidung kritisch kommentieren? Es kann einer hochmusikalisch sein und dennoch ratlos vor einer Partitur sitzen. Wer nur mit vorgewußter Gesinnung nach angesagten Trends urteilt, hat in einer Jury den falschen Platz erwischt, er möge ein noch so guter Architekt oder Fachmann in seinem Metier sein. Und wer glaubt, aufgrund seines persönlichen Geschmacks als Preisrichter berufen zu sein, der sollte lieber ein Restaurant aufmachen.

Verachtet mir die Laien nicht

Hier möchte ich mit Nachdruck für die »Laienpreisrichter« sprechen – eine aufrichtigere Bezeichnung als das outrierte Etikett »Sachpreisrichter«. Ihr Interesse, ihre Erwartungshaltung, ihre Risikobereitschaft und ihr Entscheidungswille verdienen in meinen Augen Anerkennung und Hochachtung statt herablassenden Spott. Ich brauche nur an die Standhaftigkeit aller Kommunalpolitiker beim konservativen Bürgerbegehren gegen Richard Meiers Stadthaus in Ulm zu erinnern. Würde man die abfällige Kritik an der »unfachlichen, meist mediokren Mehrheitsentscheidung demokratischer Gremien«, wie wir im Grundsatzpapier zu dieser Tagung lesen, ernst nehmen und nicht als neckische Provokation, so hieße dies, daß Bürgerbeteiligung, Mitentscheidung, Öffentlichkeit, jahrelange Forderungen des BDA, inzwischen »mega-out« sind. Oder ist das vielleicht auch schon wieder ein neuer Trend?

Seien wir uns bitte im klaren darüber: Alle maßgeblichen Wettbewerbsentscheidungen konnten nur durch die Mehrheitsentscheide demokratischer Gremien verwirklicht werden. Sie haben damit einen ganz wesentlichen Beitrag zur Architektur unserer Zeit geleistet. Wir scheitern doch selten am Votum eines Gemeinderats, sondern viel häufiger an den Bürokraten, Experten, Erbsenzählern und Besserwissern qua Amt. Wir erleben den Marsch der Eunuchen durch die Institutionen. Und haben ihnen auch noch das Gehen beigebracht!

Müßten uns nicht auch längst die Trends an den Hochschulen beunruhigen? Die selbstverschuldete Demontage der Hochschulautonomie und die dirigistische Einflußnahme der Landes- und Bundespolitiker, die die Universitäten für Institutionen zur Ausgabe von Diplomzeugnissen und Doktortiteln halten und noch nicht einmal merken, was daran falsch sein könnte. Neue Fächer, mehr Studenten, weniger Geld, dafür aber Erlasse zur Regelstudienzeitverkürzung, die einer Verordnung zur Herabsetzung der Schwangerschaft auf acht Monate gleichkommen. Alerte Bildungsreformer verwechseln das Studium mit dem Garkochprozeß eines Suppenhuhns, machen aus Universitäten eine Art von Durchlauferhitzer und halten den Professor für so etwas wie einen Tauchsieder, vielleicht auch nur für eine Wärmeflasche. Und alle laufen hinterher!

Wie begegnen wir dem ungeheuerlichen Geschmacksverfall? Wie wirken wir der Tendenz entgegen, daß der Bauherr immer mehr dem Auftraggeber weicht und der Architekt dem Dienstleister, mit dem wir nur noch in fünffacher Ausfertigung kommunizieren können? Schweigen wir zu der stetigen Verwandlung der Welt in ein Konzentrationslager angeblicher Effizienz, das seine Verwalter für das Paradies halten? Wie können wir den Prozeß der Wertverluste und der zunehmenden Entmoralisierung aufhalten?

Ich glaube an die Macht der kleinen Zahl und an Zivilcourage, mit denen wir viel mehr erreichen könnten. Es geht doch nicht mehr um die berufliche Existenz von Architekten, sondern um die Sorge für eine mögliche Baukultur als Voraussetzung für eine menschenwürdige Umwelt. So wie Ärzte für die Gesundheit, Juristen für das Recht als unverzichtbare Gesellschaftswerte eintreten, ist es unsere Schuldigkeit, uns als kompetente Sachwalter der Architektur im weitesten Sinne zu Wort zu melden, das Bewußtsein für Mitverantwortung und Mitgestaltung der Öffentlichkeit klarzumachen und in die versteinerten Gehirnzellen unserer Verhinderungsbürokratie zu bringen. Aufklärung fragt nicht, ob sie erwünscht ist!

Und so bedaure ich, zum Schluß die Mitteilung machen zu müssen, daß all das, worüber ich gesprochen habe, vermutlich keine Menschenseele interessiert, außer allenfalls uns. Immerhin hatte ich die Chance, Moden, Trends, Tendenzen und Stillosigkeiten in der Architektur anzusprechen, die ich für der Rede wert halte und die mich jedenfalls mehr bedrücken als die Frage, welche Kleider der Kaiser morgen wohl trägt.

Und weil ich mit einem Märchen angefangen habe, möchte ich es auch zu Ende erzählen. Als das Kind erkannt hatte, daß der Kaiser gar nichts an hatte, fingen alle Leute eilig an, sich auszuziehen, um dem Kaiser zu gefallen und ihm zu huldigen. Als es ihm etwas zu kalt wurde, ließ er sich von seinem Hofmarschall seine Unterhose bringen. Da zogen alle schnell ihre Unterhosen wieder an, überboten sich gegenseitig und brauchten gar nicht hinzuschauen, sondern nur zu machen, was man ihnen sagte. Sie machten aus der Mücke einen Elefanten, aus einem dreckigen kleinen Spatzen einen Phönix, aus einer verbeulten Blechdose ein Weltwunder und aus jedem kümmerlichen Rinnsal eine Strömung. Es kam ja gar nicht darauf an, was einer sah, sondern was einer sagte. Und weil sie nichts mehr zu denken brauchten, machten sie einfach alles nach, was man ihnen vormachte. Damit hatte der Kaiser nicht gerechnet, aber es gefiel ihm, und er machte das Kind zu seinem Minister für Baukultur. Wie gesagt: Ein blindes Huhn kommt selten allein.

In Arkadien um die Ecke

Ein Gespräch zwischen Mies van der Rohe (20. Jh. n. Chr.)
und Iktinos (5. Jh. v. Chr.)
Notiert von Max Bächer und Heiner Knell

Iktinos: Du bist schneller gekommen als viele deiner Zeitgenossen, lieber Mies, und ich suchte dich, seit ich hörte, daß du auch hier bist.

Mies: Ich sah Sie am Acheron stehen und Ihren Biographen Zeichen geben. Aber keiner nahm Notiz von Ihren Nachrufen.

Iktinos: Damit haben viele zunächst Schwierigkeiten, besonders jene, die sich für die Avantgarde halten und nun nicht mehr wissen, wo vorne ist. In Arkadien bleibt die Zeit stehen und alles, was je geschehen ist und noch geschehen wird, ist gleichzeitig.

Mies: Dann wäre alles Bestreben nach Fortschritt nichts weiter als ein Haschen nach Wind? Heißt das, daß gleichermaßen alle Bauten und alle Werke der Kunst und der Technik nicht hintereinander, sondern nebeneinander stehen? Betrachten Sie, verehrter Kollege Iktinos, denn Ihr Werk gleichzeitig mit dem meinen?

Iktinos: So ist's, doch nebenbei: Hier in Arkadien sind wir alle per du. Du wirst sehen, daß sich Architekten und Künstler der verschiedensten Epochen viel näher stehen als jene der gleichen Zeit. Darum können wir beide uns über die Grundfragen der Architektur viel leichter verständigen. Du bist mir als Gesprächspartner deshalb auch höchst willkommen, denn sie nennen dich einen der berühmtesten Architekten deines Jahrhunderts.

Mies: »I didn't want to be famous. I only wanted to be good.«

Iktinos: Jaja. Scharoun erzählte, daß du an diesem Satz zwei Jahre lang gearbeitet hast. Aber du hast dich besonders mit einem Kernproblem der Architektur auseinandergesetzt, an dem auch ich nächtelang gearbeitet habe: die Bewältigung der Ecke. Du hast dies bewußter aufgegriffen als viele meiner Nachfolger und deiner Kollegen.

Mies: Das mußt du besser wissen, denn du hast viel mehr gesehen als ich. Auch hat es mich nicht besonders interessiert, was die anderen machen. Aber der Zusammenstoß zweier Wände im Winkel zueinander, das ist das Drama der Architektur, die dort beginnt, wo jemand mit Sorgfalt zwei Backsteine übereinander schichtet. Und machst du deine Ecke, so verwandelt sich die Binderschicht in eine Läuferschicht und umgekehrt, und der Konflikt ist da, und es mangelt an Vollkommenheit.

Iktinos: Auch mir geht es um Vollkommenheit, Proportion, Gliederung und Maß.

Mies: Das könnte von mir sein!

Iktinos: Es ist von dir. Oh, was bist du gemacht, mich zu verstehen! Aber für mich ist die Ecke eine künstlerische Herausforderung, für dich eine moralische.

Mies: Kannst du beides voneinander trennen? Schon Augustinus sagte: »Schönheit ist der Glanz des Wahren.«

Iktinos: Aber das Wahre und das Falsche glänzen gleich hell. Und sag mir doch, wo bleibt der Glanz des Wahren denn an deiner schönen Ecke der Memorial Hall, wo diese doch nur eine

Betonstütze ist, die du mit einer Blechverkleidung und ein paar aufgeschweißten Profilen maskiert hast?

Mies: Das haben mir meine kleinmütigen Kritiker auch vorgeworfen. Doch mir geht es um die innere Wahrheit, um die Darstellung einer Idee, auch wenn die Wahrheit von der Realität abweicht. Die Ecke ist notwendig, um das idealistische Prinzip des Stahlbaus verständlich zu machen. Die sichtbare »Konstruktion« symbolisiert also die verborgene Realität, so wie ich die Stützenköpfe an meiner Nationalgalerie als metaphorische Kapitelle verstehe.

Iktinos: Du scheinst bei den Sophisten zur Schule gegangen zu sein. Ich weiß, du hast viele Ecken gebaut, über die fast so viel geschrieben wurde wie über meine. Ich kenne sie wohl und sie sind auch sehr schön. Aber zu welcher Erkenntnis haben sie dich gebracht?

Mies: Daß es keine Lösung des Konfliktes gibt. Du müßtest das am besten wissen, wenn du an deinen Parthenon denkst. Erst durch meine Idee des fließenden Raums und der Aufhebung zwischen Innen und Außen ist es möglich geworden, die Ecke zu eliminieren. Wenn man nämlich die Wände voneinander trennt, gibt es auch keine Ecken mehr, wie du an meinem Barcelona-Pavillon siehst. Bei einigen meiner Bauten wird sogar durch das Einrücken der Stützen konstruktiv die Absenz der Ecke verdeutlicht.

Iktinos: Hast du dich damit nicht selbst um die Ecke gebracht?

Mies: Ist es nicht besser, ein Problem zu vermeiden, statt es zu lösen? Im übrigen geht es mir nicht um die Ecke, sondern um das architektonische Prinzip.

Iktinos: Du weichst mir aus. Du hast gesagt, die Ecke sei das Drama der Architektur. Aber du betrügst die Architektur um ihr Drama, wenn du auf sie verzichtest. Ich habe daraus ein großes Kunstwerk gemacht, an dem die Menschen bis heute herumrätseln.

Mies: Die Sache mit dem Triglyphenkonflikt? Ich habe sie studiert, und man hat allerlei Erklärungen gesucht.

Iktinos: Ich kenne sie alle, und sie erheitern mich sehr. Wenn du irgendwann eine Begründung für eine Entscheidung brauchst, frage einen Archäologen, und er wird sie die liefern.

Aber mir ging es auch nie um das formale Detail, das Vitruv in akademischem Unverständnis festschrieb, sondern um die Gesamtheit des Bauwerks. So verdrehte ich den neuen Tempel auf der Akropolis so über Eck, daß der Blick nicht frontal auf die Stirnseite trifft, sondern bereits die Tiefe des Gebäudes streift und damit sein skulpturales Wesen verständlich macht. Um dies zu betonen, habe ich die Ecksäulen etwas verdickt, nach innen geneigt und das Eckjoch deutlich verengt, um damit das plastische Volumen des Baus zu verdichten.

Mies: Das ist dir gelungen, aber gleichwohl fühlt sich mein Harmoniebedürfnis dadurch enttäuscht, daß die Stützenachse nicht mehr mittig unter der Ecktriglyphe sitzt, was diese in eine unbestimmte Lage bringt. Für mich ist das keine Lösung.

Iktinos: Du bist ja ein noch unbarmherzigerer Rationalist, als sie sagen. Mich hat an meinem Parthenon viel weniger das Rechenspiel des sogenannten Triglyphenkonfliktes interessiert als vielmehr die gesamte Ecksituation als Bestandteil des Architekturkonzeptes.

Mies: In Wahrheit bin ich ein Romantiker. Aber wir haben beide das Steinmetzhandwerk erlernt und wissen, daß höchste Kunst mit höchster Präzision einhergeht. Wir müssen uns dem Gesetz der Ordnung unterwerfen, um die Freiheit zu gewinnen, denn die größte Freiheit geht aus der größten Strenge hervor.

Iktinos: Aber es gibt Hierarchien auch in der Ordnung. Laß es mich an einem Beispiel erklären: Ein Baum ist ein Gebilde der Natur. Die Gesamtheit seiner Teile ist zusammengesetzter als alle seine Einzelteile: Wurzeln, Stamm, Äste, Zweige, Blätter. Man kann sich aber nicht den Baum als Teil seines Blattes vorstellen. Dennoch stehen alle in einer geheimen Beziehung untereinander und zum Ganzen. Das ist ihr Gesetz.

Mies: Nichts anderes ist meine Behauptung, daß Architektur eine Sprache ist mit Vokabeln, Syntax und Grammatik. Ein schöner Bau braucht eine schlüssige Morphologie. Architektur ist Dichtkunst.

Iktinos: Aber darin liegt doch der Unterschied, ob aus einem Text eine Nachricht wird oder ein Gedicht! In der geringsten Abwandlung der Regel steckt eine geheimnisvolle Kraft, die stille Allmacht des Verborgenen, jene tiefe Verbindung des Regelmäßigen mit dem Unregelmäßigen.

Vollkommenheit kann auch zur Trockenheit führen, wenn ein Problem so fehlerfrei gelöst ist, daß darüber hinaus nur noch Raffinesse möglich ist. Mein Zeitgenosse Polyklet sagte: »Wenn alles genau nach dem Regelwerk gemacht ist, dann füge noch ein wenig hinzu, damit das Werk zum Kunstwerk wird.«

Mies: Less is more!

Iktinos: Less and a bit more!

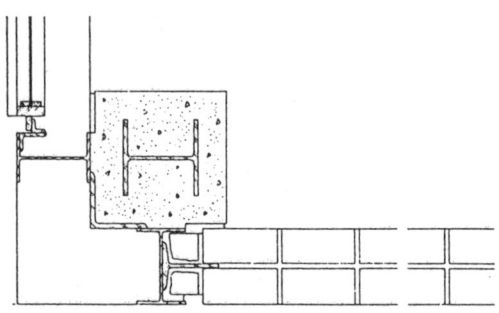

Eckausbildung IIT/Chicago von Mies van der Rohe

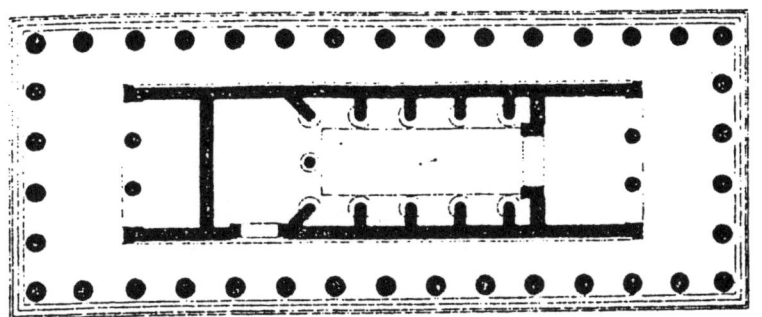

Bassai, Apollotempel, Grundriß

Bassai, korintisches Kapitell

Vielleicht bist du noch nicht tot genug. Weißt du, daß deine auf Reinheit und Wahrheit bedachte Meisterschaft, deine Kunst des »weniger ist mehr«, paradoxerweise die gesamte Fülle eines Archetypus enthält?

Mies: Ich frage mich die ganze Zeit, was das mit meinen Gedanken zu tun hat. Ich habe Ecken gemauert, geschweißt, betoniert und entmaterialisiert. Ich habe die Kreuzstütze erfunden, um meine Bauten in das Koordinatennetz des Universums einzubinden.

Iktinos: Und ich habe für meinen Tempel in Bassai das korinthische Kapitell erfunden, um den Konflikt der Innenecke zu lösen, den ich mit dem ionischen Kapitell nie hätte bewältigen können.

Mies: Ich hätte ein dorisches genommen.

Iktinos: Ich habe schon beim Parthenon den Innenraum als architektonisches Problem erkannt und in die Geschichte eingebracht. Aber wenn du wüßtest, was Bassai für mich, für die ganze Baugeschichte bedeutet!

Mies: Ich wollte dich nicht danach fragen. Aber hast du wirklich den Apollontempel von Bassai gebaut?

Iktinos: Warum, gefällt er dir nicht?

Mies: Ja nun. Ich habe ihn nie gesehen, aber der Grundriß, der Grundriß! Das wollte gewiß der Bauherr, nicht wahr?

Iktinos: Gleich zahlreichen Bauhistorikern, die die Bedeutung des Innenraumes nicht erkannt haben, enttäuschst auch du mich, Mies. Man kann mit dem Wind segeln oder gegen ihn. Wichtig ist, daß man segeln kann. Gewiß, die Ausmaße des Tempels waren vorbestellt. Aber ich trennte in dem sehr langen Raum den Bereich für das Kultbild durch einen transparenten Raumabschluß von der Cella, um ihren schlauchartigen Charakter zu verbessern. So entstand ein freier Experimentierraum für mich allein. Ich nutzte meine Chance, verband die eingestellte ionische Säulenstellung durch Zungenmauern mit den Außenwänden. Um den Raum optisch zu fassen, stellte ich vor Kopf, die beiden Zungenmauern schräg und erfand die allseitige korinthische Säule, mit der ich um die Ecke kam.

Mies: Was tragen dann die vorgesetzten Stützen?

Iktinos: Nichts! Das ist es ja gerade!
Sie sind nicht mehr konstruktiv, sondern »metaphorisch notwendig«, um dich zu zitieren.

Mies: Aber du hättest doch auf die Säulenvorlage verzichten können, und dann wäre das Eckproblem gar nicht erst entstanden.

Iktinos: Warum hast du nicht auf die aufgeschweißten H-Profile an vielen deiner Bauten verzichtet, die auch nichts tragen? Ich habe in Bassai zum ersten Mal einen Schritt vollzogen, der der ganzen Baugeschichte die Legitimation für Pilaster, Halbsäulen, Lisenen und auch dir für deine vorgetäuschte Ecke verschafft hat.

Mies: Hm …

Iktinos: Ich danke dir für dein Schweigen, Mies. Die Wahrheit ist zwar ein erstrebenswertes, aber unerreichbares Ziel. In der

Architektur bedeutet sie für mich, den künstlerischen und architektonischen Ideen gültig Ausdruck zu verleihen. Deshalb ist die Frage nach der Wahrheit keine Frage nach den Regeln, sondern eine Frage an dich selbst.

Mies: Oh, weiser Iktinos. Wie schade, daß wir nur Schatten sind. Die Ewigkeit lädt uns hier ein, mit Worten nicht allzu sparsam zu sein, doch die Redaktion billigt unserem Gespräch nur 360 Zeilen zu.

Iktinos: Und ich sehe dahinten die Schatten unserer Verehrer Vitruv und Giedion Arm in Arm sich uns nähern. Sie reden ohne Ziel, doch ihre Schatten sind stumm. Komm, laß uns gehen!

Mies: Ja, laß uns gehen. Ich hielt es immer für ratsam, die Schwätzer zu meiden, doch müssen wir sie im Auge behalten, damit kein Unheil geschieht.

Iktinos: Könnte nicht alles, was wir hier besprochen haben, nichts weiter sein als ein Spiel des Windes in Arkadien oder die Phantasie zweier Rhetoren aus einer anderen Welt, die uns zu Marionetten gemacht haben?

Mies: Darin besteht, streng genommen, die Unsterblichkeit.

Iktinos: Richtig, aber deren Voraussetzung ist der Tod.
   (Sie bringen einander um die Ecke)

Über das Plagiat in der Architektur

Als sich Giacchino Rossini die neue Oper eines Zeitgenossen anhörte, sei er während der Ouvertüre alle Augenblicke aufgestanden, um mit einer tiefen Verbeugung den Hut zu ziehen. Auf die Frage, wen er denn eigentlich grüße, habe er geantwortet: »Lauter alte Bekannte!«

Höflichkeit empfiehlt sich, wenn man das heiße Eisen des Plagiats anfassen soll. Aber der Arm erlahmte, würde man all die Bekannten begrüßen wollen, die an den Haupt- und Nebenstraßen der Architekturszene aufgereiht stehen und die man schon bei anderer Gelegenheit kennengelernt hat. Der Atem stockt bei der Kürze der Inkubationszeit, die heutzutage ein neuer Gedanke braucht, um sich zu vervielfältigen. Selbst die Fruchtbarkeit eigener Ideen schockiert mehr, als sie freut. »Plagiat, Plagiat!« rufen die, die urheben wollen, und »Haltet den Dieb!«. Aber es ist nicht so einfach wie mit dem gestohlenen Auto. Das hat nun ein anderer, und der, dem es gehört, hat keins mehr. Das geistige Eigentum – wenn es da war – ist ja nicht plötzlich weg. Es wird nur mitbenutzt. Das ist mehr ein Leihwagenproblem.

Meine Gedanken über das Plagiat sind eingerahmt von zwei Plagiaten, die keine sind. Osbornes Doppelbildnis des deutschen und des russischen Pavillons auf der Pariser Weltausstellung von 1937 ist frei erfunden. Aber die Ähnlichkeiten sind nicht zufällig. Es zeigt, was hätte sein können: daß zwei entgegengesetzte Systeme sich derselben Formensprache bedienen, um sich verständlich zu machen, ohne voneinander abzugucken. Der Neoklassizismus liegt eben in der Luft, wenn die Architektur in die Krise kommt und das Heil in der Antike sucht. Aber die vulgäre Sprache der Macht kennt wenig Alternativen. Das zweite Beispiel: die Hamburger Stadtbäckerei, der ein einiiger Zwillingsbruder beschert wurde, zeigt, was nicht sein darf und dennoch ist. Die Hamburger Kollegen sind ziemlich böse darüber. Aber vielleicht haben sie noch nicht bemerkt, daß in dem Entschluß, die Baulücke mit dem exakten Abklatsch des Nachbarhauses zu schließen, mehr Witz enthalten ist als in so vielen angestrengten Schöpfungen. Stünde nur ein aktueller Architektenname darunter, so würde der »geistreiche Einfall« gelobt und man hätte ein Thema für das nächste Symposion über Ironie in der Architektur.

Aber was ist nun mit dem Plagiat? Plagiat kommt vom Lateinischen »plagium« = Menschenraub, Seelendiebstahl. Die Bezeichnung für den geistigen Diebstahl geht auf den römischen Satiriker Martial zurück, der seine Gedichte mit freigelassenen Sklaven verglich und den Dichter, der sie als eigene vortrug, zum »plagiarius«, zum Menschenräuber, erklärte.

Die Alltagssprache ist pauschal und oberflächlich. Sie bezeichnet gerne alles, was nur Ähnlichkeiten aufweist, schon als Plagiat und unterscheidet nicht die Vielzahl der Begriffe, die fließend ineinander übergehen: Abklatsch – Aneignung – Anklang – Anleihe – Anpassung – Anregung – Einfühlung – Einfügung – Erneuerung – Fälschung – Gleichnis – Imitation – Inspiration – Kopie – Orientierung – Nachäffung – Nachahmung – Nachbildung – Nachempfindung – Rekonstruktion – Reminiszenz – Reproduktion – Rückgriff – Übernahme – Variation – Weiterentwicklung – Wiederentdeckung – Wiederholung – Zitat – und viele andere stehen zur Auswahl. Plagiate sind es nur dann, wenn »der Zweiturheber so tut, als sei er der Ersturheber« (K. H. Hauffe: Der Künstler und sein Recht);mit anderen Worten: Plagiate entstehen nicht durch die Benutzung, sondern durch die Unterschlagung der benutzten Quellen. Das bringt jeden schöpferischen Menschen in eine fatale Situation!

Inspiration: Seltenheit des Musenkusses, Eingebung des Augenblicks! Muß jede Quelle der Inspiration erinnert, jede Muse für eine Erleuchtung registriert werden? Die Quellen eines einzigen guten Gedankens niederzuschreiben, würde Bände füllen. Anregungen: Man kann sie sammeln. Früher trug der Architekt ein Skizzenbuch bei sich. Heute trifft man ihn mit der Minox auf der Baustelle eines Kollegen bei der Spionage. Werkspionage heißt das anderswo. Wir sagen Anregung. Beim Lichtpauser holt sich mancher noch schnell eine Idee, wenn der Wettbewerbsentwurf des Konkurrenten schon durch die Maschine rollt.

Die Anregung erinnert ihre Vorbilder. Brunneleschi wurde durch das Pantheon zum Bau der machtvollen Kuppel von Florenz angeregt. Man kann Anregungen suchen, kultivieren und kalkulieren. Jedermann weiß, daß das Projekt für die Bauten der olympischen Spiele in München nicht ohne den Welterfolg des deutschen Pavillons in Montreal von Frei Otto und Gutbrod erdacht und prämiert worden wäre. Aus der Anregung wurde eine Neuschöpfung. Weiterentwicklung und Quellenangabe sind es, die das Plagiat überwinden. Wo sie fehlen, bliebe bestenfalls die Anleihe. Sie spekuliert mit der Vergeßlichkeit der anderen. Es ist wie mit entliehenen Büchern, bei denen man damit rechnet, daß der Besitzer sich nicht mehr daran erinnert, wem er sie geliehen hat, oder die man vereinnahmt, weil man ein Flegel ist. Wenn aber plötzlich die halbe Bibliothek woanders steht, wird man stutzig, besonders, wenn man seinen Namen aus den eigenen Büchern ausradiert findet. Hier könnte man von geistigem Raubmord sprechen.

Zitate schmücken. Sie verraten Bildung und feine Art, wenn sie in Anführungszeichen stehen, denn die Literatur gestattet das Zitat nur dann, wenn es als solches gekennzeichnet ist, eine bestimmte Länge nicht überschreitet und die Quelle angibt. Aber wie soll man das in der Architektur machen, wo schon die Musik es nicht fertig bringt? Die Baugeschichte ist heute eine Sammlung von Stilzitaten, die die Architekten der Gründerzeit

*Der deutsche und der russische Pavillon
auf der Weltausstellung in Paris 1938*

voll ausschöpfen. Der Eklektizismus war die Kunst ihrer Amalgamierung. Seit wenigen Jahren hat das Formzitat auch wieder neue Bedeutung in der Gegenwartsarchitektur gewonnen. Wenn Stirling in seinem staunenswerten Projekt für die Stuttgarter Staatsgalerie die Reminiszenz eines verfremdeten Säulenpaars als Portal in die runde Trommel seines Skulpturenhofes plaziert, so mag man dies abgeschmackt oder ironisch finden. Die Anführungszeichen sind nicht zu übersehen. Dennoch ereifern sich seine Kritiker mehr über die Zitate als über die Qualität der räumlichen Konzeption. Stirling teilt dieses Schicksal mit manchem bedeutenden Komponisten, wie zum Beispiel mit Gustav Mahler, dem seine Zeitgenossen die Wiener Gassenhauer, die er in seine Sinfonien einbaute, übelnahmen und ihren Kontext im Gesamtwerk nicht begriffen.

Formzitate zeigen die Entwürfe von Venturi und Rauch, die das vorhandene Allgemeingut an Formen vulgarisieren und nun ihrerseits wieder »plagiiert« werden. Aber die Urheberschaft auf ein rundes Fenster oder ein dreieckiges Dach kann kaum eingeklagt werden, zumal wenn sich die Urheber selbst auf die Banalität der geläufigen Formensprache berufen. Wo kein Kläger ist, ist auch kein Richter, und wo kein Urheber ist, ist kein Plagiat.

Die Kopie ist die Kunst der Selbstverleugnung. Sie stellt den Urheber überhaupt nicht in Frage, sondern schöpft ihre Qualität aus der möglichst fehlerlosen Wiedergabe des Originals. Erst die Unterschrift macht die Kopie zum Plagiat – oder zur Fälschung.

Die falsche Zuschreibung eines Bauwerks an einen bekannten Architekten trifft man häufiger, weil sie der Wertsteigerung des Gebäudes dienen kann. Dem deutschen Besucher werden in Istanbul gerne aus Höflichkeit gegenüber dem Gast Bonatz-Bauten vorgestellt, die dieser nie gebaut hat. Dasselbe Schicksal widerfuhr unlängst einem nachklassizistischen Gebäude, das ein alter Denkmalpfleger dem längst verstorbenen Salucci zuschrieb, um es vor dem Abriß zu bewahren.

Ist dann wenigstens die Imitation ein Plagiat? Die sorgfältig betonierte Nachbildung des Heratempels von Olympia, die von einem Bergrücken in Arkansas in die weite Steppe grüßt? Frank Lloyd Wrights Robie-house steht als Duplikat an der Landstraße nach Brescia. Das Kennzeichen der Imitation ist ihre Minderwertigkeit. Wie der Kitsch bereichert sie die Welt um ein Lächeln. Aber nicht um einen Prozeß.

Plagiate von Amts wegen fordert der Denkmalschutz beim Wiederaufbau zerstörter historischer Gebäude, wenn das vor über 180 Jahren nach einem Brand vollständig beseitigte Saarbrücker Barockschloß historisch genau rekonstruiert werden sollte. Es gibt nämlich gar keine Pläne, sondern nur einen alten Stich vom brennenden Schloß! Und man muß sich fragen, weshalb die Gegenwart die kreativen Möglichkeiten unserer Zeit durch ein Plagiat desavouieren will.

Plagiate anderer Art durch die immer kleinkarierter werdenden Gestaltungssatzungen mancher Städte erzwungen, mit denen historische Vergangenheiten festgeschrieben werden sollen, die so nie existiert habe. Die Lust, mit der sich manche Kollegen solchen Zwängen unterwerfen, grenzt an Masochismus.

Erweitert man die Skala architektonischer Aussagen noch um die Möglichkeit des stilistischen Rückgriffs auf den Formenschatz der Vergangenheit, so bricht der Plagiatsbegriff vollends zusammen. Bemühte sich doch die Renaissance darum, die durch die Gotik aus dem Verkehr gezogenen Formen der klassischen Antike wieder zur Geltung zu bringen. Und zu Beginn des Klassizismus wurde die Frage nach dem Urheber gegenstandslos, denn die Berufung auf die Antike und deren Nachahmung und Weiterführung war ja gerade das Credo des stilistischen Wollens. Zwar hatte Beaumarchais sich im Zuge der französischen Revolution für den Schutz des geistigen Eigentums eingesetzt und Goethe in seinem Aufsatz »Meteore des literarischen Himmels« das Plagiat als die gröbste Art von Okkupation bezeichnet, wozu Kühnheit und Unverschämtheit gehöre. Daran hat sich im Grunde nichts geändert. Aber Goethe selbst erkennt die Unvereinbarkeit der Ziele, und er erteilt der Baukunst ausdrücklich Absolution, indem er fordert »statt ihn zu tadeln, den Baukünstler höchlichst zu loben, wenn er irgend etwas Vorhandenes auf einen höheren Grad, ja den höchsten Grad der Bearbeitung bringt«. So erntete Salucci, der württembergische Hofbaumeister, Lob, weil er der Grabkapelle der Könige die Form von Palladios Villa Rotonda gab, was noch heute mit Stolz erwähnt wird. Aber auch das war nicht neu. Die osmanische Moschee übernimmt den byzantinischen Zentralbau, die christliche Kirche entlehnt sich für ihren Kult die römische Basilika. Und was wären Ikonen und dorische Tempel nach den Rechtsbegriffen denn anderes als Dauerplagiate?

Es zeigt sich, daß der Plagiatsbegriff gar nicht vom Stilbegriff und vom vorherrschenden Eigentumsbegriff der Zeit abgelöst werden kann. Stil ist nicht schutzfähig, und der Epigone ist eine Figur der Stilgeschichte. Im Rahmen geschlossener Kulturepochen tritt der Plagiatsbegriff hinter den Stilbegriff zurück. Das gilt auch für neue Richtungen wie für den Jugendstil oder die

»weiße Architektur« der zwanziger Jahre, die auf gegenseitige Duldung des Plagiats angewiesen waren, um sich darzustellen und durchzusetzen. Sie wurden als Gemeinschaftsleistungen begriffen, an der jeder seinen Anteil beanspruchte, selbst wenn es nur der Glaube an die Bewegung war. So werden bis in die Gegenwart Plagiate von den Mitgliedern einer Gruppe untereinander gedeckt und stillschweigend akzeptiert, solange es um ihr geschlossenes Auftreten nach außen geht. Dies mag auch die Großzügigkeit verständlich machen, mit der die Nachkriegsgeneration ihr Formenrepertoire austauschte, woraus mancher Gewohnheitsrechte ableitete und sich noch heute ungeniert der längst individuell geprägten und verfeinerten Manier des einstigen Kampfgenossen bedient.

Goethe spricht von einfacher Nachahmung, Manier und Stil als von drei Stufen der Kunst. Wenn Stil danach die der höchsten Vollkommenheit ist, was soll dann die Forderung nach eigenschöpferischer Weiterentwicklung? Der dorische Tempel hatte seine endgültige Form gefunden, und da war dann nichts mehr zu machen. Aber es dürfte auch schwerfallen, das Formprinzip Mies van der Rohes zu verbessern. Auch die Gegenwart kennt Endstufen einer Entwicklung. Optimierung führt zum Typus, zum Rezept. Der Zeitgeschmack kann nur die Mischung der Zutaten verändern. Die typisierten Bauaufgaben unserer Zeit, wie Schule, Großraumbüro, Sporthalle, sind durch Gesetz und Norm so weitgehend determiniert, daß die Ergebnisse austauschbar werden, nachdem auch noch gestalterische Qualität als verzichtbarer ästhetischer Überschuß von Berufsfunktionären, die an den Pranger gehören, wegrationalisiert wurde. Der Ausdruck unserer Zeit ist der schlechte Stil verordneter Architektur. Plagiate wider Willen.

Das Plagiat ist ein Bastard der Aufklärung. Der Sturz geistiger Vormundschaften durch den Liberalismus sollte dem Individuum die Möglichkeiten freier, selbständiger Entfaltung eröffnen. Mit dem Prinzip des Pluralismus erlosch der Stilbegriff als gültige Vereinbarung und setzte dynamische Kräfte individueller Gestaltung frei. Die Moderne begann mit dem Anspruch auf Individualität. Mit ihr zogen die Plagiatoren ein. Kaffeelöffel und Autokarosserien verbanden sich plötzlich mit dem Namen ihres Entwerfers. Die neue Architektur wurde eine Architektur der Originale. Die Möglichkeiten industrieller Vervielfältigung machte den Schutz des Erzeugnisses notwendig. Nachahmung von Produkten brachte dem Urheber und Hersteller materiellen Schaden und wurde als Plagiat verfolgt. Dem Architekten entstand durch ein Plagiat seiner Arbeit höchstens ideeller Schaden. Aber die moralische Entrüstung war dementsprechend wichtig: ging es doch gar nicht um die Qualitätsfrage, sondern um die echte oder vermeintliche Besonderheit, die zum Wertbegriff geworden war. Da aber die Hervorbringung einer wirklich individuellen Leistung auf dem Gebiet der Architektur zu den großen Seltenheiten gehört, muß die selbstgewählte Maxime, jede architektonische Leistung habe deutliche Züge des Individuellen und des Originellen zu tragen, als Utopie oder als Bildungsmangel angesehen werden und zwangsläufig zu Frustration und Plagiat führen, da die Zahl der praktischen Möglichkeiten zur Lösung einer Aufgabe nicht unbegrenzt ist. In der Architektur ist das Repertoire sogar erstaunlich klein, was die regelmäßige Wiederkehr bestimmter Formprinzipien beweist.

Die Zwangsvorstellung von einer pluralistischen Architektur mit ihrer notorischen Originalität des Individuums fördert jedoch den Raubbau am gestalterischen Grundkapital, der zu einem immer rascheren Verschleiß der Formen führen muß und damit die Perzeption von Architektur unmöglich macht. Von daher erhält das Plagiat die Bedeutung eines natürlichen Korrektivs, indem es Abläufe verlangsamt und damit Zeit zur Bildung neuer Wertmaßstäbe gewinnt. Darin liegt auch die

Chance, den gravierenden Unterschied zwischen Originalität und Qualität wiederzuerkennen, der in den überhitzten Treibhäusern mancher Architekturschulen dem Irrtum geopfert wurde, Selbstverwirklichung sei eine Qualität, die das Produkt schöpferischer Bemühungen auch von allein veredle und es damit jeder vergleichenden Beurteilung entziehe.

Die Einstellung zum Plagiat mündet letztlich in die Frage nach der Abgrenzung zwischen individueller und kollektiver Leistung. Jede Leistung, nicht nur die des Plagiats, setzt die Leistung eines anderen voraus. Wir sind ebenso Produkte unserer Zeit, wie sie unser Produkt ist. Zwar findet sich in der Konkordanz zu Marxens Schriften kein Hinweis auf das Plagiat. Aber nur ein paar Autostunden östlich von uns war es nicht strittig, daß auch geistiges Eigentum gesellschaftlicher Besitz ist. Architektur wäre somit prinzipiell kollektive Leistung und das Plagiat eine Folgeerscheinung des Kapitalismus. Mit dem Wegfall des Wettbewerbs und der Vermarktung entfällt der Anlaß zu zahllosen Musterschutzprozessen, mit denen die freie Marktwirtschaft ihren Tribut für den Vorrang des privaten Eigentums am Geist bezahlt. Mit der zunehmenden Liberalisierung des Eigentumsbegriffes gerät selbst die sprachliche Ableitung des Wortes »Plagiat« aus dem Gleichnis des Martial ins Wanken: Wo hatte er bloß seine Sklaven her?

Im Wesen des Plagiates liegt es begründet, daß nicht das Schlechtere, sondern das besser Erscheinende nachgeahmt wird. Damit dient es zweifellos der Verbreitung des Besseren. Die Erzeugnisse der Firma Braun mit ihrem enormen Einfluß auf die industrielle Formgebung beweisen, was deren Massenplagiierung bewirkte. Da schließlich auch das Interesse am Plagiat ein wesentlicher Faktor ist – ist es doch durch eingesparte Entwicklungsarbeit meist billiger als das Original, obgleich es ebenso teuer aussieht –, müßten meine Betrachtungen hier mit einem Punktsieg für das Plagiat enden, und ich könnte mit einem Zitat aus Egon Friedells Kulturgeschichte schließen: »Was nun zum Schluß noch die Frage des Plagiates anbelangt, so ist das Geschrei über geistige Entwendungen eines der überflüssigsten Geschäfte von der Welt. Die ganze Geistesgeschichte ist eine Geschichte von Diebstählen. Und wenn einmal eine Stagnation eintritt, so liegt der Grund immer darin, daß zu wenig gestohlen wird. Und wenn ein großer Künstler sich nicht durchsetzt, so liegt das immer daran, daß er zu wenig Diebe findet.«

Aber Friedell kannte keine Architekturwettbewerbe!

Die enorme Verbreitung des Architekturwettbewerbs hat zwangsläufig auch das Plagiat gefördert. Wenn ein Architekt ein Haus entwerfen soll und ihm einfach nichts einfällt, dann mag er sich in einer Zeitschrift orientieren oder herumfahren, bis er findet, was ihm paßt. Er legt es nicht auf Täuschung an, sondern erspart sich höchstens ein paar Überlegungen. Wer im Wettbewerb mit einem Plagiat aufwartet und sich hinter der geforderten Anonymität versteckt, ist ein Betrüger. Von der Aneignung bestimmter Zeichentechniken und Modelldarstellungen, über die Nachahmung persönlicher »Handschriften« bis zur Übernahme ganzer Konzeptionen reicht die Skala der Diebstähle. Es ist ja nicht nur die Absicht des Plagiators, etwa durch die Übernahme einer bewährten und schon einmal prämiierten Lösung seine Erfolgschancen zu verbessern, sondern er rechnet damit und hofft darauf, mit dem Urheber des plagiierten Entwurfs selbst verwechselt zu werden. Er rechnet sogar noch mit der Solidarität der Preisrichter, zu deren Aufgaben es nicht gehört, die Urheberschaft nachzuprüfen, die der Verfasser ja durch eine eidesstattliche Erklärung bekräftigt hat.

Besonders delikat ist die Situation, als Preisrichter dem Plagiat der eigenen Arbeit gegenüberzustehen und nicht einmal umhin zu können, ihm einen Preis zuzuerkennen, da es ja objektiv der beste Entwurf sein könnte. Aber machte man sich durch die Duldung solcher Plagiate nicht selbst zum Mitschuldigen?

Die Einrichtung einer »Plagiatssäule« für Wettbewerbe wäre daher ein heißes Eisen, das sich der BDA selbst anzufassen trauen müßte. Auch könnte keiner Fachzeitschrift verwehrt werden, Wettbewerbe, deren Ähnlichkeiten rein zufällig sind, kommentarlos nebeneinander abzubilden. Man möchte doch gerne wissen, was alles »in der Luft liegt«.

Zum Wettbewerbsplagiat gehört auch jene stattliche Flotte von sogenannten U-Bootfahrern, die landauf, landab anderen ihre Wettbewerbe machen. Diese »Kavaliersdelikte« basieren genauso auf Urkundenfälschung und rangieren in der Rechtsprechung unter dem Wort Betrug. Daß sich in dieser erfolgreichen Wettbewerbsflottille häufig begabte Studenten oder Absolventen befinden, denen die Kammergesetze einen Riegel vor ihre Berufsausübung geschoben haben, zeigt, daß selbst Organisationen, die dem Schutz des Berufes dienen, ungewollt zu seiner Zersetzung beitragen. Jedenfalls sollte man von Studenten und Absolventen keine höhere Moral verlangen als von jenen Kammermitgliedern, die sich als Strohmann hergeben oder sich selbst bei anderen »einkaufen«.

Nichts wurde gesagt über die Schriftsteller und über das Plagiat in der Ausbildung. Es fällt jedoch auf, wie die Unterschlagung schriftlicher Quellen nicht nur in Artikeln, Manuskripten, Büchern, sondern auch bei Promotionen und wissenschaftlichen Arbeiten zum Standesbrauch von Architekten geworden ist. Man kann fast wahllos einige Groschenhefte der Literatur über Städtebau herausgreifen, um staunend festzustellen, wieviel verschiedene Verfasser ohne Quellenangabe voneinander abschreiben. Auch bei Studierenden ist oft schon so stark ausgeprägt, daß frisch Angeeignetes nicht selten als selbst Erfundenes vorgestellt und in Ichform vorgetragen wird. Viele müssen vom Eigentum anderer leben. Warum sollte man andere nicht auch vom Plagiat leben lassen? Wer darin dialektische Arroganz vermutet, der hat die asoziale Seite des Plagiatverbotes nicht bemerkt. Schließlich sollten wir zufrieden sein, daß es idealistische Plagiatoren gibt, die sich lieber am Besseren orientieren. Vieles ist uns dadurch schon erspart geblieben, denn Architektur ist unheilbar öffentlich. Und wer mir die These, daß im Plagiat sogar ein schöpferisches Moment liegen kann nicht glauben will, der lese Kants Prolegomena: »Die, so niemals selbst denken, besitzen dennoch die Scharfsichtigkeit, alles, nachdem es ihnen gezeigt worden, in demjenigen, was schon gesagt worden, aufzuspähen, wo es doch vorher niemand sehen konnte.« Der Rest ist eine Frage des eigenen Wollens und Könnens, des Anstands, des guten Geschmacks und vielleicht der Selbstachtung. Ansonsten sind vorsätzliche Plagiatoren in der Architektur selten. Sie sind höchstens Meister der Verdrängung, besonders vergeßlich oder haben keine Manier. Und schließlich bleibt es jedem selbst überlassen, welches Persönlichkeitsbild er einmal von sich hinterlassen möchte.

Egon Eiermann sagte zu seinen Studenten: Klaut, Kinder, klaut! Ach Egon, du hattest ja recht!

Wohnen à la carte

Wo so die Leute alles essen und was der Wirt selbst gerne ißt.
Was es gibt, bestimmt der Wirt. Der Gast wählt, ißt und zahlt.
Er wählt das Restaurant, wählt die Speisen aus einer begrenzten
Auswahl, des Gastes Mitbestimmung.
Michelins Sternchen leuchten dem Unkundigen den Weg.
Eingeklammerte Zahlen hinter den Speisen bezeichnen die ver-
wendeten Gifte.
Tödliche Speisen sind verboten.

Wo so die Leute überall wohnen?
In Höhlen und Zelten, Zellen und Waben,
in Bäumen, auf Bäumen, in Räumen und Träumen,
hinter Mauern, hinter Brettern, hinter Gittern, hinter Glas,
auf dem Wasser – am Fluß, am See, am Wasserfall,
auf der Erde, unter der Erde, über der Erde – in der Luft,
in den Wolken, über den Wolken, im Weltenraum,
auf dem Mond und hinter dem Mond, zwischen Planeten,
(die kleinsten Kapseln brauchen den größten Raum)
im Grünen, im Grauen,
im Dorf, in der Stadt,
an Straßen und Plätzen,
in schwimmenden Städten, Städten im Meer, Städten auf Rä-
dern, Städten von morgen,
allein und in Gruppen, vereinsamt, vermaßt,
in Palästen und Hütten,
Containern und Kisten,
in Häusern und Häusern und Häusern und Häusern – –
Heimat Deine Häuser,
wo findet die Seele, die Heimat die Ruh?
Wo wohnen die Menschen?

Wie wohnen sie?
Wohnen sie?

Zum Beispiel der Fischer und seine Frau? Zum Beispiel Diogenes: Er war in einem Faß zu Hause. Zweckentfremdung eines Flüssigkeitsbehälters zur Linderung der Wohnungsnot. Diogenes war ein Zyniker, ein Proto-Hippie, lebte vom Konsumverzicht auf anderer Leute Kosten, demonstrierte gegen die Wohnkultur.

Verwurzelt sein, hingehören, ortsbezogen sein, geborgen sein. Raum haben, Zeit haben, Eigentum haben, Raum füllen, Zeit verbringen, sammeln und finden, aufheben und wiederfinden, herzeigen, sich zeigen, sich darstellen, sich vorstellen, sich kennenlernen, sich freuen, stolz sein, anerkannt werden. Man kann den Menschen mit einer Wohnung töten, wie mit einer Axt.
(Zille)

Wohnen – wonen, wunian, wunan, una: bleiben, zufrieden sein, Gefallen finden, Behagen empfinden, sich freuen.
Wohnen – wohnlich, gewöhnen – gewöhnlich.
Wohnen – gewöhnen, verwöhnen, entwöhnen, argwöhnen, angewöhnen.
Wohnen kann man sich ganz abgewöhnen. (Es gelang einmal einem Architekten, seine Einrichtung auf einen Nagel in der Wand zu reduzieren, um seine Taschenuhr aufzuhängen.)

Wohnen in Deutschland, Wohnen in der Schweiz – gemeinsame Verinnerlichung, Romantik, Biedermeier, Gründerjahre haben Wohnung und Heim tief im Gemüt versenkt, idealisiert als Ort der glücklichen Familie, gesichert durch Mythen: Eigener Herd ist Goldes Wert – trautes Heim, Glück allein – my home is my castle – klein, aber mein. Die Einrichtung wird zum Glaubensbekenntnis, die Wohnung zur moralischen Anstalt. Nomaden wohnen nicht. Zigeuner sind Nomaden. Ahasver darf nicht wohnen. Ohne festen Wohnsitz ist man kein Einwohner. Wo sind sie wohnhaft?

Wie Wohnen?

Funktionell, sprach der Architekt und erfand den Wohnschrank: Kurze Wege, kein Schritt zuviel, kein unnötiger Handgriff, irrsinnig praktisch, time is money.

Sozial, sprach der Architekt und entwarf Proletarierwohnungen für Arbeiterfamilien mit ganz kleinen Schlafzimmern für Eltern, Söhne und Töchter – ein Zimmer fürs Dienstmädchen nicht zu vergessen. Sachlich, sprach der Architekt und schnitt alles Überflüssige ab, Gesimse und Verzierungen flogen hinaus, Omas Kanapé, die Goldrahmen, Messingdrücker und Volants. Die nackte Armut kam zum Vorschein.

Hygienisch, sprach der Architekt, legte sich in die Sonne und riß die Fassaden auf, von einer Wand bis zur andern, und die Vorhang- und die Glasindustrie freute sich und man konnte fast keine Möbel mehr an die Wände stellen. Es kam die abwaschbare Kultur.

Deutsch, sprach der Architekt und schnitzte seine Pläne in Eiche, meißelte gläubig Bekenntnisse in Stein, aß das Brot vom handgebeilten Teller und wohnte schlicht, edel, hilfreich und gut.

Rationell sprach der Architekt, fing an, die Menschen auszumessen und nach Normen einzuteilen, Typengrundrisse zu entwerfen, alles hübsch einheitlich und jeden Fehler gleich hundertmal.

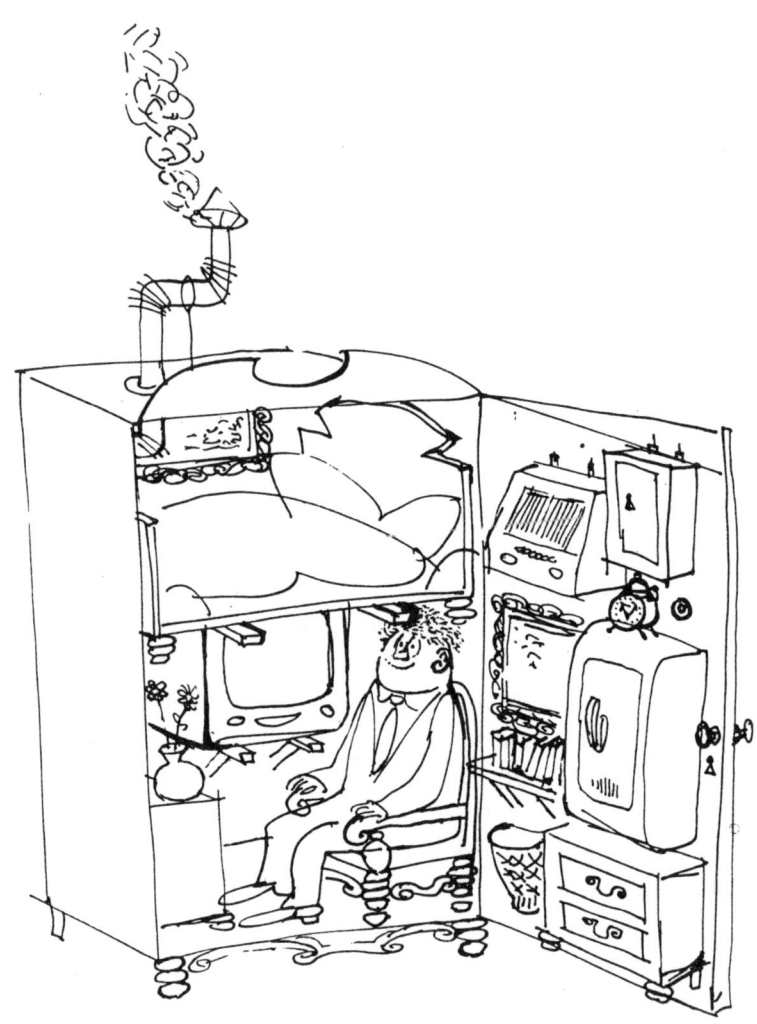

Der funktionelle Wohnschrank

Wie Wohnen?

Programmgerecht, sprachen die Architekten, autogerecht, verdichtet – entballt – flexibel – variabel – von inne nach außen – vorgefertigt – immer ein wenig schlechter, aber dafür nur unwesentlich teurer – erfanden die Veränderung, die permanente Anpassung, verstellbare Wände, jeden Montagmorgen eine neue Wohnung. Das hatte Mies van der Rohe schon 1927 in der Weißenhofsiedlung gebracht. Die veränderbaren Wände stehen noch heute alle am selben Fleck. Mies sagte später: Macht doch die Bude groß genug, das bringt mehr und ist billiger. Und Schmitthenner fragte: Warum braucht ein Grundrißplan Raumbezeichnungen? Man soll nicht so viel denken, sondern mehr den Leuten überlassen, wie sie wohnen wollen. Flexibilität, Variabilität, öfter mal was Neues?

Psychologen registrierten zunehmende Verhaltensunsicherheit bei häufigen Veränderungen der Umwelt.

Mobil wohnen, sprach der Architekt und zog mit seinem Wohnwagen aufs Land. Die Menschen ziehen häufiger um, also ist es zweckmäßig, sein Haus mitzunehmen, Häuser zu bauen aus fahrbaren Containern, Häuser, die sich verwandeln und sich sogar selbst umbauen können. Fahrbare Städte, die auf der Erdkruste grasen und sich selbst verschrotten, als Beitrag zum Wohnen 2000. Auch ein Beitrag zum totalitären Staat.

Wie Wohnen?

Architekten sind Tausendsassa. Ihnen fällt immer was ein, Lösungen auch in verzweifelten Fällen. Aber Frau Maier möchte nur Fenster, in denen sie die Betten rauslegen kann, nur einen Schrank aufstellen können, ohne daß die Tür klemmt, ein Kinderzimmer, in das noch ein zweites Bett paßt. Und Familie Kohout im Märkischen Viertel pfeift auf Infrastruktur und Sozialmilieu und haut den Idiologen von Architekten, Planern, Soziologen ihren optimierten Grundriß um die Ohren und möchte wissen, warum das Kinderzimmer kein Licht hat, aber Bad, WC und Abstellräume auf der Südseite liegen, warum der Flur größer sein muß als der Wohnraum – lauter unwissenschaftliche Fragen, überhaupt kein politisches Bewußtsein, aber man kann die Arbeiterfamilie schlecht totschweigen.

Also her mit Partizipation, Bedürfniserforschung, Mitbestimmung: Wollen sie die Küche lieber in der Nähe des Eßtisches, stört es, wenn die Tür nicht aufgeht, weil das Waschbecken dahinter montiert ist, reicht ihnen ein Kinderzimmer von 8 m²? Wollen sie einen besonnten Wohnraum, wollen sie ein Badezimmer mit oder ohne Wanne? Die Intelligenz der Antworten entspricht der Intelligenz der Fragen: Wollt ihr den totalen Krieg? Anstatt zu überlegen, welche Bedürfnisse heute verkümmern, oder zu fragen, für wie schwachsinnig manche Experten eigentlich gelten wollen? Manche Wohnungen sind wie langsame Mordwaffen, von Zilles Axt im Haus zu Eduard Zimmermanns xy-ungelöst. Die Resistenz mancher Bewohner gegen geplante Abtötung ist bewundernswert.

Wie wohnen? Schöner wohnen. Schöner als ?

Wer bestimmt das eigentlich? Wer hat da dreinzureden? Wer will Lieschen Müller schon wieder kulturell emanzipieren? Die Möbelindustrie weiß immer Rat. Sie hat für jeden Geschmack etwas Passendes: anspruchsvolle Konformität, traditionsorientierte Eleganz. Oder etwas demonstrativer Avantgardismus für die wohnbewußte Frau, rustikale oder prestigeorientierte Gemütlichkeit für den Sportler, ästhetischer Nonkonformismus für den Jet-set? Gediegene Wohnkultur von der Stange, komplette Wohnlandschaften und zweimal jährlich frische Tapeten. Ist Geschmack ein sozialer Prozeß?

Der Weg des Fortschritts:

Die Wohnküche, die funktionelle Küche, die Einbauküche, das Kochlabor, das Küchenzentrum, die Küchenbar, die Eßküche, die Wohnküche. Überall Fortschritt und Wachstum. Wo ist vorn? Überall wird Identität geopfert. Vom Türklopfer bis zur Klingeltafel am Hochhaus, letzte Reduzierung der Individualität auf das genormte Namensschild.

Die schönere Wohnung, die häßlichere Stadt.

Zuviel Privatheit, zuwenig Öffentlichkeit. Dort liegen die Grenzen des Wohnens, wo man Privatheit auf Kosten der Öffentlichkeit sucht, wo das Interesse des Bürgers für seine Mitbürger und für die Stadt im Wohnkomfort erstickt. Häuslichkeit und Urbanität am Beispiel der Gastarbeiter. (Lassen Sie auch Ihre Gäste arbeiten?) Die häßliche Stadt ist für ihn noch immer schöner als seine Wohnung.

Was schlagen Sie vor?

Mitbestimmung, aber nicht, weil die Wünsche und Bedürfnisse unbekannt wären, sondern weil sich Planer, Architekten und Produzenten konsequent weigern, sie ernst zu nehmen. Schutzgemeinschaften gegen die Usurpierung der Wohnung durch Experten, mehr Sicherheit vor den asketischen Aufklärern mit den randlosen Brillen und der elitären Sprache. Wer nicht selbst als Betroffener fühlen kann, wer nicht selbst sozial integriert ist und wer die Achtung vor den Menschen nicht im Herzen, sondern auf der Zunge trägt, soll die Hände von der Wohnung lassen.

Wer ein Innen baut, baut auch ein Außen. Privatbereich ist Privatsache, öffentlicher Bereich ist eine res publica. Jeder, der baut, trägt Verantwortung gegenüber dem öffentlichen Raum. Die schönere Stadt kostet mehr Geld. Wo anders als in den Normen der Rentabilität steht geschrieben, daß es nichts Überflüssiges geben dürfe?

Wohnlichkeit hat ihre Grenzen nicht an der Haustür. Die wohnliche Straße, der wohnliche Platz, die wohnliche Stadt. Wann lernen Architekten und Stadtplaner endlich in Räumen zu denken? Nicht für Menschen, sondern als Menschen.

Baut größere Wohnungen statt Denksportaufgaben, Wohnungen, die man mal umbauen kann, so wie die Häuser der

Gründerjahre. Nostalgie? Nein, alter Hut. Aber wer nie so gewohnt hat, kennt diese Qualitäten nicht. Das Recht auf Freiraum, Wohnung und Grün. Die Stadt hat kein Grün für Mieter. Warum soll nur der einen Garten haben, dem der Grund und Boden gehört? Mitbeteiligung am Grün durch neue Wohnformen, Achtung die Schweiz! Terrassenhaus, Balkonhaus, das Grüne Zimmer, Wohnhügel – Freiraum für jeden, auch in der verdichteten Großstadt. Erweitertes Wohnen, der Garten auf dem Dach des anderen.

Wohnung und Wohnen sind zweierlei, Instrument und Musik. Wer zu wohnen versteht, kann es zur Not auch in einer mangelhaften Wohnung. Wer nicht zu wohnen versteht, dem nützt der beste Grundriß nichts. Der Wirt nimmt uns das Kauen nicht ab, der Architekt nicht das Wohnen. Raumausstatter und Einrichtungshäuser liefern Wohnlichkeit aus dritter Hand

Wo lassen sie essen? Wo lassen Sie wohnen?

Wohnungen müssen benutzbar sein. Niemand kauft ein Klavier, bei dem die schwarzen Tasten hinten liegen. Ein Auto mit der Handbremse unterm Rücksitz wird nicht zugelassen. Aber Wohnungen? Amtliche Zulassungsstelle oder freiwillig Selbstkontrolle? Oder Aufstand der Verbraucher?

Wohnen lernen?

Schulfach Wohnen? Pädagogischer Kurzschluß! Vielleicht Schulfach Kreativität, Schulfach Selbstbewußtsein, Schulfach Gemeinschaftsbewußtsein Wohnen als Veranschaulichung des Ichs – als Hobby, als Selbstverwirklichung, als Kultur, als Kunst. Die Kunst liegt im Wohnen, nicht in der Wohnung. Die Kunst des Wohnens kann man lernen, aber nicht kaufen. Die Kunst des Wohnens ist eine Kunst, in der man nicht mit Erfolg lügen kann.

Das Hinterland im Vormarsch

Zu den Behauptungen, auf die man im allgemeinen den Nachweis schuldig bleiben kann, gehört die Aufzählung von Schwarz-Weiß-Kontrasten, wie Fortschritt und Rückständigkeit, Laster und Tugend, Asphalt und Heckenrose, Striptease und Volkstanz, die sich als gängige Unterscheidungsmerkmale von Stadt und Land eingebürgert haben. In ihnen spiegelt sich ein jahrtausendealter Komplex der Provinz gegenüber der Stadt. Der Brudermord Kains und seine Stadtgründung können nicht getrennt voneinander gesehen werden. Seither bezichtigt der Nomade den Seßhaften, den Städter, der Sünde und des Lasters. Quer durch die Geschichte der Menschheit zieht sich ein Tugendpfad, der von den sauren Trauben gesäumt ist, die der Provinzler den Bewohnern von Sybaris, Babel, Rom und Paris mißgönnte. Solche atavistischen Vorurteile wirken bis in unsere Zeit in der Gartenlaubenromantik der Jahrhundertwende, den Blut- und Bodenidealen des Dritten Reiches und dem Bungalow-Idyll von heute nach. Die politisch-wirtschaftliche und geistig-kulturelle Zentralgewalt der Stadt, in der sich fast alle Neuerungen und Umwälzungen vorbereiteten, waren der Kirche im gleichen Maße unbequem wie dem Bürger, der in Ruhe seinen Kohl bauen wollte. So umgab sich die Provinz mit Schutzschichten gegenüber den Anfechtungen der Stadt und kompensierte die geringeren Entfaltungsmöglichkeiten mit den Idealen des beschaulichen Daseins in der Kleinstadt, den Vorzügen des natürlichen Lebens auf dem Lande und mit dem Lob auf die Provinz: »Hier bin ich Mensch, hier darf ich's sein!«

Welche Aufgaben und Funktionen die Stadt in den verschiedenen geschichtlichen Zeitabschnitten zu erfüllen hatte, wurde häufig übersehen. Ihre gesellschaftsbildenden Kräfte und ihre Bedeutung als große Kommunikationszentrum schufen die Voraussetzungen, ohne die ein Zusammenleben vieler Menschen auf engem Raum nicht möglich gewesen wäre. Zwar waren die Städte nicht ausschließlich die alleinigen Träger der Kultur. In Deutschland hatten die vielen kleinen Fürstentümer dafür gesorgt, daß sich Kultur auch außerhalb der Hauptstädte, der freien Reichsstädte oder Handelsstädte etablieren konnte. Manche dieser Höfe wirkten maßgebend; der Austausch und die geistige Umsetzung, die eine Veränderung gesellschaftlicher Normen hervorrief, blieb immer eine Aufgabe der Stadt. Weder eine abendländische Kultur noch die Inangriffnahme der großen sozialen Probleme unserer Zeit wären ohne sie möglich gewesen. Von allen Gründungen der Menschheit ist sicher die Stadt die menschlichste.

Erst mit dem 19. Jahrhundert begann eine Wandlung, deren Symptome heute in einem zunehmenden Auflösungsprozeß unserer Städte erkennbar werden. Industrialisierung und rapider Bevölkerungszuwachs haben zu Großstadtbildungen geführt, wie man sie seit dem alten Rom nicht mehr gekannt hat. Im gleichen Maße ihres Wachstums begannen sie ihre Funktionstüchtigkeit und ihre progressiven Kräfte einzubüßen. Bodenspekulation und der immer größer werdende Raumbedarf für Verwaltung und Dienstleistungsbetriebe haben die Grundstückspreise in die Höhe, den Stadtbewohner an die Peripherie getrieben. Nicht Lärm und schlechte Luft oder die plötzlich erwachte, öffentlich geförderte Leidenschaft für Wohnen im Grünen und Häuschen mit Garten haben die Menschen aus den Stadtzentren verdrängt, sondern ebenso die unerschwinglich gewordenen Mieten als Resultat des Mißverhältnisses zwischen unbeschränktem Grundstückspreis und beschränkter Nutzung.

Damit hat die Stadt auch in zunehmendem Maß ihre Fähigkeit der Kommunikation verloren. Das Großraumbüro ist kein Ersatz für den Stammtisch, das Selbstbedienungsrestaurant kein städtischer Treffpunkt. Jahr für Jahr wachsen neue Metastasen weiträumiger Sozialsiedlungen und Bungalow-Kolonien an die Stadtränder heran und entziehen den Zentren ihre Lebenskraft. Die einst kulturträchtigen Innenstädte beginnen zu veröden. Zwar täuschen strahlende Schaufenster und bunte Leuchtreklamen noch ein pulsierendes Leben vor; noch garantieren die Kinos ein von den Anfangszeiten abhängiges Straßenleben, aber schon das Ladenschlußgesetz lähmt die Lebendigkeit der Stadt und nimmt durch die bequeme Annahme gleicher Voraussetzungen der Stadt ein wesentliches Merkmal der freien Wahl unter den vielfältigen Angeboten. Auch der Theaterbesucher ist schon als Kulturkonsument organisiert und wird per Omnibus pünktlich zu Beginn der Vorstellung angeliefert und ebenso pünktlich nach dem letzten Vorhang wieder aus dem Verkehr gezogen. Wären nicht Gastarbeiter und Obdachlose, könnten die Städte nach Einbruch der Dunkelheit schließen und die Lichter ausknipsen. Die Metropole ist auf dem Weg, zur Potemkinschen Stadt zu werden. Ihre Urbanität gleicht einer Theateraufführung ohne Zuschauer.

Mit dem Sonnenuntergang atmet die Stadt ihre Benutzer aus, in die Wohnblocks der Vorstadtsiedlungen, die wie abgestellte Koffer herumstehen, oder in die Häuser mit der seligmachenden Antenne auf dem Dach, um sich dem zu nichts verpflichtenden, staatlich subventionierten Rauschgiftgenuß des Fernsehfeierabends hinzugeben. Der Weg in die Stadt ist zu lang geworden, und schließlich ist es egal, wo man sich langweilt. Der wirtschaftliche Druck in den Innenstädten, die planerischen Versuche einer Entmischung und Funktionstrennung der Stadt in Verwaltungs-, Industrie- und Wohngebiete haben den Zerfall einer stadtbewußten Gesellschaft gefördert. Jede aus dem Zentrum verdrängte Wohnung beschleunigt den Prozeß der Vereinzelung. Immer weniger Menschen fühlen sich für die Gesellschaft und die Stadt verantwortlich, die schließlich nicht mehr Bedeutung hat als ein Name auf der Postadresse. Gleichen nicht die Versuche der Soziologen und Stadtplaner, unsere Stadtzentren neu zu gestalten, den Wiederbelebungsversuchen an einem Selbstmörder?

Dieser Auflösungsprozeß hat zu einem erstaunlichen Rollentausch geführt. Im gleichen Maße, wie unsere Städte ihre Funktionstüchtigkeit zu verlieren drohen, beginnt die Provinz ihr Gesicht zu verändern. Die Provinz wird städtisch, die Stadt verdorft. Das Überborden der Ballungsräume hat zu einer Angleichung von Stadt und Land geführt. Die Industrie zieht aufs Land, wo sie neben den Arbeitskräften billigere Grundstücke und günstigere Ausdehnungsmöglichkeiten findet. Während der Verlust von Gewerbesteuern die Großstädte in einem Zeitpunkt großer Investitionen zur Neuordnung und Sanierung ihrer Cities empfindlich trifft, sieht sich manch kleine Gemeinde über Nacht in der Lage, ein Bürgerhaus, eine Schwimmhalle oder ein Altersheim zu errichten. Das Shopping-Center auf dem flachen Land bietet Waren an, die vordem nur im städtischen Kaufhaus und in Spezialgeschäften zu erhalten waren.

Während sich früher Hinterland und Stadt durch verschiedene Architektursprachen unterschieden, da die Ansprüche unterschiedlich waren, beginnen sich die Formen anzugleichen. Schon der Wiederaufbau zerstörter Städte hat sich nicht die Mühe einer solchen Differenzierung gemacht. Er setzte zu tief an, um mit den nur von reinem Wirtschaftlichkeitsdenken bestimmten Putzfassaden neuer Wohnblöcke neben den selbstbewußten Fassaden der Jahrhundertwende bestehen zu können. Umgekehrt fiel es nicht schwer, kleinen Dörfern und Landstädten mit entlehnten städtischen Wohnformen den Schein der Fortschrittlichkeit zu geben, wobei auf beiden Seiten der Verlust an ursprünglicher, charakteristischer Substanz zu bedauern ist.

Heute kann man feststellen, daß fortschrittliche Architektur nicht mehr von der Stadt allein gepachtet ist. Sowohl die Zahl der Bauwettbewerbe als auch die Chance der Verwirklichung neuer Bauformen sind in der Provinz größer geworden als in der Stadt. Während hier noch Architekten im Alleingang oder in Gruppen versuchen, ihre Vorschläge zur Erneuerung der Stadt und zur Entwicklung neuer städtischer Wohnformen gegen den anonymen Apparat dirigistischer Bauverwaltungen durchzusetzen, sind sie dort schon verwirklicht, wo die Überschaubarkeit der Organisation und die Möglichkeit des direkten Kontaktes mit den Zuständigen rasche und unkomplizierte Entscheidungen ermöglicht.

Auch kulturelle Veranstaltungen und prominente Tagungen rücken aus den Städten hinaus, wo sie eher das Klima der Konzentration und Ungestörtheit finden. So gleichen sich äußerlich Stadt und Land mehr und mehr an, und es stellt sich heraus, daß die abwertende Bezeichnung des »Provinziellen« allenfalls noch der Charakterisierung eines rückständigen Spießertums dienen kann. Das Land hat längst soviel Städtisches wie die Stadt Provinzielles. An die Stelle der Provinz ist die Region getreten, die sich in der Struktur einer neuen Stadtlandschaft ausdrückt. Die Gegensätze von Stadt und Land werden immer mehr verwischt. Wieweit aber die Region auch die kulturellen und sozialen Aufgaben der Stadt übernehmen und erfüllen kann, wird davon abhängen, wieweit sie in der Lage ist, gemeinschaftsbildende, regionale Kräfte zu entwickeln und zu mobilisieren, und wie groß die Bereitschaft der bestehenden Gemeinschaften ist, über ihre Markungsgrenzen hinauszudenken. In vielem wird die Region vor dieselben Probleme gestellt werden wie heute die Stadt. Ihre Chance liegt darin, diese frühzeitig zu erkennen. Der erste Schritt dazu ist, sich von kommunalen Interessen und von der Konservierung überkommener Vorstellungen der Gegensätze von Stadt und Land freizumachen. Auch von dem Lob auf die Provinz. Denn die Provinz von gestern ist die Stadt von morgen.

Auf der Suche nach der schöneren Stadt

Angesichts der immer kritischer und schärfer werdenden Diskussion über die sozialen, finanziellen und strukturellen Probleme unserer Städte und im Hinblick auf die wachsenden Zweifel, ob es für die Stadt überhaupt noch Hoffnung gibt, klingt die Frage nach der schöneren Stadt fast wie das Wort zum Sonntag. Die Ähnlichkeiten sind nicht rein zufällig, geht es doch jeweils um etwas, an das viele längst den Glauben verloren haben. Nur wäre die Vertröstung auf ein besseres Jenseits unterlassene Hilfeleistung, geht es doch um erste Hilfe für die Stadt. Zwar sind Nostalgie und Utopie bequeme Fluchthilfen für den, der die Auseinandersetzung mit den konkreten Forderungen des Alltags scheut; doch Vergangenheiten ohne Zukunft sind schlechte Rezepte, wenn die Qualität des heutigen Lebens auf dem Spiel steht.

Qualitäten sind Eigenschaften. Sie lassen sich durch Eigenschaftswörter präzise ausdrücken. Für den Zustand unserer heutigen Umwelt ist eine Reihe von Adjektiven charakteristisch, die man auf einigen Seiten kritischer Fachliteratur über die Stadt von heute zusammenlesen kann. Unwirtlich, ungemütlich, unwohnlich, farblos, formlos, gestaltlos, monoton, öde, trostlos, planlos, zufällig, chaotisch, anonym, deprimierend, feindlich, gefühllos, lieblos, abstoßend etc. Mit denselben Begriffen wie der Fachmann bezeichnet auch der Stadtbewohner die physischen und psychischen Mangelerscheinungen. Nur selten hat sich Unbehagen so einmütig artikuliert: Hübsch häßlich habt ihr's hier!

Wechselweise hat man Theodor Heuss, Albert Schweitzer oder Winston Churchill das Wort in den Mund gelegt: Erst bauen die Menschen Häuser – dann bauen die Häuser die Menschen. Schlechte Aussichten, wenn wir unsere Städte betrachten – keine Chance für unsere Kinder! Und Grund genug, die Frage nach den ästhetischen Qualitäten unserer gebauten Umwelt bitter ernst zu nehmen, wird doch die Forderung nach einer schöneren Stadt von den maßgebenden Umweltproduzenten meist mit einem geringschätzigen Lächeln abgetan. Sie haben das Wort »schön« ebenso sorgfältig aus ihrem Sprachschatz herauspräpariert wie alle anderen emotionalen Begriffe. Sobald es ums Geschäft geht, zählen nur noch quantifizierbare Werte, und Schönheit wird nur in der Bilanz ausgeworfen, wenn sie unmittelbare Rendite verspricht. Sie ist bestenfalls Privatvergnügen des Architekten, von dem sie dann als Gratisleistung in Kauf genommen wird. In der Befehlsgesellschaft unserer demokratischen Verwaltungen und Organisationen haben ästhetische Werte schon deshalb keinen Platz, weil sie nicht justitiabel sind. Im politischen Bereich weicht man der Frage nach gestalterischer Qualität entweder aus, indem man sich hinter dem liberalen Grundsatz von Gestaltungsfreiheit verschanzt, oder man tut sie mit der Behauptung ab, sie diene nur der Stabilisierung bestehender Machtverhältnisse durch deren ästhetische Repräsentation. So »entlarvt« die radikale Linke den Wunsch nach einer annehmlicheren Gestaltung der Umwelt als Ausdruck der spätbürgerlichen Gesellschaft und sieht ästhetische Qualitäten nur als Mittel zur Profitmaximierung, den Architekten als Komplizen des Kapitalismus. Notgedrungen hat der Architekt zum eigenen Schutz einen Buhmann erfunden, um das Kreuzfeuer harter Vorwürfe von sich ablenken zu können, den »Künstlerarchitekten«.

So hat jahrzehntelange Denunzierung ästhetischer Grundbegriffe zu einer – in ihren Auswirkungen auf die Allgemeinheit fatalen – Polarisierung selbst beim unbeteiligten Bürger geführt: »Schön« ist zu einem Synonym für »unpraktisch« geworden. Während man die Häßlichkeit der Umwelt beklagt, wird das Schöne als Ärgernis betrachtet, selbst dort, wo es gar nicht vorhanden ist: »Alles wegen der Ästhetik!« schimpfte der

Mann, als er über eine fehlerhaft verlegte Treppenstufe stolperte.

Vor dem Hintergrund dieser kontroversen Einstellungen stellt sich die Frage, ob Schönheit nicht eine Währung ist, auf die es keinen Kredit mehr gibt, und die Forderung nach der schöneren Stadt nicht der Traum weltfremder Ästheten. Die Frage ist berechtigt, denn nachdem es bei der Explosion unserer Städte Ende des vorigen Jahrhunderts den Architekten weitgehend die Sprache verschlagen hat, reagierten sie fünfzig Jahre später mit einem Stakkato von neuen städtebaulichen Modellen: Gartenstädte, Satellitenstädte, autogerechte Städte, Fußgängerstädte, Funktionstrennung, Funktionsmischung, Entballung, Verdichtung, Urbanität – von der Flucht nach vorn in die Rückversicherung des Historismus. Alles wurde probiert, um eilig widerlegt zu werden – jeden Montagmorgen eine neue Ideologie. Manch eines dieser Modelle hätte es verdient, konsequent durchgeführt zu werden, um damit wenigstens einen exemplarischen Beitrag zur Bewältigung der immer komplexer werdenden städtebaulichen Probleme zu leisten. Keine Idee ist jedoch davor sicher, ins Schlepptau handfester politischer oder wirtschaftlicher Interessen zu geraten, und so stellen viele Städte heute ein Sammelsurium von rudimentären Planungskonzepten dar, dem jedes übergeordnete gestalterische Ziel fehlt. Von daher gesehen sind jene Städte zu beneiden, die entweder zuwenig Geld oder zuwenig Durchsetzungsvermögen hatten, sich den jeweiligen Planungstrends anzupassen und damit ihre Substanz wider Willen erhalten haben.

Dennoch hätte bei sämtlichen Planungsentscheidungen die Frage nach den gestalterischen Konsequenzen gestellt und ästhetische Qualität als Forderung nach dem Unverzichtbaren erhoben werden mussen.

Heute, wo in maßloser Selbstüberschützung die alten Strukturen vieler Städte zerschlagen worden sind, ist der Katzenjammer allgemein, und wir stehen der Verselbständigung der Planung mit der Hilflosigkeit des Zauberlehrlings gegenüber, der die Geister, die er rief, nicht mehr los wurde.

Haben nicht viele Architekten geglaubt, sie könnten die gesellschaftlichen Verhältnisse durch politisch fixierte Planung verändern, und dabei völlig übersehen, daß sie Zustände festschreiben, anstatt neutrale Strukturen zu entwickeln, damit Veränderung und politische Entscheidungen überhaupt möglich werden. Jedenfalls mußten manche einsehen, daß politisches Engagement kein ausreichender Eratz für planerische und gestalterische Unfähigkeit ist, sondern daß gesellschaftliche Wirksamkeit in dem fachlichen Können liegt, mit welchem jeder seine konkreten Aufgaben im Rahmen einer gesellschaftlichen Verantwortung, die alle Bürger tragen, verwirklicht.

Nun sind zwar die Wirkungen der Gestalt unserer Umwelt auf den Menschen noch nicht voll wissenschaftlich belegt, aber dennoch allgemein bekannt. Informationstheorie und Informationsästhetik haben sich bemüht, mit quantifizierbaren Methoden zu bestätigen, was der Augenschein vermuten ließ: nämlich, daß die Beschaffenheit der sichtbaren Umwelt sowohl für das Wohlbefinden des einzelnen und für die Möglichkeiten seiner räumlichen und gesellschaftlichen Identifikation von grundlegender Wichtigkeit als auch von entscheidendem Einfluß auf die Entfaltungsmöglichkeiten aller sozialen Gruppen ist. Psychologen, Soziologen, Verhaltensforscher, Mediziner sind zu ähnlichen Erkenntnissen gekommen, aber manche Städte liefern einen drastischeren Beweis als alle Wissenschaftler: ihr völliger Mangel an Umweltqualitäten hat sie nicht nur zu einer menschenunwürdigen Heimat, sondern auch zum Zuchtbeet für Aggressivität und Abstumpfung und für den Geist politischer Gleichgültigkeit werden lassen. Wie hieß es doch gleich: Erst bauen die Menschen die Häuser und dann ...?

Der Mensch bedarf zu seiner Existenz des Raums. Die Fähigkeit, Weg und Ort zu erkennen und zu erinnern, hat für seine Orientierung im Raum existentielle Bedeutung. Im Gegensatz zu anderen Lebewesen ist der Mensch vorrangig auf seine optische Wahrnehmung angewiesen. Seine übrigen Sinne können nur hilfsweise die Fähigkeit des Auges übernehmen. Die Strukturierung des natürlichen oder künstlichen Raums liefert wichtige Merkzeichen für die Orientierung. Schon die Entwicklung des Kindes ist aufs engste verknüpft mit dem Aufbau einer Raumvorstellung. Über Stubenwagen, Laufstall, Zimmer, Wohnung, Haus und Straße bis zur Stadt wird stufenweise ein kompliziertes Netz von Ortsbezügen gewoben und abgesichert. Die meisten von uns erinnern sich aus ihrer Kindheit an den panischen Schrecken, wenn dieses Netz gestört war und man glaubte, sich verlaufen oder verirrt zu haben. Wir erleben aber auch als Erwachsene die räumliche Verunsicherung im Spiegelkabinett, im Irrgarten oder unfreiwillig in der Tiefgarage. Die Austauschbarkeit gleicher Erscheinungsbilder für verschiedene Orte registrieren wir als Monotonie und reagieren mit Unbehagen.

Widererkennen und zurechtfinden setzen jedoch eine gewisse Stabilität der im Gedächtnis eingeprägten räumlichen Merkmale voraus. Wer nach Jahren in seine Heimatstadt zurückkehrt, stellt zuerst die räumlichen Veränderungen fest, indem er sich vergegenwärtigt, wie die gebaute Umwelt früher aussah. Die bildhafte Erinnerung muß durch den neuen Einruck überholt oder ersetzt werden. Psychologen registrieren zunehmende Verhaltensunsicherheit bei häufigen Veränderungen der Umwelt. Der Mensch erfindet Informationssysteme als Prothesen, um sich in einer chaotischen Umwelt noch zurechtzufinden, und verdrängt seine Verunsicherung ins Tal der Neurosen.

Dennoch wird seit Jahren von vielen Planern die These vertreten, die Stadt müsse den sich ständig verändernden gesellschaftlichen Bedürfnissen angepaßt werden. So wird die Stadt zur permanenten Baustelle, und Bagger, Bretterzaun und Kran bilden die ungeliebte Umwelt, in der unsere Kinder aufwachsen. Sollten wir nicht endlich damit aufhören, auf jede Veränderung reagieren zu wollen, und dafür räumliche Strukturen zu opfern, mit denen sich Identität, Vertrautheit, Heimat und damit bürgerliche Mitverantwortung verbinden, zumal die Veränderungen doch immer schneller vor sich gehen, als wir sie nachvollziehen können? Sollten wir nicht eher versuchen, die Befriedigung neuer Bedürfnisse – gesetzt den Fall, es sind überhaupt welche – im Rahmen der gegebenen räumlichen Substanz zu ermöglichen und anstatt ständig neue Bedürfnisse zu erfinden, danach fragen, welche Bedürfnisse in unseren Städten eigentlich verkümmern?

Das heißt umdenken von einer funktionalistischen Planung der Stadt, die an utilitären Bedürfnissen, Marktinteressen und Programmen orientiert ist, zurück zu einer räumlich stabilisierten Planung, die sich gegenüber dem Austausch von Nutzungen elastisch erweist. Das bedeutet Abkehr von der hautnahen Bedarfsplanung, die aus der Stadt ein Produkt der Datenverarbeitung gemacht hat. Häuser aus Großmutters Zeiten konnten eine Vielfalt unterschiedlicher Nutzungen ohne Mühe verkraften, Improvisation war möglich. Sie stellten ein Angebot von Räumen dar, deren Maße durch Erfahrung und menschliche Vernunft bestimmt war. Die äußere Erscheinung hatte wenig mit dem Inhalt zu tun. Das unglückselige Junktim von Form und Funktion existierte nicht und ermöglichte damit ungeahnte Freiheiten. Die unspezifische innere Struktur erlaubte Anpassung an veränderte Programme. Eine Planungspolitik, die den Anspruch erheben will, die humane Stadt zu wollen, die Stadt also, die auf physische und psychische Bedürfnisse ihrer Bürger Rücksicht nimmt, muß darum ihre Substanz erkennen, gebrauchen und schonen lernen. »Schonen« heißt soviel wie: rücksichtsvoll, behutsam, pfleglich behandeln. Das Gegenteil davon ist schonungslos. »Schonen« und »schön« sind wortverwandt. »Schön« ist abgeleitet aus »schauen«, und dies bedeutet soviel wie: auf etwas achten, aufpassen und »bemerken«. Bemerkenswertes ist jedoch eine Voraussetzung für Aufmerksamkeit und Interesse an der Umwelt und für die Möglichkeit zur Identifikation. Sie bedarf einer visuellen Ordnung, die sie überschaubar und verständlich macht und einer Erscheinung, die nicht nur den physischen, sondern auch den psychischen Bedürfnissen Rechnung trägt. Sie bedarf einer bewußten, gezielten Gestaltung, die den Menschen als Subjekt respektiert.

Von Gestaltung ist die Rede, nicht von Dekoration, Kosmetik oder Styling. Begriffe sind vor Mißbrauch nicht geschützt. Man kann mit einem Wort auch lediglich seinen Anspruch annektieren. In den dreißiger Jahren begann man, den Heimabend und den Feierabend zu gestalten, verlieh man doch damit dem Objekt der Gestaltung gewichtige Würde. Das Weihnachtsfest und die Zukunft wurden gestaltet. Man sprach von Programmgestaltung und fing an, den Lehrplan zu gestalten. Heute spricht man von Freizeitgestaltung; wer Tapeten an die Zimmerwände klebt, nennt sich Raumgestalter, und wer Karosserien oder Bügeleisen entwirft, ist ein Formgestalter. Kein Wunder, daß man sich nicht mehr viel unter Gestaltung vorstellen kann und daß sich der Begriff um so mehr abnutzte, je dicker er aufgeblasen wurde. Gestaltung bedeutet aber mehr, als Sahnekringel auf der Geburtstagstorte. Gestalt ist die komplexe Erscheinung der Dinge, deren wesentlichen Eigenschaften nicht allein durch die Summierung ihrer Teile zu erfassen sind. Damit gibt sie nicht nur Auskunft über die Beschaffenheit, sondern zugleich über Sinn und Wesen der Objekte und deren Bezug zum Menschen. In der Gestaltungsqualität offenbart sich, was ihren Schöpfern das Wohlbefinden ihrer Mitmenschen wert ist. Also: Bauen als Beitrag zur Lebensqualität oder zur Umweltzerstörung, als Ausdruck einer Verpflichtung gegenüber der Öffentlichkeit oder als Akt der Menschenverachtung?

Wie wollen wir die gigantischen Einkaufszentren auf der grünen Wiese mit ihrem Dunstkreis von Automobilen einordnen und wo die vorfabrizierten Hochgebirge, mit denen – als Ausdruck kommunaler Planungssouveränität – immer mehr Waldränder und Landschaftsräume vermauert werden, offenbar, um dem drückenden Mangel an Zweitwohnungen abzuhelfen? Was sind jene neuen Stadtteile, deren gestalterische Konzeption bestenfalls aus der Arithmetik von Nutzungsziffern, Abstandsregeln und Stellplatzforderungen abgeleitet ist oder jene geistlosen Schulkomplexe für 3000 Kinder, unmenschliche Gehirnbesohlanstalten, die nach abstrakten Nutzwertanalysen und technokratischen Richtlinien gefühlsarmer Experten gebaut werden müssen? Sagen wir es doch laut, daß wir diese funktionierende, rationalisierte, perfektionierte, vorfabrizierte, optimierte, programmierte, klimatisierte und kapitalisierte Fertigteilwelt nicht mehr sehen können!

Wir brauchen eine Gestaltung der Umwelt, die den Begriff des Schönen wieder voll einbezieht, auch wenn noch so viel darüber zu reden ist, was man konkret darunter versteht. Die Gestaltung der schöneren Stadt beginnt bei den Entscheidungen über die Nutzungsmöglichkeiten der Landschaft, über Standorte und bei der Planung der übergeordneten Landschaftsräume. Ein qualifizierter Landschaftsplan, der bereits die zukünftige Gestalt der Landschaft mit einbezieht, muß als Grundforderung für jede städtische Planung gelten. Seit viele unserer Gemeinden den Ehrgeiz haben, bis an ihre Markungsgrenzen vorzupreschen, um sich dort baulich zu verewigen, ist von dem dazwischenliegenden Landschaftsraum kaum mehr geblieben, als ein Grünstreifen zur Einhaltung von Grenzabständen. Gerade im Hinblick auf die Zusammenlegung von Gemeinden im Zuge sogenannter Verwaltungsreformen muß mit allen Mitteln die unsinnige bauliche Manifestation von solchen Organisationsveränderungen auf Kosten des Landschaftsraums verhindert werden, damit die Zerstörung der Landschaft nun nicht auch noch im Namen kommunaler Neuordnungen fortgeführt wird. Gestalterische Fakten werden bereits auch durch die Festlegung von Generalverkehrs- und Flächennutzungsplänen geschaffen, ohne daß sich deren Planer über ihre ästhetische Relevanz klar sind. Jeder Strich, jede Zahl, jedes Zeichen gewinnt später räumlich sichtbare Dimensionen und hat damit gestalterische Konsequenzen. Es ist ein gerade unter Fachleuten weitverbreiteter und verhängnisvoller Irrtum, daß Stadt- und Regionalplaner keiner intensiven gestalterischen Ausbildung mehr bedürfen, ein Irrtum, der sich bereits in den Entwürfen für die neue Referendarausbildung beim Oberprüfungsamt der Länder niedergeschlagen hat. Unsere Umwelt sieht ja auch entsprechend aus. Politiker, Berufsverbände, Hochschulen und Fachpresse tragen hierfür eine Mitverantwortung, der sie sich nicht durch die Hoffnung entziehen können, die Folgen unqualifizierter Planung nicht mehr selbst erleben zu müssen.

Ganz entscheidend ist das Gesicht unserer Städte durch Gesetze und Normen geprägt oder zerstört worden. Der positive Ansatz einer Baunutzungsverordnung, Art und Maß der Nutzung von Baugrundstücken zu quantifizieren, ist längst durch den Mangel an qualifizierten Kontrollen ins Negative umgeschlagen. Stadtviertel aus zusammengebauten Löchern, ungestaltete Räume ohne Sinn entstehen nicht selten aus vorgegebenen Programmen durch die Anwendung der gesetzlichen Forderungen nach Gebäude- und Grenzabständen, überhöhte Stellplatzforderungen für Pkws und durch den wirtschaftlichen Zwang, jeweils die höchstmöglichen Nutzungen auszuschöpfen und erlauben es dem Planer, jeder gestalterischen Verantwortung auszuweichen. Oder vermag irgend jemand in dem hilflosen Auf und Ab ausgezackter Bauformen, in den hypertrophen Massierungen neben öden Parkplatzflächen irgendein gestalterisches Prinzip zu erkennen oder nachzuweisen?

Natürlich haben sich in unserem Gesetz auch die Wertbegriffe unserer Gesellschaft niedergeschlagen und repräsentieren sich massiv im Bild der Stadt. Die Interessen des einzelnen werden ungleich höher bewertet als die Interessen der Allgemeinheit. Die Baugesetze werden am Einzelobjekt angewendet und sind vorrangig auf das Einzelobjekt bezogen. Sie schützen in erster Linie Rechte und Interessen unmittelbarer Nachbarn, anstatt die Freiräume zu schützen und Straßen und Plätze als Lebensräume der Öffentlichkeit zu definieren und zu strukturieren. So zeigen die Gesetze und ihre meist undifferenzierte Anwendung alle Zeichen einer mißverstandenen individualistischen Auffassung von der Gesellschaft, in welcher gemeinschaftliche Bedürfnisse nach einer Umwelt mit mehr Lebensqualität schon deshalb ausgeklammert werden, weil diese mit quantitativen Methoden nicht meßbar sind. Weil sich Qualität der Meßbarkeit über demokratische Abstimmung entzieht, wird sie eliminiert. Und weil man aus dem selbstverständlichen Recht auf Individualität einen Fetisch gemacht hat, ist die Stadt kaum noch mehr, als eine Anhäufung unkoordinierter Einzelmaßnahmen ohne gegenseitige Übereinkunft, ohne Leitbild, ohne Ziel.

Kein Wunder, wenn auch der private Bauherr immer weniger Interesse zeigt, an der Gestaltung des öffentlichen Raums mitzuwirken, ja sich oft dessen gar nicht bewußt ist, daß er eine Verpflichtung gegenüber der Öffentlichkeit hat. Gebauter Raum entsteht durch gebaute Körper. Wer ein Innen baut, baut auch ein Außen. Von innen nach außen bauen! So wurden im Sinne einer funktionalistischen Denkweise, die nur auf Privatinteressen abzielte, Generationen von Architekten erzogen.

Übertriebener Individualismus und unkritischer Liberalismus haben das Einzelbauwerk mit einem mythischen Schutzmantel umhüllt. My home is my castle. Privater Raum ist Privatsache.

Aber öffentlicher Raum ist eine res publica, und schließlich sind es die Häuser, die die Straße und die die Stadt ausmachen. Zuviel Privatheit, zuwenig Öffentlichkeit. Ist nicht die häßlichere Stadt eine Konsequenz aus der einseitigen Propaganda für die schönere Wohnung? Gerade da müssen die Grenzen persönlicher Freiheit gezogen werden, wo Privatheit auf Kosten der Öffentlichkeit überhand nimmt und wo das Interesse des Bürgers für seine Mitbürger und die Stadt im Wohnkomfort erstickt. Nur für den Gastarbeiter ist die häßlichere Stadt noch schöner als seine Wohnung. Bauliche Gestaltung des öffentlichen Raums entzieht sich jeder Freiwilligkeit. Sie bedeutet eine Pflicht gegenüber der Öffentlichkeit für jeden, der das Recht erhält zu bauen. Das wußten selbst noch die Bauherren der Berliner Miethäuser und der ersten Arbeitersiedlungen. Sie konnten sich bei den Fassaden nicht lumpen lassen. Dafür holte man die Mehrkosten durch einen kargen Innenausbau wieder herein. Heute ist der Innenausbau wie die Baugestaltung gleichermaßen lieblos. Schönheit rentiert sich nicht. Aber wo in den Normen der Wirtschaft steht eigentlich geschrieben, daß sich Schönheit finanziell rentieren müsse?

Auch der freie Architekt ist meist auf das Einzelbauwerk fixiert. Gestalterische Ansprüche werden kaum an ihn gestellt. Seine eigenen Anstrengungen werden häufig zwischen Programmen, Funktionen, Geschoßflächenzahlen, Kosten und Terminen zerrieben. Nach seiner Gebührenordnung kann er sich Schönheit fast nicht mehr leisten. Anerkennung für eine gelungene Gestaltung erhält er selten. Gewinnt er aber einen Architekturpreis, hat er unter Umständen lange darunter zu leiden: Man unterstellt ihm, er habe sich ein Denkmal errichten wollen oder er sei zu teuer! So hat auch der Architekt kapituliert und ist dabei, sich von seiner ursprünglichen Aufgabe, Lebensbedürfnisse räumlich zu gestalten, mit mehr oder minder großer Resignation zu lösen. Gestaltung ist oft nur noch ein Rest.

Auch Stadtplanungsämtern und Bauverwaltungen scheint der Mut, die schönere Stadt zu fordern, vergangen zu sein, ohne die Fähigkeit, sie zu verwirklichen. Sie scheitern bereits an der Gestaltung der öffentlichen Bereiche innerhalb ihrer eigenen Zuständigkeiten. Vergeblich suchen wir bei den kommunalen Behörden nach Konzepten für die schönere Stadt. Wir empfinden vielmehr die Rücksichtslosigkeit ihrer Ausstattung als persönlichen Angriff und als Zumutung, weil wir die alleinigen Nutznießer dieser Räume sind, die für die Allgemeinheit und mit deren Steuergeldern ausgestattet werden. Die Gleichgültigkeit, mit der dies geschieht, legt ein Zeugnis davon ab, wie politische Entscheidungsgremien und Verwaltungen die Bürger und sich selbst einschätzen: apathisch, sinnesschwach und sensibel wie ein Fleischerhund.

Verkehrsschilder und Ampeln verrammeln den Blick ohne jeden Gedanken an ästhetische Gesichtspunkte: Not kennt kein Gebot. Warum sehen nur alle Objekte der Stadtmöblierung so aus, als ob sie einem Panzerangriff standhalten müßten? Warum diese Grobschlächtigkeit und entsetzliche Dürftigkeit, die sich immer wieder durch Sparsamkeit zu rechtfertigen sucht, während man hinnimmt, daß der Gehweg zum fünften Mal aufgegraben wird, da jemand bei der Verwaltung geschlafen hat oder weil das Geschwätz von Kooperation meist nur eine verbale Deklamation bleibt? So verstecken häufig Tiefbauämter, Straßenbauverwaltungen, Technische Werke, Verkehrsbetriebe und Post Unvermögen, Trägheit und Desinteresse hinter Vorschriften und wirtschaftlichen Zwängen.

Schwere Bänke aus Betonbalken fordern zum Weitergehen auf. Ihr Anblick verjagt jede Müdigkeit. Haltestellendächer bestellt man am billigsten bei Firmen, die zugleich die Werbeflächen vermieten. Selbst dafür, daß man sie umsonst bekommt, sehen sie immer noch zu häßlich aus. Für die Wahl der Straßenbeläge gilt offenbar nur das Kriterium einer möglichst kostenlosen Unzerstörbarkeit. Welche Bedeutung für die Raumqualität alleine dem Fußboden zukommt, wie viele Gestaltungsmöglichkeiten es selbst bei geringem Aufwand gibt, wird geflissentlich übersehen, müßte man sich doch festlegen und möglicherweise eine Entscheidung langfristig verantworten.

In unseren Straßen sterben Bäume zu Dutzenden. Aber nicht nur wegen der bösen Autos und wegen des winterlichen Salzstreuens, sondern weil gedankenlose Menschen sie oft bis zum Hals einbetoniert haben! Die Verantwortlichen müßten jedes Frühjahr schamrot werden, wenn der liebe Mai dennoch die Bäume wieder grün macht. Die Anbringung von Straßenschildern, Briefkästen, Masten und Schaltschränken verrät absolute Unkenntnis einfachster gestalterischer Grundnormen. Offenbar folgt hier jeder seinem subjektiven Gutdünken, welches er mit gutem Geschmack verwechselt. Da wird herumgeschraubt und genietet, als ob die Stadt eine Befestigungseinrichtung sei, alles stabil, brutal und ungeheuer lieblos. Die Ikonographie der Straße ist zu einem erschreckenden Psychogramm derer geworden, die für sie zuständig sind, und jener, die sie ertragen müssen. Weder schwierige wirtschaftliche Probleme noch ungelöste politische Konflikte können die Gedankenlosigkeit und die bürokratische Anästhesie solcher Maßnahmen entschuldigen.

Straße und Platz sind öffentliches Eigentum. Die Städte verwalten dieses Eigentum. Eigentum verpflichtet. Nach dem Grundgesetz hat es dem Wohl der Allgemeinheit zu dienen. Wenn es das nicht tut, so kann eine Enteignung vorgenommen werden. Haben sich Kommunalpolitiker und Stadtplaner einmal Gedanken darüber gemacht, ob der Allgemeinheit in den Städten auch wohl ist? Es klingt absurd, aber müßte man nicht in Erfüllung des Grundgesetzes manche Städte enteignen?

Weniger konkret faßbar sind die Auswirkungen zunehmender Machtkonzentration auf dem Bausektor und die Auswirkungen einer vordergründig betriebenen Rationalisierung.

Wirtschaftliche Zusammenschlüsse führen zunehmend zu totalitären Organisationsformen. Die denkbare Vielfalt der Gestaltungsmöglichkeiten wird in der Praxis immer weniger ausgeschöpft, d. h., der Vielfalt an Möglichkeiten und Forderungen steht ein immer einfältiger werdendes Repertoire an Formen gegenüber. Zwar wird auch von offizieller Seite immer wieder der wirtschaftliche Zwang zur Rationalisierung vorgeschoben, aber die Bewohner einer Stadt interessieren sich nicht dafür, wie schnell ein Gebäude erstellt wurde, wie rationell und wie praktisch, sondern für das, was Jahre und Jahrzehnte lang später noch dasteht als ein Teilstück ihrer gebauten Umwelt.

Architektur ist etwas hoffnungslos Öffentliches und damit kein »Insiderproblem« einer bestimmten Berufsgruppe. Gegen Lärm und Gestank kann man sich schützen, gegen Architektur nicht. Man kann sie nicht einfach abstellen wie einen Lautsprecher oder die Polizei holen. Man kann höchstens die Augen zumachen oder unter die Erde kriechen. Schlechte Architektur ist visuelle Umweltverschmutzung. Verarmung an architektonischer Qualität ist eine Verarmung an Lebensqualität. Auch von daher gesehen hat Architektur einen gesellschaftlichen Auftrag. Wer den psychischen Grundbedürfnissen nach Gestaltqualität keine Bedeutung beimißt, der hat offensichtlich die soziale Komponente der Ästhetik nicht erkannt. Und wer die gestalterische Qualität als Kosmetik als verzichtbare Zusatzleistung auf Bestellung oder bloßes Design denunziert, verhindert damit eine bessere Umwelt. Alle, die diese Umwelt veranlassen, planen, entscheiden, bauen und nutzen und auch jene, die ihre Häßlichkeit schweigend ertragen, sind mitverantwortlich für das Gesicht ihrer Stadt.

Wohl kein Jahrhundert stand ästhetischen Grundforderungen mit soviel Verständnislosigkeit gegenüber wie das unsere, das so viele Möglichkeiten der Information und der persönlichen Vergleiche bietet. Das breite Publikum sucht Ersatz für die veruntreute Gestaltung seiner Umwelt in alten Dörfern und Städten. Auf Reisen sucht man im Ausland nach der verlorenen Schönheit der eigenen Umgebung. Illustrierte Reisebücher und Bildbände von Baudenkmalen überschwemmen den Markt und stellen beliebte Geschenkartikel dar. Das Unbehagen an unserer gebauten Umwelt hat fast den Grad einer Volkskrankheit erreicht, aber die Sehnsucht nach der schöneren Stadt läßt sich nicht mit dem Schlagwort von der Nostalgie abtun.

Ich möchte nicht mißverstanden werden: Es wäre ein fundamentaler Irrtum zu glauben, daß die humane Umwelt nur durch formal bessere Gestaltung zu bewältigen sei. Eine Atombombe wird nicht menschlicher dadurch, daß sie formschön ist. Auch sind ästhetische Gesichtspunkte nicht die einzigen Voraussetzungen für das, was eine Stadt schön macht. Eine Stadt kann schön sein, wenn sie lebendig ist, wenn man Bekannte trifft, wenn man schnell in die City kommt, gute Wohn-, Arbeits- oder Einkaufsmöglichkeiten oder einen Parkplatz findet. Es ist schön, wenn eine Stadt ein angenehmes Klima hat oder über gute Bildungseinrichtungen und Anlagen für Freizeit und Erholung verfügt. Auch kann es nicht darum gehen, aus der Stadt ein perfektes Gesamtkunstwerk machen zu wollen. Dies wäre nur mit Hilfe einer totalitären Organisationsform möglich, die im Widerspruch zu unserer freiheitlichen Gesellschaftsordnung stünde. Tumult, Kompromiß und Improvisation gehören zum Leben einer Stadt.

Es geht jedoch darum, städtebauliche Entwicklungen nicht länger unter vorrangig quantitativen, sondern endlich wieder unter qualitativen Aspekten zu sehen, Planung nicht nur mit dem Rechenschieber, sondern wieder mit dem Augenmaß zu betreiben und sie nicht als ständigen Nachvollzug und als Folge von Sachzwängen zu betreiben, sondern an einem konkreten Leitbild zu orientieren. Ein solches Leitbild muß eine Art von Grundgesetz darstellen, nach welchem sich alle planerischen

Entscheidungen zu richten haben. Landschaft, Topographie, Vegetation, Klima, Entwicklungsgeschichte, Sehenswürdigkeiten, Raumqualitäten und Milieu, Traditionen, Gewohnheiten, Mentalitäten und Wertvorstellungen der Bewohner liefern die Daten für eine qualitative Planung und die Entwicklung einer Leitvorstellung, aber nicht die mechanistischen Hilfsmittel der Realisierung, wie das Auszählen von Autos, Planspieltheorien oder Checklisten zur Formalisierung von Stadtgestalt. In den offiziellen Leitlinien zur Entwicklung einer Stadt ist oft weniger über ihren Charakter und ihre Werte enthalten, als in jedem kleinen Reiseführer. Ein solches Grundgesetz als Sammlung von Erfahrungen und intimen Kenntnissen des Unverzichtbaren und Unverwechselbaren kann nicht politischen Veränderungen unterliegen, muß daher festgeschrieben werden.

Auf breiterer Ebene müssen Bausgesetze und DIN-Normen auf ihre gestalterischen Konsequenzen hin überprüft und grundsätzlich verändert werden, da sonst die Zerstörung unserer gebauten Umwelt zum gesetzlichen Akt und der Teufel mit dem Beelzebub ausgetrieben wird. Staatliche Förderungsbestimmungen müssen mehr Bezug auf die Interessen der Allgemeinheit nehmen als bisher und qualitativ definierte Ziele haben. Diese Gesichtspunkte sind weder im Städtebauförderungsgesetz berücksichtigt noch in den Förderungsbestimmungen für den Umbau von Altwohnungen.

Alle privaten Initiativen, die zur Verbesserung des Stadtbildes beitragen, verdienen es, unterstützt, beispielhaft hervorgehoben oder auch prämiert zu werden. Hier hat die Lokalpresse eine wesentliche Aufgabe zu erfüllen. Qualifizierte Architekturkritik wird aber erst dann möglich sein, wenn die Presse selbst bereit ist, Inserentenrücksichten hinter die Aufgabe der kritischen Information zurückzustellen.

Stadtverwaltungen, Bauämter oder Berufsverbände könnten Beratungsstellen für Bürger einrichten, die selbst Initiativen ergreifen wollen. Gerade auf dem Gebiet der Stadtgestaltung kann auf die Stimulierung, Mitbeteiligung und Mitverantwortung der Bürger nicht verzichtet werden. Dabei ist wichtig, daß sich Bürgerinitiativen keine zu hohen, unerreichbaren Ziele setzen und nicht von verstiegenen theoretischen Ansätzen ausgehen, um Enttäuschungen durch Mißerfolge zu vermeiden. Der öffentliche Raum, Straße und Platz und deren Einrichtungen sind gemeinschaftlicher Besitz aller Bürger. Dieses Bewußtsein ist eine Voraussetzung für Erhaltung, Pflege und Funktionsfähigkeit des öffentlichen Raums, für die schönere Stadt.

Es ist zu bezweifeln, daß Stadtparlamente einer Großstadt der richtige Ort sind, über die differenzierten Bedürfnisse und Wünsche der Bewohner einzelner Stadtteile zu entscheiden. Statt immer größer werdender Machtkonzentration würde die Dezentralisierung bestimmter Verantwortlichkeiten den einzelnen Bürger wieder dort beteiligen, wo er selbst zuständig ist. Das bedeutet zugleich Verlagerung bestimmter Entscheidungskompetenzen in unabhängige Bürgergruppen.

Die Suche nach der schöneren Stadt ist keinesfalls eine Flucht vor den Problemen unserer Zeit in eine romantische Vergangenheit. Sie ist keine Frage neuer Planungstheorien und Forschungsarbeiten, sondern eine konkrete Aufgabe aller, die in ihr leben wollen, besonders aber ein Aufruf an Planende und Bauende, sich ihrer Verantwortung gegenüber der Allgemeinheit bewußt zu sein. Wer die schönere Stadt sucht, will die menschenwürdige, die lebenswerte Stadt. Vielleicht findet er dann die liebenswerte Stadt.

Ballereien im Park

Mit Verständigungsschwierigkeiten beginnt es: Vom Park ist die Rede, dem mit den schönen alten Bäumen, den gußeisernen Bänken, dem einsamen Pavillon, den weiten Räumen, wo die Leute Schwäne füttern (oder Tauben vergiften), wo es nach frischem Gras riecht und der Lärm des Stadtverkehrs nur wie durch ein Filter zu hören ist, vom Park – nicht vom Parken.

Seit das Auto unsere Städte erobert hat, hat es auch Begriffe annektiert: Park – Parkhaus – Parkgarage – Parkplatz – Parkwächter – Parkleuchte – Parkuhr – Parkgebühr – Parksünder – Parkverbot. Mancher parkt sein Auto unter seinem Parkbaum, mitten in der Innenstadt von Darmstadt gibt es ein Parkhotel, weil man dort in 8 Etagen parken kann. Nur der Schweizer trifft noch den feinen Unterschied und sagt: parkieren.

Park: Mittellateinisch parricus = eingeschlossener Raum, Gehege, großflächig angelegte, umschlossene Grünanlage.

Vom Pferch zum Park – parc – parco – parque oder: vom Pferch zum Sammelplatz, zum Fuhrpark, Geschützpark, Munitionspark, zum militärischen Depot für Belagerungsgerät. Man hat die Wahl und verwechselt. So werden aus Parkflächen unversehens Parkierungsflächen, aus Grün wird Grau; man stopft in den Park hinein, was anderswo keinen Platz hat, schnippelt von seinen Rändern immer wieder Streifen herunter für Straßenverbreiterungen, Bahnanlagen, Versorgungsanlagen. Mit den Parkrändern hat man zugleich die Zugänge zerstört, das Organ vom Organismus getrennt, den Park von der Stadt. Und nun wundert man sich, daß kein Mensch mehr hingeht, ist doch im Stadtplan alles grün geblieben.

Verantwortungsbewußte Planer, Kommunalpolitiker und Klimatologen halten ihre schützende Hand über den Park, also stellt man die Hochhäuser daneben – eine feine Sache für die Bewohner und Angestellten, nur bleibt kein Park mehr übrig, sondern bestenfalls eine Grünanlage zwischen hohen Häusern. Auch die Hochstraße fällt im Plan kaum auf, das Grün geht unten durch. Zwar werden die Besucher nun auch von oben mit Lärm und Abgasen versorgt, aber was wollt ihr: Keinem Baum wurde ein Blatt gekrümmt, und der Plan ist so grün wie zuvor. Nur der Polizeipräsident registriert eine Zunahme der Schüsse im Park, der inzwischen zum Kommunikationszentrum zwielichtiger Gestalten geworden ist. Man zuckt bedauernd die Achseln; man tut, was man kann, und schiebt die Folgen sträflicher Planung kurzerhand jenen in die Schuhe, die diese auch nachts auf der Bank nicht ausziehen. Park und Kriminalität gehören offenbar zusammen wie Henne und Ei. So einfach ist das.

Aber es geht so nicht weiter. Nicht die Kriminalität hat die Parks zerstört, sie war vielmehr die Konsequenz aus ihrer zunehmenden Verwahrlosung und Unzugänglichkeit. Heute haben Stadtverwaltungen, Gartenbauämter, Landschaftsarchitekten und Politiker den unersetzbaren Wert dieser Grünflächen für die Großstadtbevölkerung neu entdeckt: Man trägt wieder Grün. Wohlgemeinte Wettbewerbe zur Wiederbelebung von Parkanlagen werden ausgeschrieben und mit großer Anteilnahme diskutiert. Programme werden ausgeknobelt, wie man den alten Park mit neuem Leben füllen könnte, und man ruft nach Aktivierung: Bolzplatz, Kinderspielplatz, Altenecke, Minigolf, Würstchenbude und Biergarten, Grillplatz und Rollschuhbahn, Fitneß und Trimm dich, Musikgarten und Liegewiese, Seecafé und Kunsteisbahn, Jubel, Trubel, Heiterkeit, kurz alles, was einem zum Stichwort Freizeitaktivitäten nur einfällt. Da werden Pläne vollgestempelt mit Aufzählungen nützlicher Tätigkeiten wie: quatschen, matschen, planschen, buddeln, Krach machen, Kopf stehen. An jedem Baum wird kommuniziert, informiert, programmiert, diskutiert, agitiert und aktiviert. Agora, Forum, speakers corner, Info! Man wird das Gefühl nicht los, daß auf einmal alles, was bisher nicht untergebracht wurde, in den alten Park zu dessen Aktivierung hineingepfercht werden soll, daß man den Park im Sinne eines Sammelplatzes von Belagerungseinrichtungen mißversteht. Statt Entrümpelung – Zerstörung durch Aktivierungsfanatismus! Statt Erholung – geplanter Freizeitterror! Von Schießerei zu Ballerei.

Auch die Kunst möchte sich an der Eroberung des Freiraums beteiligen, was nicht so schlecht wäre, wenn es um die künstlerische Qualität des Parks ginge. Ob aber audiovisuelle Objekte, Multimedia oder poppige Mobiles geeignete Mittel zur Aufwertung des Landschaftsraums darstellen, muß dahingestellt werden, angesichts jenes künstlerischen Großobjekts, welches leicht mit acht- bis zehngeschossigen Gebäuden konkurrieren kann, ständig Farbe, Form und Struktur wechselt, immer neue Lichtreize, akustische, ja sogar Duftreize erzeugt, zugleich noch mit umweltfreundlichen Einrichtungen zur Verbesserung und Kühlung der Luft ausgestattet ist, vor Regen und Sonne schützt, relativ unempfindlich gegen Beschädigungen ist, dauerhaft und völlig wetterfest, im Winter nicht eingestellt werden muß, mit lächerlich geringen Betriebskosten arbeitet und zu einem enorm günstigen Preis bei einer ungeahnten Vielzahl von Varianten erhältlich ist, jedes Stück ein Original: Nichts als ein Baum.

Hört man nicht, daß unsere Zeit gekennzeichnet sei durch Leistungsdruck, durch Streß und Arbeitshast, durch Lärm und Reizüberflutung? Ich bin für Passivierung! Warum muß denn überall etwas los sein? Wie wär's denn einmal mit gar nichts oder mit der Frage, welche Bedürfnisse in unserer städtischen Massengesellschaft nicht befriedigt werden oder verkümmern? Zum Beispiel Alleinsein, Ausruhen, Nichtstun, Ungestörtheit, Entspannen, Abschalten, Besinnung, Betrachtung und Ruhe. Solitude, Monrepos nannten absolutistische Herrscher ihre Schlösser im Park.

Warum sollte, was einst das Privileg der Herrscher war, warum sollte das heute nicht allen zugänglich sein? Warum sollte eine klassenlose Gesellschaft nicht mehr an der Sensation eines schön gestalteten Grünraums in der Stadt teilhaben dürfen? Wachsende Freizeit, kürzere Arbeitszeit – Spaziergang im Park. Spaziare – sich räumlich ausbreiten, sich ergehen. Dazu braucht man spatium – den Raum, den gebauten Raum. Die berühmten Schöpfer der Landschaftsparks wußten, wie sehr es auf deren künstlerische Gestaltung ankam, auf Harmonie und Kontrast der Farben und Formen, auf Perspektive und Fernwirkung, auf die Bewegung des Bodens und die Wirkung des Wassers, auf die Wegeführung, auf Baum und Raum. Der Park sollte Ersatz bieten für eine vom Menschen vernachlässigte Landschaft. Naturschönheit als ästhetischer Genuß. Heute hat sowohl der klimatische Nutzen des Parks an Bedeutung gewonnen als auch die natürliche Erholung in unmittelbarer Nähe der Stadt angesichts einer durch Nutzung zerstörten Landschaft. Gerade diese Qualitäten würde der Park einbüßen, ließe man das Wort der »Aktivierung« so vordergründig stehen. Ballereien im Park schätzt keiner, wenn er Ruhe sucht. Die Gefährdung droht dem Park heute weniger durch Überfälle als durch Überlastung mit zweckentfremdenden Einrichtungen, die eher auf einen Prater passen, und durch den kommunalpolitischen Ehrgeiz nach Besucherrekorden. Erhebungen haben gezeigt, daß ein Park überlastet ist, wenn auf 10 m^2 Wegfläche oder 100 m^2 Parkfläche mehr als eine Person kommt. Überlastet wird er, wenn er als Depot für Freizeitnutzungen mißverstanden wird. Dann wird aus der Muße ein Muß. Dann werden Ballereien im Park zu Selbstschüssen, und auf dem Bolzplatz fallen nur noch Eigentore.

Es kommt drauf an, was man draus macht

Abschied von der Gegenständlichkeit

Den Slogan kennt inzwischen jeder und weiß, worauf es ankommt, überflüssig, mehr darüber zu sagen, wenn es nicht der
Rede wert wäre, wieder einmal über Produktion, Material,
Form und Gestalt und ihre Zusammenhänge zu sprechen: ein
Grundthema der Architektur, so alt wie sie selbst und neu zugleich für jede Epoche. Wissen mag veralten. Schlimm ist nur,
wenn es verloren geht. Heute scheinen sich Wertvorstellungen
und Weltbild zumindest einer jüngeren Generation mehr und
mehr von der Gegenständlichkeit unseres Daseins zu lösen, um
sich in einer virtuellen Unwirklichkeit zu erfüllen. Brave New
World, 1984, Solaris, haben ihre Schrecken verloren. Kein
»Wilder« klagt mehr sein Recht auf Unglück ein, Big Brother
ist im IKEA-Container domestiziert, und seine Bewohner empfinden das Milieu nicht einmal als Strafverschärfung, die Spaß-
gesellschaft sucht aus lauter Stumpfsinn per E-Mail oder im
Internet nach Kommunikation. Dennoch bleibt unsere Welt
durch ihre Gegenständlichkeit geprägt, denn ohne Geräte oder
Apparate existiert sie nicht, auch wenn wir es den Robotern
überließen, sich selbst zu erzeugen. Das hatte Hegel nicht im
Sinn, wenn er von der Selbsterzeugung des Menschen als Resultat seiner eigenen Arbeit sprach, wobei er zwar allein die ab-
strakte, geistige Arbeit verstand, im Unterschied zu Karl Marx,
der den Menschen als den Gestalter einer menschlichen gegen-
ständlichen und räumlichen Welt sah, durch die er sich verwirklicht.

Mit Mehl kann man nicht säen

Jede Arbeit als materielle gegenständliche Tätigkeit drückt sich in Form aus und nimmt Gestalt an. Material und Form sind nicht voneinander zu trennen. Das eine bedingt das andere. Jedes Objekt besteht aus einem oder mehreren Materialien und tritt in irgendeiner Gestalt auf, anders würde es nicht existieren. Nur als materielle Gestalt wird es begreifbar im doppelten Sinn, als Begreifen mit der Hand wie auch im Sinnlich-Rationalen als Begriff. Wir sprechen dabei von der Ganzheit von Produkten, die sich in ihrer Erscheinungsform als faßbare Gestalten erschließen, im Gegensatz zu anderen Produkten der Arbeit, wie dem elektrischen Strom oder chemischen Substanzen, denen gestalttypische Eigenschaften fehlen und die wir darum nur durch ihre Wirkung wahrnehmen. Der Psychologe Ehrenfels bezeichnete die Ähre, das Gras oder den Blitz als solche gestalttypische Erscheinungen, nicht aber das Mehl, die Milch oder die Elektrizität, deren amorpher, form- und gestaltloser Zustand erst durch seine Verwandlung in Licht oder Wärme beispielsweise zu einer Eigenschaft von Räumen werden kann.

Damit wird deutlich, daß bereits das materielle Ausgangsprodukt eine wesentliche Grundlage unserer Ästhetik bildet. Schon im Herstellungsprozeß verbinden sich Material und Verarbeitung mit ihrem Gegenstand und nehmen Gestalt an. Idee, Material, Zeit, Energie und Ökonomie bilden das Grundprinzip für Produktion und Gestaltung. Die Form bestimmt den Zweck, und die Funktion folgt der Form.

Dabei ist es zunächst uninteressant, ob ein Rohstoff in Säcken verpackt, in Silos gelagert oder nur in Haufen aufgeschüttet wird, denn er besitzt noch keine gestalttypischen Eigenschaften. Wasser, Zement oder Sand sind amorph, d. h. ohne Form. Der Rohstoff erhält erst im Prozeß der Verarbeitung Gestalt und verändert seinen Zustand in eine selbständige Form zugunsten eines höherwertigen Gebrauchs- oder Kunstwertes, ganz im Gegensatz zu den Instrumenten seiner Herstellung, die nur so lange für den Arbeitsprozeß tauglich sind, wie sie ihre Gestalt nicht verlieren, etwa durch Abnutzung oder Zerstörung. Ein stumpfes Messer schneidet nicht, eine ausgeleierte Schraube faßt nicht mehr. All das erklärte schon Karl Marx, und es wird Zeit, ihn gegen die Folgen seiner eigenen Philosophie in Schutz zu nehmen.

Im Material verbirgt sich die Gestalt

Der Prozeß der Vergegenständlichung des Materials führt schrittweise vom Rohstoff über das Halbfabrikat zur Gestalt des Endprodukts. Ein Mauerstein würde also auf halbem Weg in diesem Prozeß liegen. Das Material erscheint zunächst in einer Vorform, die jedoch bereits die künftigen Gestaltungsmöglichkeiten enthält, so wie z. B. das Brett einen Übergang vom Baum zur Tischplatte darstellt, im Unterschied zum Beton, dessen Materialgemenge aus Wasser, Sand, Kies und Zement unmittelbar als Endprodukt erstarrt. Die Entstehung des Baustoffs und seine Gestaltwerdung fallen im Herstellungsprozeß zusammen. Zwischen Primärform und Endprodukt können weitere Zwischenstufen liegen, die desto formbestimmender werden, je mehr sie sich dem Endprodukt nähern. Damit gewinnen auch die Hilfsmittel einen wesentlichen Einfluß auf dessen Gestaltbild. Die Mauerwerksfuge ist in statischer, bauphysikalischer, bautechnischer und gestalterischer Hinsicht nicht minder wichtig als die Steine, die sie miteinander verbindet oder trennt.

Die Disziplinierung der Form durch das Produkt

Die Handelsform der meisten Baustoffe erlaubt bestimmte Möglichkeiten der Gestaltung und schließt andere aus. Das als Mauerziegel, als Brett oder als Glasbaustein vorgeformte Material diszipliniert die Form. Es macht das Gute leichter und das Schlechte schwieriger, wie Le Corbusier den Sinn seines Modulors definierte. Bauten aus Klinkermauerwerk oder ein Fachwerkbau garantieren daher auch eine höhere Gestaltungssicherheit als etwa ein Putzbau. Man kann nicht soviel falsch machen.

Die Gestaltbarkeit des Betons dagegen ist fast unbegrenzt und mehr von Schalung und Oberfläche abhängig als vom Material, das man einfüllt, da dieses alles mit sich machen läßt. Deswegen bezeichnete ihn Egon Eiermann als den charakterlosesten aller Baustoffe. Beton bietet dem phantasielosen Architekten oder Ingenieur die geringsten Gestaltungshilfen und stellt doch zugleich die höchsten Anforderungen an sein Gestaltungsvermögen, sofern er sich der Freiheiten zu bedienen weiß, die das Material ihm bietet.

Es kommt drauf an, was man draus macht.

Alte Materialien, neue Möglichkeiten

Da also das Material für die Gestalt selbst relevant ist, wirkt es auch wesentlich auf den Akt des Gestaltens ein. Es setzt Grenzen und bestimmt die Form. Rohstoff, Herstellungsmethoden und Werkzeuge sind gestaltdeterminierende Faktoren. Dadurch entsteht eine enge Beziehung zwischen materieller Produktion und ästhetischer Gestalt. Ein skandinavisches Blockhaus sieht anders aus, als ein Iglu oder ein Steinbau. In jedem Material steckt eine materialspezifische und gestalttypische Primärform. Veränderungen oder Verbesserungen des Werkzeugs, Einsatz neuartiger Maschinen, Materialzusätze oder chemische Substanzen, andere Verbindungsstücke, Kleber, selbst verbesserte Transportsysteme können einem Material neue bautechnische und bauphysikalische Eigenschaften verleihen und bisher unbekannte Anwendungsgebiete erschließen, die häufig zu neuen Gestaltformen führen.

Individualität und Serie oder vom Nachteil der Werbung

Je spezifischer die Form eines Baumaterials definiert ist, desto enger wird sein Gestaltungsspielraum. Jede Optimierung bedeutet zugleich Spezialisierung und Einschränkung. Die Entindividualisierung der Massenprodukte stellte eine analoge Entsprechung zur Gesellschaftspolitik der DDR dar, die sich in den Plattenbausiedlungen darstellte. Demselben Prinzip folgen auch die meisten Massenproduktionen. Je größer die Anwendungsbreite eines Produkts sein soll, desto entscheidender ist seine gestalterische Neutralität. Eine Individualisierung würde nicht nur die Produktionskosten unnötig erhöhen, sondern auch den Kreis der Arbeitnehmer einengen. Wenn die gestalterischen Varianten innerhalb der Eigengesetzlichkeit eines Produkts liegen, bedarf es also nicht noch einer »Bekunstung«, die durch eine Vorwegnahme die angepriesenen Möglichkeiten der individuellen Gestaltung beeinträchtigen würde. Gerade damit glauben aber viele Produzenten, überzeugt von ihrem geschmacklichen Niveau, ihre Produkte an den Mann bringen zu können, indem dem Kunden suggeriert wird, das Besondere ihres Produkts liege in seiner Individualität, ein Widerspruch in sich selbst, und ein Ärgernis besonders dann, wenn diese auch noch dem Architekten in Werbeprospekten versichert wird, der an technischen Informationen und Anwendungsmöglichkeiten neuer Materialien und Produkte interessiert ist, in der Regel aber keine Belehrung über dessen ästhetischen Qualitäten braucht, von denen er sich selbst ein besseres Bild machen kann.

Nichts als umbaute Luft

Die meisten menschlichen Tätigkeiten finden in organisierten Räumen statt. Aber Raum kann man nicht bauen, da seine wesentliche Eigenschaft die Leere ist. Die Tätigkeit des Architekten wäre es demnach, Luft zu bauen und ihr verständliche Formen mitzuteilen, denn, was der Mensch zu seiner Existenz braucht, nämlich den Raum, kann man weder greifen noch zeichnen, sondern nur durch seine Grenzen definieren.

Körper verdrängt Raum. Raum verdrängt Körper. Raum und Körper sind Gegensätze, die einander bedingen. Raum wird durch seine Leere nutzbar. Sie ist seine entscheidende Qualität. Wenn wir planen, legen wir die Materie fest, die den Raum bilden soll. Durch die Verkörperlichung des Materials wird Architektur selbst zum Gegenstand und wirkt damit in unsere Welt. Das Ergebnis ist immer ganzheitlich im Zusammenwirken von Körper und Raum.

Ein Auto können wir als die Summe aller Teile betrachten: Motor, Räder, Bremsen, Getriebe, Fahrgestell. Aber daraus ergibt sich noch nicht, daß jede beliebige Zusammenstellung der Teile schon ein Auto ist. Dem Ganzen kommen also Eigenschaften zu, die das einzelne nicht hat. Dasselbe gilt für ein Gebäude mit seinen Innenräumen ebenso wie für den freien Raum der Straße, den Platz oder die Stadt. Ein Gebäude ist zwar die Summe aller Teile, zugleich aber ist es auch mehr. Im Gegensatz zum Werkzeug oder zum Gerät wird es als körperliche Erscheinung wahrgenommen und als räumliches Element. Was der Mensch nutzt, ist jedoch nicht die materielle körperliche Substanz, sondern der Hohlraum, der durch sie gebildet wird. In dem bekannten chinesischen Gleichnis von Lao Tse heißt es. »Aus Ton formt man Töpfe. Das Leere in ihnen bewirkt ihre Nutzbarkeit. Zwanzig Speichen stehen im Kreis um eine Nabe. Es ist das Nichts, worauf des Rades Brauchbarkeit beruht. Man baut Wände, um Zimmer daraus zu machen. Es ist die Leere, die die Räume nutzbar macht. So ist das Sein der Baustoff, aber das Nichts erst macht ihn brauchbar.«Das Ziel des Bauens wäre also die Konditionierung der Leere, die weder greifbar noch eine Handelsware ist. Wie sagte Louis Kahn?: »Architektur ist die gedankenvolle Schaffung von Räumen, die ein Gefühl von Nutzbarkeit vermitteln.«

Dabei unterliegen in der Regel nicht einmal die Grundelemente des Raums einem unmittelbaren körperlichen Kontakt. Man nimmt die Raumbegrenzungen zwar wahr, berührt aber nur, was zu bedienen ist, wie z. B. die Türklinke oder den Lichtschalter. Lediglich dem Fußboden sind wir aufgrund unserer Schwerkraft verhaftet. Danach müßten an die verschiedenen Materialoberflächen, die den Raum bilden, ganz unterschiedliche Anforderungen gestellt werden. Die Decke braucht nicht abriebfest zu sein und könnte reichhaltig bemalt oder durch Kassetten gegliedert sein. Es würde niemand darüber stolpern, im Gegensatz zum Fußboden. Er wird homogen, eben, strapazierfähig und leicht zu reinigen gewünscht. Die Wände sollen wiederum anderen Kriterien gerecht werden. Stoßfest sollen sie sein, aber möglichst so elastisch, daß man doch einen Nagel einschlagen kann. Sie sollen keine Kälte abstrahlen, Wärme speichern, vor Nässe schützen, dicht sein, aber zugleich auch atmen. Für jede dieser Anforderungen ließe sich eine optimale Lösung finden, nur wird aus der Summe von Optimierungen nie eine gestalterische Einheit entstehen, im Gegenteil: Die meisten Probleme sind die Folge von optimalen Lösungen.

Zwar lassen sich für die physikalischen, konstruktiven und physiologischen Eigenschaften der Materialien Kriterien aufstellen, sogar teilweise berechnen. Dies trifft jedoch keinesfalls für die ästhetischen Kriterien zu. Sie folgen eben nicht automatisch aus der richtigen Anwendung von Technik, Bauphysik und Funktionalität, so wenig wie die Behaglichkeit von Räumen, für die besessene Funktionalisten sogar Formeln erfunden haben.

Material und Lebensform

Dem Glauben an den Funktionalismus, daß es schon genug sei, wenn die Form der Funktion folge, und daß schön sei, was allein dem Zweck genüge, hat sich einst die Moderne hingegeben und dabei vergessen, daß ein Gegenstand, ein Zimmer, eine Wohnung, ein Haus, die Straße, ja die ganze Stadt nicht nur einen Gebrauchsnutzen, sondern auch einen Geltungsnutzen besitzt. Wer diesen negiert, setzt sich über alles, was wir von menschlichen Verhaltensweisen wissen, und über alle Erkenntnisse der empirischen Soziologie hinweg. Architektur funktioniert eben erst dann, wenn sie nicht nur konstruktiv, ökonomisch und ökologisch funktioniert, sondern auch ästhetisch, gesellschaftlich, informationell als Statussymbol und als Bedeutungsträger. Erst, wenn die praktischen, technischen und gestalterischen Beziehungen einander im Raum begegnen, ist auch der Raum architektonisch gelöst. Wir können hoch und niedrig, hell und dunkel, warm und kalt, lang und breit, laut und leise unterscheiden, aber daraus keine Schlüsse ziehen, was ästhetisch vorzuziehen sei. Die Antwort bleibt abhängig von der Aufgabe, von gruppenspezifischen und persönlichen Wertvorstellungen, von Zeit, Gewohnheiten, Mode und Material. Wir können eigentlich zu gar keinen gültigen Informationen über ästhetische Kriterien kommen, zumal sie sich ständig ändern. Wir kennen die Leitbilder der Nachkriegszeit, die durch Zeitschriften, wie »Film und Frau« geprägt waren. In den sechziger Jahren veranstaltete die deutsche Teppichindustrie eine bebilderte Umfrage, wie Olympiasieger wohnen. Das Ergebnis war so durchschnittlich, daß man sich den Aufwand hätte sparen können: Wie sollten sie schon wohnen? In den revolutionären siebziger Jahren ließ ich Studenten unterschiedlicher Fakultäten einen Kriterienkatalog über ihre bevorzugten Materialien, Möbel und Raumeigenschaften ausfüllen. Was herauskam, unterschied sich in nichts von den Wünschen des friedlichen Bürgers, der im Lehnstuhl vor dem Fernsehapparat sitzen und in Ruhe gelassen werden wollte: gemütlich, wohnlich, warm, rustikal. Nur das Che Guevara-Plakat an der Wand deutete auf einen Gesinnungsrest; ansonsten Klinkerboden, Rauhputz, dunkle Holzpaneele und kein bißchen aggressiv. Beton dagegen wurde als unmenschlich, lebensfeindlich, gesundheitsschädlich und brutal verteufelt.

Ich hatte 1966 ein Buch über »Bauen in Sichtbeton« mit vielen Geheimtips bekannter Architekten herausgebracht. Ich hatte gedacht, es müsse in die Zeit passen. Aber plötzlich wurde es nur noch unter dem Ladentisch verkauft, und ich sah mich in meiner Existenz als Hochschullehrer ernsthaft gefährdet: Schlimm genug, daß ein Hochschullehrer überhaupt baute! Und dann auch noch in Sichtbeton. Und noch darüber schreibt! Nur in Spanien, England und Japan wurden die Übersetzungen ein Erfolg. Da sage noch einer, die Deutschen seien immun gegen Ideologien! Die langweilige, unpolitische Kaschmir-Generation der achtziger Jahre fühlte sich dagegen in Räumen von der Gemütlichkeit einer Waschküche zu Hause: spiegelnd glänzendes Lochblech, weiße Kacheln, scharfes unverkleidetes Licht und schrille Farben, ätzende Musik. Nur der Futon auf nacktem Zementboden kündete noch vom verblassenden Engagement eines organisch-biologischen Reformlebens für Grün und Dritte Welt. Und dann: Dieselbe Generation, die als Pennäler noch Parolen gegen den menschenverachtenden Beton auf die Wände gesprüht hatte, schwärmte plötzlich für nackten Beton, möglichst mit sichtbaren Schalkonen: »Tadao-Ando-Mäßig«, wie einer sagte! Nur wußte von ihnen kaum einer mehr, wie man ihn macht, und die wachsende Flut der Vorschriften kam dem neuen Trend nicht gerade entgegen. Innendämmung, jahrzehntelang bewährt, ging nicht mehr und wurde von der »Thermohaut« verdrängt. Seitdem klingen die Häuser wie Hohlkörper, und wenn man heftiger dran stößt, hängt die Füllung raus, wie bei einem alten Teddybären. Nichts ist beständiger als der Wandel.

Die Vorstellung, daß eine entwickelte Psychologie, Soziologie oder Philosophie des Geschmacks dem Gestalter die ästhetische Entscheidung abnehmen oder ihn befähigen könne, diese wie eine wissenschaftliche Schlußfolgerung hinreichend zu begründen, wäre das Ende einer dynamischen Kultur! Unser ganzes Weltverständnis ist aus Rationalem und Emotionalem zusammengesetzt, und nur dort, wo diese gegenseitig eine Einheit bilden, sind wir in der Lage, von einer menschenwürdigen Umwelt zu sprechen.

Wer die Wahl hat, hat die Qual

Wir müssen uns heutzutage fragen, ob denn eine individuelle Auswahl unter den immer strenger werdenden gesetzlichen Bestimmungen, die von außen einwirken, und der ständig wachsenden Anzahl von Materialien und Oberflächen überhaupt noch eine Chance hat. Zwar stimmt es, daß die Anzahl der Materialien immer größer und die Wahl damit zugleich schwieriger geworden ist. Es folgt daraus nicht automatisch, daß man sie alle verwenden müsse. Das Problem liegt eher darin, daß die Sensibilität für differenzierte ästhetische Wirkungen zugunsten einer Priorität bauphysikalischer und technischer Normen und Werte immer weiter zurückgegangen ist, bei Fachleuten wie beim Publikum.

So wird es ständig schwieriger, das Einfache zu finden und zu erhalten. Versuchen Sie mal, einen Vollziegel, also einen ordinären Mauerziegel ohne Löcher, zu bekommen, z. B. für eine

Flachschicht im Weinkeller! Fehlanzeige! Entweder man muß Glück haben, daß man beim Abbruch eines Altbaus rechtzeitig zur Stelle ist, oder eine kostspielige Sonderanfertigung beauftragen. Fehlbrand oder dritte Wahl, die aufgrund lebendiger Farben und Unregelmäßigkeiten reizvoller sein könnte als Güteklasse 1, kommen kaum noch, oder nur als teure Sonderanfertigung in den Handel. Der schöne Schein ist billiger geworden und das Einfache teurer, da alles, was von der Norm abweicht, als Fehler betrachtet wird.

Ehrlichkeit, Gerechtigkeit, Imitation oder Betrug?

Was die Architekten immer wieder neu beschäftigt ist die Gretchenfrage nach der Materialgerechtigkeit. Wo sind die Grenzen zwischen Imitation und Betrug, Kunst und Vergewaltigung? Ich stellte einmal die Aufgabe, ein materialtypisches kleines Haus aus Mauerziegeln zu entwerfen. Da überraschte mich ein Student mit einem frei geformten Gebilde, das eher an einen roten Laubfrosch erinnerte als an ein Backsteinhaus. Er hatte beschlossen, die Steine zu Splitt zu zertrümmern und mit Mörtel zu einem rötlichen Ziegelbrei zusammenzurühren, den er nun frei formen konnte. Er bestand darauf, sein Haus als besonders materialtypisch anzuerkennen, und störte sich nicht daran, daß er zuerst den vorgeformten Mauerziegel zerstören und sich von seinen Bindungen befreien mußte, um zu seinem Material zu kommen. Er argumentierte, daß auch der Baumstamm erst kleingehackt werde, um ihn zu Spanplatten verarbeiten zu können.

Wir müssen mit der Materialgerechtigkeit ja nicht unbedingt so weit gehen, im Zahnstocher das Wesen des Baumes zu ergründen. Aber das ästhetische Moment des Materials und seine Verformbarkeit ist für die Gestaltung der Gegenstände ein notwendiger Aspekt. Ein Baumstamm läßt sich zu Sperrholz verarbeiten, wodurch sogar charakteristische negative Eigenschaften, wie das Quellen und Schwinden des Holzes, überwunden oder als Schälfurnier neu zum Vorschein gebracht werden können. Buchenholz kann in Dampf gebogen werden, um dann in den schneckenförmigen Kringeln eines Schaukelstuhls eine neue Form zu finden. Auch können dieselben Materialien entgegengesetzte Ausdruckswerte besitzen, ohne das Prinzip der Materialgerechtigkeit in Frage zu stellen. Romanische Dome und gotische können aus demselben Stein errichtet sein und verkörpern dennoch unverwechselbar ein gänzlich verschiedenes Weltverständnis. Aber ohne die verborgenen Eisenbänder wäre das filigrane Maßwerk eines Freiburger Münsters längst auseinandergebrochen. Die zerbrechlich schlanken Steinrippen sind aufgeschraubt wie Zierleisten. Größere Probleme bietet unserem ästhetischen Empfinden und unseren Sehgewohnheiten die nüchterne Betrachtung der klassischen Antike. Da schwärmte ein bekannter sächsischer Schriftsteller vor den Säulen eines dorischen Tempels verzückt vom »immateriellen Schimmer des honigfarbenen pentelischen Marmors« und pries die vielfältige Brechung des griechischen Lichtes, in der kristallinen Oberfläche der Kapitele. Wir können es kaum glauben, daß der Marmor, der ja vor der Haustüre lag, oft mit einer feinen Stuckschicht überzogen war, um ihn zu veredeln und den Tempel monolithisch erscheinen zu lassen. Knallbunt war zuweilen der Fries bemalt, wie am Parthenon, wo man noch die Farbspuren findet. Die Barockarchitekten machten sich nichts daraus, die hölzernen Säulen so täuschend zu bemalen wie in Zwiefalten, daß man sie selbst aus nächster Nähe kaum vom Marmor zu unterscheiden vermag, von einer Art allerdings, die es auf der ganzen Welt noch nie gegeben hat! Wir wissen, daß der kurvenreiche Einsteinturm als eine Betonskulptur gedacht, aber aus Mauerziegeln gebaut und verputzt wurde, weil man die Schaltechnik nicht so perfekt beherrschte, und Mendelsohn fürchtete, es könne danebengehen. Die Form eilte der Zeit und der Machbarkeit voraus, wie auch bei einigen Entwürfen Le Corbusiers. Würden wir das Kriterium der Materialehrlichkeit als moralischen Maßstab an die Baugeschichte legen, müßten wir uns von einem beträchtlichen Teil bedeutender Baudenkmäler verabschieden.

Material und Gemüt

Natürlich ist es ein Unterschied, ob Holz, Mauerwerk, Betonskelett oder Stahlbinder die Stabilitätsträger eines Gebäudes bilden. Da sich aber mit traditionellen Materialien auch überlieferte Gemütswerte verbinden, die man nicht preisgeben will, betrügt man sich im Zweifelsfall lieber selbst mit einem Substitut. Neue Materialien werden schon akzeptiert, wenn sie leicht zu reinigen sind und nicht teurer, als sie aussehen. Von der Oberfläche wird jedoch erwartet, daß sie entsprechende Gemütswerte vermittelt, egal, was drunter ist. Hauptsache, es sieht so aus wie Holz, auch wenn es keines ist. So greift man zur Imitation, schafft Edelhölzer mit künstlich genarbtem Fotodruck auf Spanplatten, so täuschend echt, daß man den Unterschied fast nur noch am Geruch feststellen kann.

Als die Firma Messerschmitt in den ersten Nachkriegsjahren ums Überleben kämpfte, übertrug sie ihre Erfahrungen aus dem Flugzeugbau auf die Produktion von Fertighäusern, von denen man sich damals große Gewinne versprach, und warb mit einem Prospekt, in dem ein behagliches Lechtaler Holzhaus mit der Unterschrift abgebildet war: »Man sieht es diesem Haus nicht an, daß es aus Flugzeugprofilen der ME 119 gebaut ist.« Werbung schreckt bekanntlich vor nichts zurück. Darüber lächeln wir, aber wir erzählen begeistert von der Onyxwand im Barcelona-Pavillon von Mies, die natürlich nicht aus Onyx ist, sondern aus einem grünlichen Sauerwasserkalk, dessen Farbe lediglich an den Halbedelstein erinnert.

Nur eines lassen wir uns nicht zerstören: die Echtheit unserer Illusionen! Im Märchen ißt die Prinzessin mit goldenen Löffeln von Tellern aus Achat, der König sitzt auf einem Thron aus Porphyr, und Tölpelhans wirft dem Minister mit der purpurnen Weste im Marmorsaal des Schlosses Schlamm ins Gesicht. Nur Mutmaßung und Erfahrung hilft uns im Alltag, Chrom von Silber, Messing von Gold zu unterscheiden. Wir wissen einfach, daß das Rohr der Corbusierliege verchromt ist und nicht aus Silber. Und Porphyr, das Material der Könige, ziert als alltägliches Pflaster viele unserer Fußgängerzonen. Die Punks können sogar ihr Haar purpurn färben und brauchen dazu nicht den Saft von ein paar Dutzend Schnecken. Moderne Techniken erlauben es, Marmorblöcke so fein wie Käsescheiben aufzuschneiden, so daß selbst der Bianco chiaro aus Carrara ein erschwinglicher Bodenbelag geworden ist, dessen Wert nicht durch den günstigeren Preis gemindert wurde. Bei uns vermittelt er noch immer das Bild von elitärem Luxus. Es ist der Vorschein einer Kostbarkeit, der dem Besitzerstolz schmeichelt. Und den sollten wir uns auch nicht durch nüchterne Preisvergleiche verderben lassen. Frau Holle schüttelt keine Plumeaus aus Viskose aus. Die Prinzessin auf der Erbse schläft einfach nicht auf Matratzen aus Schaumgummi, und Aschenputtels Schuh dürfte nicht einmal auf der Bühne aus Kunstleder sein.

Die Moderne und ihr Dilemma

Die Verherrlichung der industriell gefertigten Materialien brachte die Moderne in ziemliche Verlegenheit. Solange sie noch nicht darüber verfügte, wurden die traditionellen handwerklichen Bauprozesse und Techniken den neuen ästhetischen Normen angepaßt. Mauerwerk wurde mit sogenannten Pariser Leisten verputzt und mit der Stahltraufel geglättet, Holz geschliffen, gespachtelt, gestrichen, gespachtelt und noch mal gestrichen, bis es von einem industriell gefertigten Produkt nicht mehr zu unterscheiden war. Der »10er-Schleiflack« war ein Markenzeichen für makellose Oberflächen und bezeichnete die mühsame Prozedur, die an keine natürliche oder handwerkliche Herkunft mehr erinnern sollte. Die technisch bedingte Breite der Fensterhölzer wurde durch Nuten und Farbdifferenzierung schmal gemacht, damit sie aussehen sollten wie Stahlfenster. Solche Angleichungen an veränderte ästhetische Normen täuschten aber nicht nur ein anderes Material vor, sondern zugleich auch andere Arbeitsprozesse und Produktionstechniken, wodurch sie letztlich auch eine sozialpolitische Komponente bargen, was den nachdenklichen Betrachter ebenso irritierte wie die unbegreiflich homogenen Betonflächen in Zumthors Bregenzer Museum, die vom Fußboden durch einen fast 25 m langen Schlitz getrennt sind, dessen Kante auch nicht die kleinste Abweichung erkennen läßt, so exakt und perfekt, als käme sie aus der Strangpresse. Auch hier wird eine technische Präzision des Handwerklichen zelebriert, die eigentlich nur von der Maschine erzeugt werden kann, weshalb die Frage berechtigt ist, ob man dies nicht als eine Art Manierismus bezeichnen kann. Carlo Scarpa würde damit keine Probleme gehabt haben. Er kannte und benutzte die alten heimischen Techniken wie den Stuccolustro, der auch nur aussieht wie Marmor, oder die Verwandlung des ordinären Kalkputzes in spiegelblanke Oberflächen durch handwerkliche Bearbeitung, womit wir wieder bei Karl Marx wären: »Material, Ökonomie, Zeit und Energie bilden das Grundprinzip für jede Art der Produktion und Gestaltung.«

Ewige Jugend oder Würde des Alters

Neue Materialien und Produktionsmethoden werfen neue Fragen auf, die zur Überprüfung tradierter Werturteile herausfordern. Hölzer, Marmor- oder Steinsorte erkennt der Fachmann auf Anhieb an Oberfläche, Zeichnung und Farbe, Temperatur, weil diese zu den materialtypischen Eigenschaften gehören. Bei einer Kunststoffplatte gibt es dagegen keine hinreichend aus dem Produktionsablauf oder aus den chemischen Substanzen sich ableitenden Schlußfolgerungen in bezug auf Struktur oder Farbe. Diese kann man jedoch nicht vernachlässigen, da das Material ja irgendwie aussehen muß: hell, schmutzig, glatt oder rauh, schwarz-weiß oder bunt. Da es keine spezifische Oberfläche besitzt, muß diese künstlich erfunden werden, d. h. die ästhetische Gestaltung kann bis in die Sphäre der Produktion von Rohstoffen eindringen.

Neu zu bewerten ist auch die Frage nach Pflege, Haltbarkeit und Alterung. Ein Material soll die Spuren des Gebrauchs und die Zeichen des Alterns, kurz die Spuren der Zeit zu tragen vermögen. Das Gestaltbild wird dadurch in der Regel nicht gemindert, bei manchen Gegenständen sogar durch künstliche Patinierung gesteigert, wenn es der fabrikneuen Antiquität außen ein Hauch von Echtheit verleiht. Innen haben es die Leute lieber aseptisch, da sie nicht etwas haben wollen, was andere schon benutzt haben. Umgekehrt werden Produkte aufgemöbelt, um ihre Gebrauchsspuren zu verstecken und sie wie neu erscheinen zu lassen. Ich erinnere mich an die Aktion des französischen Schriftstellers und Kultusministers André Malraux, der vor mehreren Jahrzehnten einige Pariser Repräsentationsbauten, wie den Louvre und die Grand Opera mit Sandstrahlgebläsen von Dreck und Altersspuren reinigen ließ und sie plötzlich als jungfräulicher Anachronismus in ihrer alten Umgebung standen und an manche Damen erinnerten, die für die Erhaltung ihres jugendlichen Aussehens Dinge tun, für die jeder Gebrauchtwagenhändler ins Gefängnis käme. Auch bei einer Oldtimer-Parade läßt sich das Baujahr schwer verleugnen.

Von ihrer ästhetischen Wirkung her haben jedoch manche Materialien gegenüber den traditionellen nicht nur den erheblichen Nachteil, daß sie alterungsunwillig sind. Sie bergen andere Probleme. Die hauchdünne Aluminiumverkleidung des Bürohochhauses mit elegantesten Profilen, sind empfindlicher als eine Autokarosserie. Wir sind vom Industrieprodukt Perfektion gewöhnt und übertragen diese Erwartung, die wir an das Serienprodukt mit seiner Entwicklung vom Prototyp über die Nullserie stellen, auf das Einzelelement eines Gebäudes. Darum wirkt eine Beule in der Kühlerhaube eines Rolls-Royce einfach komisch. Beim Deux-Chevaux würde sie wohl kaum auffallen. Oder die Delle in der makellosen Blechfassade von Richard Meier oder der Sprung im gläsernen Paneel einer High-Tech-Fassade! Führt nämlich der Gebrauch, ein technischer Fehler oder eine Beschädigung hier zu Formänderungen, so ändert sich in der Regel auch etwas im Wesen der Gestalt. Die Delle ist nicht nur die Beschädigung des Autos, sondern des Images eines vollendeten Industrieprodukts. Durch die Beschädigung wird das Gestaltbild nicht nur schlechter, sondern anders. So wäre ein verbeultes Fassadenprofil bei Sir Norman eine Katastrophe gegenüber einem Putzriß in einem alten Mauerwerk. Der Perfektionsanspruch der industrialisierten Moderne erhöht deren formale Empfindlichkeit. Man kann ja nicht den Kratzer auf dem hochglanzlackierten Kotflügel als künstliche Gebrauchsspur mitliefern, wie die eingebohrten Holzwurmlöcher im fabrikneuen antiken Bauernschrank. Glatte Flächen erhöhen den Ausschuß, wenn die Makellosigkeit zu den Gestalteigenschaften gehört. Das ist einer der Hintergründe, weshalb Philipp Rosenthal sein Porzellan lieber bemalte, und Alt-Meißen sieht mit Zwiebelmuster auch nicht schlecht aus.

Mode oder Überdruß

Sie sind die beiden Seiten derselben Medaille. »Öfter mal was Neues!« war eine weitverbreitete Parole zur Ankurbelung der

Wirtschaft nach dem Krieg, als die gröbste Not gedeckt war. Jede Zeit hatte ihre Leitbilder, die wie Erkennungszeichen für eine ganze Epoche stehen: der Thonet-Stuhl für das Fin de siecle, Nierentisch und Welleternit für die fünfziger Jahre, der Sichtbeton für die sechziger Jahre, danach das Lochblech und die Glasfassaden, High-tech und Low-energy. Nun wird wieder gebrettert oder gelattet, waagerecht oder senkrecht. Achtung die Schweiz. Oder ganz keimfrei für die abwaschbare Chefetage, Schallschluckkassettendecken, spiegelnde Böden, Lichtumlenkung, überhaupt viel Gläsernes unter dem Lichtterror von Hunderten Energiesparleuchten. Die Werbung boomt. Das einzelne Produkt ist nicht mehr wichtig: Ich will mehr! Und je kühler und unnahbarer, je austauschbarer und langweiliger die Verwaltungsgebäude mit der gläserne Keksrolle am Eck, desto länger werden die Schlangen vor Hundertwassers Schlumpfarchitektur: »Zufrieden jauchzet groß und klein: hier bin ich Mensch, hier darf ich's sein«!

Werbung für den schlechten Geschmack

Bekanntlich würden die meisten Menschen eher einen Raubmord auf sich nehmen als zuzugeben, daß sie einen schlechten Geschmack haben. Daß inzwischen nicht einmal mehr schlichte Materialien vor der »Behübschung« durch Dilettanten sicher sind, kann man in jedem Baumarkt studieren. Eine unbemalte, ungenarbte, unbefleckte weiße Fliese zu bekommen kann Stunden kosten, und die »Fachberaterin« wird uns darüber aufklären, daß man das nicht mehr trägt »Mänhädden-Grau« sei jetzt »in«. Die rustikale Natürlichkeit von Furnieren aus Kunststoff mit ihrem regelmäßigen Rapport der falschen Astlöcher, die es jetzt auch zum Aufkleben gibt, sind solche Fehlleistungen. Würden sich die Hersteller mehr um die Eigengesetzlichkeit ihrer Probleme kümmern und weniger um spießige Geschmacksfragen, könnten sie viel Geld sparen, und die Architekten würden es ihnen danken. Viele Firmen wären gut beraten, würden sie ihren Werbeetat der Heilsarmee oder den Hochschulen zur Verfügung stellen, um etwas Nützliches damit anzufangen. Man muß als Architekt häufig den Ekel vor der abschreckenden Werbung überwinden, um trotzdem auf gute Produkte zurückzukommen.

Es wird zwar behauptet, wir lebten in einem ästhetischen Zeitalter, doch sind wir umgeben von einem Überfluß an Kitsch, Geschmacklosigkeiten und von einem sinnentleerten Form- und Farbterror. Als Trendsetter führt das Fernsehen mit unerträglich aufwendigen Ausstattungen ihren dilettantischen Materialschlachten und den dümmlichen Werbesports, dort werden heute die Maßstäbe für die geschmackliche Erziehung unserer Mitmenschen gelegt, die sich dann in papageienhafte Jogginganzüge quetschen lassen, als ob sie sich vor Wildschweinen schützen müßten. Die Manipulation durch Mode kennt keine Grenzen. Sie bestimmt die Realität der Produktion und wirkt dadurch auf den Konsum

Auch Baumaterialien und Produkte unterliegen der Mode und den Gesetzen der Werbung. Dabei orientieren sich die Leute vor allem am gesellschaftlichen Status, dem sie gerne zugezählt werden möchten. Der Architekt orientiert sich meist an Architekten die »in« sind und eignet sich deren Materialien an, um ebenfalls »in« zu sein. Das ist nicht der schlechteste Weg, um einen Verschleiß der Formen zu verlangsamen, auch wenn die Nachahmung immer unterhalb der Gestalthöhe des Originals liegt. Es sind eben nicht alle frei, die ihrer Ketten spotten, und Architekten sind auch nur Menschen, zur Hälfte jedenfalls.

Und was würdest du draus machen?

Luigi Snozzi stellte die Testfrage an seine Studenten: An was denkt ihr, wenn ihr einen wunderschönen großen Apfelbaum seht? Der eine wollte in seinem Schatten träumen, der andere raufsteigen, der dritte Äpfel essen, aber einer sagt: Ich würde ihn fällen und mir überlegen, was ich aus den Brettern alles machen könnte!»Der wird ein Architekt«! sagte Snozzi.

Das ist lange her. Ich legte Studenten im 6. Semester ein Brett vor und fragte, woraus es sei.»Vollmaterial« sagte der eine, der andere meinte:»Echtholz!« Da waren sie sich sicher. Nur die Frage, ob es wohl Laub- oder Nadelholz sei, stieß auf Widerstand, weil sie sich nicht einig waren, ob der Tannenbaum nun Nadeln oder Blätter habe. Wo soll man denn auch Materialien kennenlernen, wenn es nur noch an wenigen Technischen Hochschulen Baustoffkunde gibt? Die meisten haben das Fach schwarzgeschlachtet, was insofern anachronistisch ist, als früher noch ein Schreiner, Schlosser, Maler oder Maurer in der Nachbarschaft seine Werkstatt hatte, Spielzeug nicht überwiegend aus Plastik bestand und man meist schon am Geruch feststellen konnte, aus welchem Material ein Gegenstand bestand. Ich habe noch den Geruch der roten Sandsteinmauern in der Nase, wenn es draufgeregnet hatte, oder die Erinnerung an das alte Gebälk unter dem Dach. Metalle riechen verschieden, Blaubeurener Zement konnte man an Farbe und Geruch vom Lauffener unterscheiden. Wer ein Instrument spielt, weiß daß das Mundstück der Klarinette anders schmeckt als das Messing der Trompete. Die Elfenbeintasten des Klaviers sensibilisieren nicht nur die Nase und die Fingerspitzen, und die ganze Geruchsfülle eines Orchesters ist eine Stimulanz, um die uns die beste CD-Aufnahme betrügt. Ich spreche von empirischen Erfahrungen und von der Bedeutung der sinnlichen und ästhetischen Wahrnehmung, denn Materialien sind das Exekutivorgan der Architektur, so wie die Architektur das Exekutivorgan der Gesellschaft ist. Aber die Gleichgültigkeit gegenüber dem Wesen der Objekte entspricht der Gleichgültigkeit gegenüber unserer Umwelt. Alles hängt mit allem zusammen. Die Aspekte der Bauphysik und der Materialwissenschaften, der Ökologie und der Technologie haben die Schulung der sinnlichen Wahrnehmung und gestalterischen Differenzierung längst verdrängt, und so sieht es auch aus.

Es beginnt mit ganz einfachen Dingen: Welcher Maler macht sich noch die Mühe, Farben vor Ort zu mischen, falls er es überhaupt gelernt hat, wie viele Architekten lassen noch einige große Farbmuster anbringen, um die Wirkung in der Umgebung zu prüfen? RAL-Karte Nr.: soundsoviel, 1–2 Quadratzentimeter groß müssen genügen! Kein Wunder, daß die Farben immer gröber und aggressiver werden. Sogenannte Farbberater ziehen durch die Lande, bemalen alles, was ihnen unter die Hände kommt, wie eine garnierte Bonbonniere. Systemtheoretiker entwickeln Kriterienlisten zum Abhaken, um Entscheidungen zu optimieren oder den Behaglichkeitsfaktor einer Wohnung zu ermitteln: Hier wird ihnen geholfen! Bruchstückhaftes Wissen hat über Kenntnis und Können gesiegt und unser erotisches Verhältnis zu den Dingen beschädigt. Wer die spontane und intuitive Entscheidung des Gestaltenden ausklammert, der würde damit zugleich das Ende jeder Kunst und jeder Kultur besiegeln.

Liebe wird meist durch Erfolg bestätigt

Materialien und Objekte brauchen Pflege und Liebe. Sie bedürfen unserer persönlichen Zuwendung und reagieren mit Dankbarkeit darauf. Als ein Bauherr mich einmal beauftragte, ihm ein Haus zu bauen, an dem er nach der Bauabnahme nie wieder etwas zu tun haben wollte, lehnte ich ab, nicht weil mir seine Wünsche unerfüllbar schienen, sondern weil ich einfach nicht verstehen konnte, daß jemand nichts mehr mit seinem Haus zu tun haben wollte. Ich riet ihm, in ein Hotel zu ziehen. Nach einem Jahr kam er wieder und ließ mich bauen, was ich ihm vorschlug. Er war nie zufrieden, aber glücklich, daß er immer etwas zu streichen, zu reparieren und zu ändern fand. Er müßte inzwischen sehr alt sein, und wenn er nicht gestorben ist, dann werkelt er noch heute.

Hegels These von der Selbsterzeugung des Menschen als Resultat seiner eigenen Arbeit, fand in ihm seine überzeugendste Bestätigung.

Es kommt eben drauf an, was man draus macht.

Die Gebrüder Grimm
und die Erfindung des Glassarges

Fast eine Satire

Anstelle einer Vorrede

Wenn man ihn öffnet, riecht es so muffig wie im Sarkophag aus Stein. »Ich liebe die alten Fragen. Die alten Fragen, die alten Antworten, da geht nichts drüber!« sagt Hamm in Becketts Endspiel. Bonn sei gläsern, daher demokratisch, Berlin steinern, ergo autoritär. Ist diese hausgemachte Polarisierung made in Germany noch immer ein Thema? Architekten sind Wiederkäuer, weil sie nicht so schnell verdauen können wie fressen. Aber kein Rindvieh hielte für frisches Gras, was zum dritten Mal aus seinem Pansen aufstößt. Man beruft sich auf Adolf Arndt, dessen Schrift »Demokratie als Bauherr« (1961!) verramscht wurde, weil es genügte, den Titel zu kennen. Seine Antwort: »Ob ich Schüler in schmutziggelbe Ziegelbauten einkaserniere oder hinter Stahl und Glas (...) ist allenfalls ein hygienischer Unterschied.« »Im öffentlichen Amtsbau beginnt sich ein Zug zur Formularfabrik abzuzeichnen. Das ist keine Frage des Baugewands oder der vermeintlichen Sachlichkeit der Baustoffe; man kann Langweiligkeit auch modisch auf das Allerneueste aus Stahl und Glas aufführen.« Kein Thema für Arndt. Kein Thema für mich. Vielleicht wäre es nützlicher, sich mit seinem hochaktuellen Hauptanliegen zu beschäftigen: Die Unteilbarkeit der Verantwortung des Architekten!

Ich bekenne, je mehr ich mich mit dem Sinn des Leitthemas beschäftige, desto mehr verflüchtigt er sich. Soll es Autoren und Leser, vielleicht sogar die Redaktion selbst verunsichern oder mit List deren Aufmerksamkeit testen? Aber darauf wäre ich nicht reingefallen, daß die Römer den Ziegelbau gerademal für ihre Zweckbauten benutzten! Ausgerechnet die Römer! Und: steinernes Berlin! Ich denke an endlos lange glitzernde Schaufensterfronten, an Bruno Taut und die gläserne Kette, an die Glashäuser von Mies, an Sawades Esplanade, Nouvels Lafayette, Böhms KDW-Fassade und natürlich an den Palast der Republik. Und Bonn? Viel Steine gab's und wenig Glas: Mir fallen das alte Münster und das neue Stadthaus ein, das Schloß, die schönen Gründerzeitquartiere mit ihren kunstvollen Mauerwerksfassaden, das Stadtmuseum von Axel Schultes, ein steinernes Gebäude voll Raumlust und geistiger Transparenz und sein platzbesetzendes Vis à vis, die Bundeskunsthalle von Peichl. Bonn ist nicht gläserner als Berlin. Oder habe ich da was verwechselt? Was könnte dann mit Schneewittchens Glassarg gemeint sein? Ja eben, über dessen Erfindung soll ich fabulieren, vielleicht weil ich schon fünf Friedhöfe gebaut habe? Endlich habe ich kapiert: Mein Gott, es war nur eine Farce. So fürchtet das Schlimmste: ich schreibe!

Die Authentizität des Märchens

» Wer hat auf meinem Stühlchen gesessen?
Wer hat von meinem Tellerchen gegessen?«
Das habe ich mich auch schon öfter gefragt.

Spätestens seit Heinrich Schliemann mit der Ilias unterm Arm Troja entdeckte, wissen wir, daß hinter Mythen, Sagen und Märchen oft mehr Wahrheit steckt, als unsere Schulweisheit uns träumen läßt. Sie basieren meist auf Ereignissen, die sich tatsächlich zugetragen haben. Das bedeutet noch lange nicht, daß sie sich in der Form zugetragen haben, in der sie überliefert oder populär wurden. Unser Lateinlehrer pflegte den A.c.I. mit dem Satz zu erläutern: »Homerum caecum fuisse dicitur« – man sagt, Homer sei blind gewesen – »Unsicher ist nur, ob und wann er gelebt hat.« Den Schätzungen nach war das um 800 v. Chr. also fast ein halbes Jahrtausend nach dem Trojanischen Krieg drüben im ionischen Kleinasien. Da verherrlichte also ein Dichter der Heimatvertriebenen die Heldentaten seiner ägäischen Vorfahren gerade so, als ob er als Kriegsberichterstatter dabei gewesen sei, und wir glauben ihm ebenso wie dem kaisertreuen Tacitus, der in seinem Reiseführer De origine et situ Germanorum die abenteuerlichsten Geschichten über unsere bärenhäutigen Vorfahren erfand. Auch die Brüder Grimm gaben Kunde von etwas, das einmal geschehen war, stutzten die alten Maeren zu nützlichen Kindermärchen für den Hausgebrauch zurecht und schufen damit das erfolgreichste literarische Modell der Romantik.

Jede Zeit interpretiert ihre Geschichte nach ihren eigenen Wertvorstellungen, deutet sie um, manipuliert sie, oft ohne böse Absicht, nicht anders als es heute auch geschieht. Das Leitthema ist nur ein Beispiel dafür. Wäre es nicht Georg Osseg, dem Begründer der Märchen-Archäologie, nach jahrelanger Forschung 1962 gelungen, die Authentizität von Hänsel und Gretel zu beweisen und, gestützt durch die Wernigeroder Handschrift (1597) und die Gerichtsakten von Gelnhausen (1647), den beiden Grimms eine Geschichtsfälschung nachzuweisen, die heute der Manipulation von Fernsehnachrichten gleichkäme, hielten wir noch immer die gute Lebkuchenfrau für eine böse Hexe und das sadistische Pärchen, das sie hinterhältig umgebracht, für die armen, verirrten Geschwister von kindlicher Einfalt und reiner Seele. Jakob und Wilhelm Grimm sammelten Geschichten, wo sie ihrer habhaft werden konnten, und verwandelten sie zu Kriminalfällen, in denen oft der Täter zum Opfer wurde und umgekehrt. Die beiden wurden zur Inkarnation von deutscher Treu und Redlichkeit, ihre Märchen durch die Illustrationen von romantischer Verträumtheit oder biedermeierlicher Innigkeit tief im Gemüt versenkt. Daß die Hexe gut und Hänsel und Gretel böse gewesen sein könnten, stand außerhalb jeder Betrachtung, obwohl doch der grausame Raubmord genau beschrieben wird.

Daß die Brüder Grimm mit System vorgingen, fand Osseg auf einem alten Balken in einem Bauernhaus in Bergen bei Frankfurt bestätigt, in den eine primitive Bilderfolge eingeschnitzt war: ein alter Wetzstein, eine Gans, ein Rind, ein Pferd und ein Geldsack. Es war die Geschichte eines gerissenen Händlers, der durch Tauschgeschäfte mit einem wertlosen Wetzstein ein Vermögen machte. Aber das hätte nicht in das antimaterialistisch-idealistische Weltbild der Vormärzzeit gepaßt. Man brauchte nur die Reihenfolge auf den Kopf zu stellen und hatte das Märchen von Hans im Glück, um den Kindern Verzicht und Armut als erstrebenswerte Lebensziele vorzustellen. Jeder Verlust macht Hans noch glücklicher, denn Konsumverzicht und Demut führen in den Himmel. Der Tölpel gewinnt die Prinzessin, das Waisenkind die Wunderlampe, und dem dummen Volk führt man des Kaisers neue Kleider vor. Ob die Kostümschneider wohl später Architekten wurden oder in die Politik gingen? Mit ihren belehrenden Ermahnungen und falscher Moral war es ein leichtes, die Gesellschaft durch das Märchen zu disziplinieren, wie schon der chinesische Zuchtmeister Konfuzius mit seinen systemerhaltenden Ratschlägen zweitausend Jahre zuvor. So wurde eine Geschichte nach der anderen mal so, mal so im Geist der Zeit umgestaltet oder restauriert und mit schönen Worten unters Volk gebracht. Nur eines blieb meist unverändert: der Tatort.

Auf der Suche nach Schneewittchen

Spieglein, Spieglein an der Wand

Der Spiegel gibt, wenn er der Königin antwortet, mehrfach genaue Ortshinweise. »Über den sieben Bergen, bei den sieben Zwergen« heißt es immer wieder. Es gehört nicht viel geographische Phantasie dazu, um sich dabei an das Siebengebirge zu erinnern, das mit seinen stolzen Burgen das Panorama der Bundesstadt Bonn beherrscht, dem alten römischen Verona Cisalpina, auch Bern genannt (s. Stich von Verona, nunc Bonn 1757) in der jener Dietrich von Bern herrschte, den die spätere Nibelungensage etwas großdeutsch als Ostgotenkönig Theoderich ins italienische Verona verpflanzte. Die geo-morphologischen Untersuchungen von Heinz Ritter-Schaumburg über die Königsburgen der Thydrekssaga bewiesen jedoch, welch bedeutende Rolle das Siebengebirge nicht nur im Zusammenhang mit dem sagenumwobenen Rheingold spielte. Historisch belegt ist Childerich, der Herr der Burg Drachenfels zwischen Königswinter und Rhöndorf. Childerich hielt im sogenannten Drachenloch ein Mädchen von großer Schönheit gefangen, das sich ihm verweigert hatte und ließ es durch einen fürchterlichen Lindwurm bewachen. Siegfried tötete das Ungeheuer mit dem Schwert, das ihm der kunstreiche Mime geschmiedet hatte. Die Hauptrolle spielt jedoch Alberich, offenbar der mächtigste der sieben, der versucht, das Rheingold an sich zu bringen. Ist es reiner Zufall, daß die Überlieferung sie als Zwerge darstellt und Alberich oft mit Oberon, dem König der Zwerge, gleichsetzt? Zwerge galten als tückische, goldgierige Wesen, worauf die etymologische Verwandtschaft mit dem Wort »Trug« hinweist. Es könnte ein Schimpfname für die Raubritter gewesen sein, die so winzig wohl kaum waren, wie uns die Vorgärten glauben machen, denn Schneewittchen, das nur als erwachsene Maid einer ernsthafte Konkurrenz für die eitle Stiefmutter bedeuten konnte, geht durch alle sieben Betten und stellt fest, daß eines sogar zu lang für sie sei! Und der Lebenswandel der Herrscher vom Siebengebirge scheint wenig zu tun zu haben mit den lieben sieben Zwergen, die Schneewittchen einglasen und beweinen. Auch gibt es interessante Hinweise (Firdusi, Görres 1–180) auf die sieben Goldberge und die bösen Zwerge, die jedes Mädchen töteten, das sich ihnen nahte. Aber die Grimmsche Methode hat sich bewährt: Aus bös wird gut, der Zwerge Goldgier wird zum Gewerbefleiß, ohne daß man erfährt, wer den Gewinn hat. War es vielleicht nicht umgekehrt, daß die sogenannten »Zwerge« Schneewittchen entführt, vielleicht gar mißbraucht und dann dem Prinzen gegen ein hohes Lösegeld (nicht für alles Gold der Welt!) verschacherten? Steckte nicht die böse Stiefmutter mit ihnen sogar unter einer Decke, kurz: Haben uns die Brüder Grimm nur ein Märchen als restaurativer Akt gegen die Aufklärung aufgebunden, um die Realität des Lebens vor den Kindern und dem Volk zu verschleiern?

Hinter Glas zur Schau gestellt

Nicht alles, was sich zeigt, ist sehenswert.

Nicht die Erfindung des gläsernen Sargs ist das Problem, sondern welche Bewandnis es mit ihm hatte. Schon lange vor der Entwicklung des Tafelglases im 17. Jahrhundert, war es üblich, Guckfenster in Särge von Heiligen einzulassen, das »finestra santa«, durch das fromme Christen geweihte Körperteile besichtigen konnten. Die gläsernen Vitrinen, in denen die reichgeschmückten Gebeine kirchlicher Würdenträger öffentlich dargeboten werden, sind ein vertrautes Bild in katholischen Regionen. Dieser Brauch beschränkt sich jedoch nicht auf christliche Traditionen, sondern entspricht einem Bedürfnis der Dokumentation und der Zurschaustellung von Raritäten, zu denen sicherlich jener buddhistische Mönch zählt, den wir in Thailand in einem Glassarg trafen, in dem er seit über 200 Jahren erfolgreich der Verwesung trotz. Auch in der Literatur findet sich das Motiv des gläsernen Sarges u. a. in Goethes Wahlverwandtschaften (Teil 2, Kap. 18):»Ottilie sollte gewartet, gepflegt, als eine Lebende behandelt werden – allenfalls nur mit einem Glasdeckel zugedeckt«. Lenin und Mao werden unter Glas der Schaulust des Publikums preisgegeben und der »Schneewittchensarg« mit elektrischer Kühlung für längere Zwischenlagerung und Selbstbedienung für Scheintote, gehört heute zum Luxusangebot prominenter Bestattungsunternehmer. Die Zuschreibung an die Gebrüder Grimm ist in jedem Fall falsch.

Schneewittchens gläserner Sarg indessen, weist eine irritierende Besonderheit auf, die kaum auf einen Einfall der Brüder Grimm zurückzuführen ist, sondern eher auf deren Unaufmerksamkeit. In der Originalausgabe heißt es wörtlich:»... und ließen einen durchsichtigen Sarg von Glas machen, daß man es von allen Seiten sehen konnte ...« Das war ein Fauxpas! Wie will man jemanden, der im Sarg liegt, auch von hinten sehen können und wozu, und wie sollte dieses Verlangen überhaupt in liegender Haltung erfüllt werden? (Ernst Bloch»Nacktes Streben und Wünschen ungesättigt« in Prinzip Hoffnung) Einmal verunsichert, beginnt man weiter zu fragen, weshalb und für wen die »Zwerge« denn Namen und königliche Herkunft auf den Glassarg schrieben und diesen»hinaus auf den Berg setzten«, wo ihn dann alsbald auch ein königlicher Freier fand? (s. a. Harladssaga, Cap. 25, Heimskringla) Noch schreckt man vor dem Gedanken zurück, nach Parallelen zwischen dem Fall Schneewittchen und dem Mädchen Rosemarie zu suchen. Aber die Zurschaustellung körperlicher Reize und die Steigerung des Verlangens durch das trennende Glas ist wohl noch immer die klassische Form, in der leicht verderbliche Ware öffentlich feilgeboten und zugleich vor unbezahlter Berührung geschützt wird, ja es gibt Spekulationen, die Zurschaustellung des eigenen Körpers in einem Schaufenster gehe unmittelbar auf Schneewittchen zurück, eine These, die ich nicht nachzuprüfen vermag, dennoch aber nicht mehr für abwegig halte. Schneewittchens Erwachen durch den unvorsichtigen Transport – andere Quellen schreiben es der belebenden Wirkung eines Kußes zu – sollen hier nicht weiter erörtert werden: Es ist besser, sich noch einen Rest märchenhafter Illusion zu bewahren. Die Märchenarchäologie wird nicht eher haltmachen, bevor sie nicht auch diesen Fall X-Y gelöst hat. Es kommt drauf an, was sie draus macht.

Transparenz und schöner Schein

Wer im Glashaus sitzt,
soll nicht mit Steinen werfen.

Im Schaufenster wird die gesicherte Ware ausgestellt. Man sieht sie ganz nah, aber das trügerische Glas verhindert Zugriff und Mitbeteiligung. Schneewittchen scheintot hinter Glas zu sehen: mit Durchsichtigkeit ist immer ein Stück Indiskretion und Verletzung von Privatheit verbunden. Oder mit gewolltem Exhibitionismus (Sennet, Die Tyrannei der Intimität). Die Veröffentlichung aller Lebensvorgänge ist zugleich deren rigoroseste Kontrolle, während unsere Daten scheinheilig geschützt werden. Architektur hat die Aufgabe, Raum zu bilden: Innenraum, Außenraum, Zwischenraum. Es geht immer um die Dialektik des Geschlossenen und des Offenen, der zwei Komponenten, auf denen sich Architektur aufbaut. Wo alles durchsichtig ist, verstecken wir uns hinter der Multiplikation durchsichtiger Schichten, deren einzige Funktion die ästhetische Zurschaustellung von Technik und Konstruktion ist. In seinen eruptiven Gedankenkaskaden poltert Ernst Bloch (Geist der Utopie) gegen »die ungemütliche Lust auf lauter Fenster« und gegen den »erkältenden Effekt der Moderne und ihren Lichtkitsch«. Er kommt zum Schluß, die Glasbau-Utopie braucht Gestalten, die die Durchsichtigkeit verdienen. Nur das könnte man Terragni entgegenhalten, wenn er reklamiert: »Il faschismo è una casa di vetro dentro la quale ognuno dovrebbe essere in grado di guardare«. Vielleicht verdiente Schneewittchen den gläsernen Sarg. Aber wie gesagt, es war scheintot.

Vor-denken
Nach-denken

An Dürers schwarzen Engel

Da sitzest du noch immer, erdenschweres Mädchen, grübelnd inmitten deines Arsenals von Handwerkszeug und schaust ratlos voll Ingrimm in die Ferne. Du hoffst noch, daß die Flügel dich erheben, doch es fehlt an Wind. Alleine bist du auf dich selbst gestellt.

Hunderte von Seiten haben sie über dich geschrieben, haben versucht, hinter dein Geheimnis zu kommen, dir ihre verstiegenen Gedanken aufgedrängt, um dir die deinen zu entreißen, haben dir zugesetzt, die Deuter, Besserwisser und Philister, Wahrsager und Scharlatane, mit ihren astrologischen, tellurischen, chymischen und psychoanalytischen Diagnosen, haben dich gezerrt, gequetscht, gepreßt, damit du passen solltest in die fertigen Gußformen vorgewußter Absichten. So rächt sich Intellekt an der Kunst!

»Nur oberflächliche Menschen urteilen nicht nach dem Augenschein«, sagt Oscar Wilde. Warum dir Dürer deinen Namen »Melencolia« gab und wer du seist, wollten sie wissen und hätten doch nur hinschauen müssen. Man sieht doch, was da unordentlich am Boden liegt: Hammer, Nägel, Zange, Hobel, Richtscheit, Lineal und Säge, die ganzen Gerätschaften des Bauens. Warum der Kugel reine Form, die dir davonrollt, wenn du sie nur anstößt, warum dieser vertrackt verkantete Kristall, zu schwer für dich, um ihn zu bewegen? Gib es doch zu, man sieht es doch: Du bist gescheitert, ratlos, ohne Ausweg. Wie wir. Der Zirkel, den du scheinbar achtlos in der Hand hältst, verrät dich, denn er war das untrügliche Kennzeichen des Architekten. Wir kennen das verzweifelte Suchen, das Brüten, das Nachdenken,

Melencolia, Albrecht Dürer

die Leere, wenn uns nichts mehr einfällt. Entscheiden müssen und nicht wissen wie. Die Sanduhr an der Mauer ist schon halb durchgelaufen, die Zeit verrinnt. Entscheiden müssen in Einsamkeit. Nachdenken, Vordenken, Umdenken, Möglichkeiten erwägen, Erinnerungen abwägen. Und griffest du zur Waage, die hinter dir hängt, auch sie nähme dir nicht das Denken ab. Doch solange sie noch zittert, ist nichts verloren. Weiterdenken, probieren, den Faden verlieren, sich verirren auf der Suche nach dem Sinn unseres Tuns, nach der Harmonie der Welt oder nach der kläglichen Lösung, mit der wir uns zufrieden geben, weil wir dem Leben und der Natur doch nicht beikommen können. Wir kennen dich und fürchten dich. Und du kommst immer wieder, solange wir nach Wahrheit suchen. Wärest du doch nur eine literarische Allegorie! Aber du bist unser Innenbild, bist der Seelenabdruck des Schöpferischen überhaupt. Die Sprache deines Bildes ist nicht an Zeit, Erklärung und Verständnis gebunden. Du stehst uns wieder und wieder nahe. Der Hund, das Kind erinnern an die unverstümmelte Natur in der Naturwidrigkeit unserer Verhältnisse. Ohne Hoffnung anfangen, ohne Erfolg weitermachen? Du siehst den Sonnenstrahl noch nicht, der über dem See durch die Wolken brennt. Ein Hoffnungsstrahl? Melencolia, wer immer du sein magst, wir kennen dich.

Dein Bildnis spottet der Beschreibung.

Heureka!

»Ich hab's gefunden!« Vitruv hat diesen Ausruf des Archimedes überliefert, als dieser das Gesetz vom spezifischen Gewicht entdeckt hatte. Erhellung nach der Finsternis. Archimedes fiel, wie man weiß, dem Schwertstreich eines römischen Soldaten zum Opfer, von dem er seine Kreise nicht stören lassen wollte. Heureka, das Suchen hatte ein Ende.

Glücklicher Archimedes! Es konnte beweisen, daß er Recht hatte. Früher war es für den Architekten Beweis genug, wenn sein Bauwerk nicht einstürzte. Es gab immer wieder Ruinen, und so wurden die anderen berühmt: Daidalos, Eupalinos, Anthemios und Isidoros, Bramante, Michelangelo, Eiffel. Wenn das doch genügte! Respice finem. Der Einfall reicht nicht mehr. Einfall, Zufall? Denken braucht immer einen Gegenstand. Aus einem Sandkorn kann sich der Mensch ein Universum schaffen. Nicht nur der Architekt braucht Intuition. Wissenschaft ist ohne Erkenntnis ästhetischer Prämissen nie ausgekommen. Ars sine scientia nihil est. Scientia sine ars nihil est. Schönheit und Vollkommenheit können nicht erdacht werden. Die Vorstellung geht dem Gedanken voraus. Denken geht nicht ohne Gefühl. Wir müssen wieder mit Gefühl denken: Die Statistik und der Experte sagen Ja, aber unser Gefühl sagt Nein. Wem mehr trauen?

Jedes Denken beginnt mit einem Einfall. Der Einfall wird zur Hypothese, aus der eine Erkenntnis hervorgeht. Der Weg des Architekten dahin ist selten nachvollziehbar, denn er denkt anders. Er kennt kein Heureka-Rezept. Aber sein Denken ist heuristisch. Heuriskein, finden. Entwerfen ist ein heuristischer Prozeß, eine wissenschaftliche Methode der Erfindungskunst. Durch ständigen Vergleich der Annahme mit dem Ergebnis, Rückkoppelung und erneuter Annäherung entsteht eine Erkenntnis. Entwerfen ist eine Methode, die Vorläufiges so lange verändert, bis Gültiges daraus entsteht.

Die gezeichnete Linie, der Bleistiftstrich, ist eine Hypothese des Architekten. Oft radiert er sie gleich wieder aus, oder er zeichnet eine neue darüber, weil der Ansatz falsch war. Der Prozeß wird in immer größerer Komplexität so lange wiederholt, bis das Subjektive sich dem Objektiven genähert hat. Die Qualität der Hypothese ist entscheidend. Und der Weg. Oft sind unsere Prämissen nichts als Strohhalme oder Spinnweben, die wir zu Tatsachen erklären. Oft gehen wir gedankenlos immer den gleichen Weg von der Hypothese zur Schlußfolgerung, statt umzudenken, um auf neuen Wegen neue Ziele zu finden. Heureka, Archimedes! Schön wär's. Ob auch die anderen damit glücklich werden?

A priori – a posteriori

Schön ist's im Nebel zu spazieren und unbefugt im verkrauteten Vorgarten der Philosophie nach Erkenntnissen zu stochern. Vordenken – Nachdenken – Vordenken – Nachdenken. Im Kreis denken. Ei oder Henne? Zahl oder Wappen? Es gibt nicht nur *ein* Denken. Wie soll man denken? Intuitiv, diskursiv, assoziativ, empirisch, abstrakt oder konkret, induktiv oder deduktiv, kombinatorisch oder dialektisch, sprachlich oder eidetisch, empirisch, spekulativ, komplex, naiv, primitiv, archaisch, magisch, symbolisch? Wo lassen Sie denken?

Jeder denkt auf seine Art, jedes Volk, jede Schicht, jede Gruppe, jeder Beruf, jedes Individuum. Der Politiker, der Chinese, der Arbeiter, der Funktionär, der Seefahrer, der Wissenschaftler, der Schreiner, der Künstler, der Mann, die Frau und der Architekt.

Dachten sie vor oder nach? Kain, der die Stadt zu seinem Schutz gründete, damit er nicht von jedem erschlagen werde; jene, die die Pyramiden erdachten, bevor sie wußten, wie sie die Steine bewegen sollten; die die Obelisken aufstellten, die Aquädukte entwarfen, die Arenen und die Kathedralen, für die sie die aberwitzigen Netzgewölbe ersannen und dann herausfanden, wie man sie konstruieren konnte? Vordenken, daß die Stadtmauer das rechte Maß bekomme, nicht zu groß und nicht zu klein.

Vordenken bei einer Aufgabenstellung, als Hochschullehrer oder als Preisrichter: Eine gute Antwort braucht eine gute Frage.

In der Frage liegt die Antwort, in der Aufgabe die Verantwortung. Nachdenken: über sauren Regen, Güterverteilung und Profitopolis, Steuerreform, Hunger. Nachdenken über Gott und die Welt. Die Gültigkeit des Nach-gedachten hängt immer ab von der des Vor-gedachten. Und umgekehrt. Denken braucht Muße, um immer wieder neu zu beginnen. Zu wenig Zeit zum Nachdenken, zu wenig zum Vordenken. Wieder zu sich selbst kommen.

Wissen
Denken – Handeln
Zweifeln – Zögern
Ahnen – Versuchen
Hoffen – Wagen
Glauben

Architektur als Gleichnis und Denkmal des Orts

Jedes Bauwerk legt Zeugnis von dem ab, was sich sein Architekt dabei gedacht hat, sofern er sich überhaupt dieser Mühe unterzog. Falls nicht, bleibt's auch nicht unbemerkt. So wird unvermeidbar jedes Haus zum Denkmal seines Erbauers, meist wider Willen. Legt die Tiefe oder Blässe des Gedankens bloß, läßt zwischen Sein und Schein den Unterschied erkennen. Saxa loquuntur. Aber man muß ihre Sprache verstehen und auch vernehmen, was sie verschweigen. Viele Steine sind stumm, weil sie nichts zu sagen haben, manche reden. Einige singen. Architektur ist unheilbar öffentlich und indiskret zugleich.

Warum sagt man so hämisch, X oder Y habe sich ein Denkmal setzen wollen? Das wird es schon von selbst.

Was ich mir beim Bauen denke? »Was weiß ich!« sagt Sokrates zu Phaidros, »Ich sehe nur, wie ich ungefähr meine Gedanken gelenkt haben würde.« Man muß immer eine Auswahl treffen. Der eine hat seine Formen, der andere sein Material, seine

Konzepte, seine Methode, seine Details, seine Vorlieben oder seinen Stil. Jeder muß eine Wahl treffen aus dem Repertoire seiner Vorbilder und Wertvorstellungen. Wie auch immer wir entscheiden, es drückt sich das Ergebnis in Formen aus. Kein Bauherr hilft mir, meine Wahl zu treffen. Ich suche sie zumeist im Angetroffenen. Jede Situation ist einmalig, jeder Ort hat sein Eigenleben, seine Vergangenheit, seine Umgebung, die nicht übertragbar sind. Jeder Ort hat seine Erinnerung und sein Gedächtnis, die durch Architektur bewußt gemacht oder verwischt und gelöscht werden können. Ich verstehe meine Bauten und Projekte immer als Aufforderung zum Nachdenken, als Denk-Male.

Bezüge zum Ort finden oder erfinden, zur Gegend, zur Landschaft. Man muß die Orte aushorchen, nach ihrer Vergangenheit befragen, ihre Umgebung kennen, die Topographie, die Sonne, das Licht und die Härte oder Weichheit der Schatten studieren, die Gerüche und den Hall der Straße, das Laub der Bäume und das Tropfen des Regens wahrnehmen, die Blicke einfangen und die Menschen verstehen, die hier leben. Sie haben nicht nur Anspruch auf die sinnliche Befriedigung des Auges, sondern auch auf die Erinnerung an einen Ort als Orientierung in ihrer Welt. Architektur kann Vergangenheit und Geschichte in die Gegenwart holen und sie für die Zukunft sichern. Sie kann die Geschichte eines Ortes interpretieren oder neu erfinden. Erinnerung ist die Abschaffung von Vergessenheit. Architekten haben immer schon zurückgeblickt, um vorausschauen zu können. Nachdenken – Vordenken: Ich möchte gerne, daß meine Bauten Denkbrücken zwischen gestern und morgen sind.

Paul Valéry: »Eines ist wichtig vor allem zu erreichen, daß das, was sein wird, mit der ganzen Kraft seiner Neuheit genüge den vernünftigen Anforderungen dessen, was gewesen ist.« Das sagt Eupalinos oder der Architekt.

Haus am Rhein
Max Bächer

Von Räumen und Träumen

Raum ist in der kleinsten Hütte

Natalino Natalini, der Landarbeiter auf Sardinien, war wohl der ärmste Mensch, den ich je traf. Ein schweres Unwetter hatte die kleine »Piper« zu einer unfreiwilligen Landung auf dem abgeernteten Maisfeld gezwungen, wo wir in einer einsamen, elenden Bretterhütte Obdach fanden. *Natalino* gehörte nichts davon, gar nichts, außer einer Waschschüssel, von der die Emaillierung abgesprungen war, einem verbogenen Schöpflöffel aus Aluminium und einem verrosteten Bettrost. Ein hinkender Bub und ein altes Pferd schliefen zusammen in der Ecke auf einem Heuhaufen. Hier hauste *Natalino.* Ab und zu kam der Proprietario vorbei, brachte Brot, Käse und Schinken mit und füllte die Korbflasche wieder auf.

Für *Natalino* kamen wir vom Himmel gefallen. Er füllte Wein in seine Blechschüssel und ließ die Kelle kreisen, denn es gab weder Gläser noch einen Tisch. Wir hockten einfach auf dem Bode, teilten unseren Proviant, tranken und freuten uns. Zwar verstanden wir kein Wort von seinem sardisch-katalanischen Dialekt, so wenig wie er uns. Aber wir unterhielten uns wie alte Bekannte, lachten und tranken miteinander, und als der Regen vorüber war, hinterließ ihm mein Freund zum Abschied sein Schweizer Taschenmesser und ich meine Armbanduhr. *Natalino* winkte uns mit dem Jungen noch lange nach. An jenem Nachmittag hatte sich eine armselige Kate in einen stattlichen Landsitz, in einen Traum vom Raum verwandelt. Man glaubt gar nicht, was man alles nicht braucht.

Ach, Morus

Thomas Morus, der große Humanist und Philosoph, den weder seine Staatskunst noch seine Weisheit davor schützte, 1537 enthauptet zu werden, weil er sich gegen die Abkehr seines Landes vom Katholizismus wandte, widmete 1516 *Erasmus von Rotterdam* sein Modell einer neuen idealen Gesellschaft auf einer Insel, der er den Namen »Utopia« gab, der Ort, der nirgendwo existierte: der U-topos.

Hand in Hand mit der stringenten Gliederung der Stadt entsteht eine totale Identität. Nicht das Individuum ist die kleinste Einheit, sondern die Gemeinschaft: Dieselbe Sprache, dieselben Manieren, Bräuche, Gesetze. Es gibt keine Abwandlung der städtischen Gestalt, keine Verschiedenheit der Kleidung, keine individuellen Farben. Das war der Beginn der neuen Zeit: Standardisierung, Reglementierung, kollektive Herrschaft, alles Grau in Grau. War das die Verheißung vom guten Ort oder vielmehr der künftige Alptraum? Stellte sich *Morus* schon auf das kommende Zeitalter der Despoten ein, so bereit er auch als Revolutionär war, den Nächstbesten selbst herauszufordern? Was bewog ihn, im Fehlen von Vielfalt und der Auswahl ein Ideal zu sehen? Hatte er mit noch tieferer Intuition den Preis vorausgeahnt, den unser Zeitalter schließlich für seine maschinelle Produktion und seine Überflußwirtschaft würde zahlen müssen?

Aber dort, wo es um die Umsetzung in die äußere Form geht, stockt die Phantasie bei *Morus,* wie schon bei *Platon* und den vielen, die von der idealen Stadt träumten. Vielmehr erstarrten ihre Bilder in der Form ihrer Zeit und in der Vorahnung des Tyrannen, den es zur Realisierung ihrer Träume bedurft hätte. Aber wenn Tyrannei eine Folge von demokratischer Verwirrung und Unfähigkeit ist, so ist ebenso gewiß, daß die Tyrannei in ihren letzten Stadien zu einer demokratischen Willkür ohne

Reglementierung und Ordnung führt, die die Stadt dem Chaos überläßt. *Morus* lieferte das Idealkonzept zu einer kommunistischen Stadt der Gleichheit aller. War ihre Unrealisierbarkeit schon eingeplant? War nicht die Identifizierung mit der totalen Gleichheit einer dirigistisch-sozialistischen Gesellschaft eine Voraussetzung, die die totale Unterordnung des einzelnen unter das herrschende System verlangte? »Eigentum ist Diebstahl« verkündete der Sozialphilosoph *Pierre Joseph Proudhon,* ein Hauptvertreter des Anarchismus und zugleich ein erklärter Gegner des Marxschen Kommunismus, den er erbittert bekämpfte. Aber wo blieb in diesen ideologischen Auseinandersetzungen die Übereinkunft von Architektur und Gesellschaft, wo blieben die eigentlichen Menschen mit ihren Träumen von besseren Räumen?

My house is my castle

An sinnigen Sprüchen hat es nie gefehlt, über die Tür geschnitzt, auf Kacheln gemalt, in die Kissen gestickt: – Wer muß leben in andrer Leut Häuser, der ist ärmer, wie ein Karthäuser – Trautes Heim, Glück allein – Klein, aber mein – Eigner Herd ist Goldes wert! – »Beatus ille homo, qui habet suo domo, qui sedet post fornacem, et habet bonam pacem«. Eigenes Haus bedeutet Schutz und Sicherheit, Besitz und Stolz, Unabhängigkeit und Verfügbarkeit, Ortsbindung, Mitverantwortung. *Ernst Bloch* konstatierte: »Wohnen ist ein Produktionsversuch von Heimat«.

Was Wohnen alles bedeutet, haben die Brüder *Grimm* längst aufgelistet; »Wunian – una« – indogermanisch: nach etwas trachten, gern haben, sich wohlfühlen, sich aufhalten, verwurzelt sein, zufrieden sein. Uns ist es gelungen, den Begriff vom Wohnen tief im Gemüt zu versenken. Die Einrichtung wird zum Glaubensbekenntnis, die Wohnung zur moralischen Anstalt.

Oder zum Möbelmagazin, überfüllt mit Gemütsheu, das kaum noch Platz zur Bewegung läßt und den Raum im Volumen erstickt. Von allem zuviel, viel zuviel!

Halli-Hallo, wir fahren!

»Wohnen heißt bleiben!« proklamierte vor einem halben Jahrhundert der Schwarzwaldphilosoph *Heidegger* auf dem Holzweg des Seins. Schon damals hatte am Wochenende die Fahrerflucht aus den Städten begonnen. Menschenleere Straßen verkündeten, daß die Ferienzeit ausgebrochen war: Hinaus in die Ferne! Mit Kind und Kegel, den halben Hausrat auf dem Autodach, stundenlange Standzeiten. »Räder müssen rollen!« für die Eroberung des Raums. Für welchen denn diesmal? Der Traum vom Wohnwagen, vom Campingplatz, wo sich alles wieder trifft. Mallorca, Ibiza, Rügen oder Timmendorfer Strand. Oder zum Ferienhaus auf Sardinien oder im Tessin. Traumreisen zu Billigpreisen erleichtern die Flucht in die Halbwelt. »Schön, daß Sie da sind!« Ahasver darf nicht wohnen, muß reisen. Ohne festen Wohnsitz ist man kein Einwohner. Statt wohnhaft »Wohnhaft«. Die Straße ist zum eindimensionalen Raum geworden. Es gibt nur noch vor und zurück. »Ich möchte' ja so gerne noch bleiben; aber der Wagen der rollt!« Endlich wieder daheim! Und wozu das Ganze? Man kann Wohnen auch ganz abschaffen.

Heimatlos?

Eddi Constantine, dem durch seine populären Kultfilme bekannten Geheimagenten *Lemmy Caution,* widmeten Studenten zu seinem 75. Geburtstag Entwürfe für 15 Traumhäuser an den verschiedensten Orten der Erde. Er ließ sich die schönen Modelle und Pläne vorführen und sollte nun wählen, welche ihm am besten gefielen. »Eigentlich gefallen mir alle recht gut«, meinte er. Aber am liebsten habe er immer im Hotel gewohnt, wo er sich um gar nichts kümmern müsse, sich hinter einer Zeitung in der Lobby verstecken und die Leute beobachten könne. Erst als er sich nicht mehr ständig auf der Leinwand mit Spionen und Gangstern herumschlagen mußte, wohnte er zur Miete ganz in der Nähe eines schönen Parks, wo er kurz danach sein Arkadien gefunden hatte.

Heinrich Heine – vielleicht der größte deutsche Lyriker – schloß sich den freiheitlichen Strömungen seiner Zeit an und suchte in Paris Erlösung von dem unerträglich gewordenen deutschen Muckertum und verließ seine Heimat. »Denk ich an Deutschland in der Nacht«, beginnt jenes Gedicht, das wie kaum ein anderes eine tiefe Verbundenheit mit seinem Vaterland spüren läßt. Um diese in der Fremde zu bewahren, schuf er sich, was er seine »portative Heimat« nannte, wie so mancher Emigrant, der nicht aus freien Stücken sein Land verlasen mußte. Und die Dichterin *Rose Ausländer* schrieb im Exil den Roman »In der Fremde daheim«. Auch ihre Träume waren Räume der Erinnerung, die so viele nie wieder sehen sollten.

Über Traumhäuser

Kann man denn gar nichts dagegen tun? Wöchentlich, täglich werden die Briefkästen mit Immobilienanzeigen vollgestopft, die sich schamlos Traumhäuser nennen, und im Fernsehen wurde allabendlich von einer wohltätigen Lotterie »Ihr Traumhaus« als Superpreis präsentiert. Das schneeweiße Zuckerbäckerhäuschen scheint inzwischen einen Abnehmer gefunden zu haben, der nun nach einem Grundstück suchen muß, das zu seinem Haus paßt. Hoffentlich liegt es nicht zwischen Güterbahnhof und Schlachthof, ist einigermaßen eben, gut zur Sonne orientiert und vernünftig erschlossen, sonst hat der Gewinner Pech gehabt, denn die Lage ist nicht weniger wichtig als das Haus.

So viel Traum war nie! Die Annoncen überpurzeln sich: Üppige Villa mit Alpenblick! (solange die anderen einem noch nicht die Aussicht verbaut haben) Luxuriöse Königin-Residenzen (ab 52 Quadratmeter)! Entdecken Sie wunderbare neue Wohngefühle; individuelles Wohnen am Waldesrand; hochherrschaftliche Doppelhaushälfte!, »Doppio-Villa« am See, italienische Neorenaissance, gönnen Sie sich ihre exklusiven Träume! Hallo, Aufwachen! Wer formuliert nur solche unverfrorenen Texte, wer wirbt mit so unbeholfenen Bildern und hochgestochenen Schlagworten für lächerliche Talmi-Paläste, bei deren Anblick man vor lauter Ekel in die Wüste fliehen möchte. Investoren kaufen Gelände für neue Leerstände. Baugesellschaften verwirklichen sie, gelegentlich sogar mit Architekten bis zur Baugenehmigung, Kreditinstitute finanzieren und Behörden genehmigen diesen städtebaulichen und architektonischen Wildwuchs in liberalistischen Anfällen, mit denen der hohe Wert unseres Landschaftsraums oft genug verschandelt wird, dessen Pflege uns doch angeblich am Herzen liegt. Wie einer sein Traumhaus einrichtet, ist seine Sache, eine »res privata«. Aber wer ein Innen baut, baut auch ein Außen, und damit wird es zur »res publica«, sobald es im Kontext mit anderen Häusern in einer Gruppe, an einer Straße, einem Platz oder mitten in der Stadt steht, woraus sich die Pflicht der verantwortlichen Koordinierung ergibt. Wer unbedingt sein Traumhaus bauen will, wird entweder ein genügend großes Grundstück oder einen so guten Geschmack brauchen, daß er nicht Nachbarn beim Träumen stört. Am besten ist immer noch, er erkundigt sich sorgfältig nach einem kreativen und begeisterungsfähigen Architekten und läßt ihn erstmal machen, denn gute Ideen entstehen nicht durch Geschäftsanweisungen. Es ist eine bedauerliche Feststellung, daß viele Bauherren keine eigenen Wünsche mehr haben, sondern nur noch Bedarf, Bedürfnisse und Programme. Weil viele schon alles zu haben glauben, haben sie das Wünschen verlernt. Doch »Traumhäuser« kann man nicht in der Fachbuchhandlung kaufen. Das wäre zu vordergründig und materialistisch gedacht. Viele kleine und große Häuser sind mir bekannt, die ich bewundere, ohne den Wunsch zu haben, darinnen zu wohnen. Ein Bekannter, der mit seiner Familie berufsbedingt schon in vielen Häusern gewohnt hatte, erzählte davon: »Unser liebstes Haus war eigentlich ziemlich unpraktisch. Es gab tote Winkel, geheime Nebenräume, helle und dunkle Zimmer, große und kleine, aber es war einfach unbeschreiblich behaglich, und ein schöner alter Nußbaum stand vor dem Eingang. Auch unsere Besucher kamen gern und fühlten sich wohl. Wir fragten uns auch nie, ob das Haus eigentlich besonders schön sei. Aber es hatte eine Seele, denn ohne Seele ist das schönste Haus nichts als ein Gegenstand aus toten Räumen. Eigentum wird es erst durch Arbeit und Liebe und durch die Menschen, die das verstehen.« Ich glaube, das ist auch das Geheimnis des Traumhauses.

Ewig währt am längsten

Vom Wert der Dinge
Vom Nutzen der Pflege
Vom Putzen und Kehren
Von Dauerhaftigkeit als antikapitalistisches Symptom

Von Dauerhaftigkeit zu reden, mag zynisch klingen, wenn unsere Erde ihre Existenz nur durch einen falschen Knopfdruck verlieren könnte, und sich die philosophische Frage, ob der Mensch eigentlich etwas Nützliches sei, von selbst zu dessen Ungunsten beantwortet. Aber apokalyptische Endzeiterwartung war immer schon mit der Hoffnung auf morgen verknüpft. Tummeln sich doch seit geraumer Zeit schon die neuen Weltumsegler auf der Suche nach den Kolonien der Zukunft im Kosmos, sollte sich die Haltbarkeit unseres Planeten doch nicht auf Dauer bestätigen. Vorläufig aber bleibt er unsere Daseinsgrundlage, auf der wir leben, essen, arbeiten, planen und bauen, produzieren und konsumieren – Grund genug, sie schonend zu behandeln und zu bewahren. Ewig währt, so Gottheinrich Knödler, bekanntlich am längsten.

»... und neues Leben blüht aus den Ruinen.«
siehe: Tell, Wilhelm

Dauerhaftigkeit ist nicht gefragt. Die Produktion lebt nicht vom Brauchen, sondern vom Verbrauchen. Was hält, muß weg. Asche zu Asche, Müll zu Müll. Abfall global. Der Mensch ist das schmutzigste Wesen auf Erden geworden. Wohlstandsgebirge türmen sich vor Haustüren und bringen selbst Gutsituierte noch in Verlegenheit, doch Plünderung bleibt das Privileg der Jungen, die sich kurzfristig bis zur Etablierung ein unbekümmertes Eldorado aus buntgemischtem Konsumverzicht auf anderer Leute Kosten leisten.

Ausgedientes wird zum neuen Statussymbol. Deplazierte Gegenstände, die einander früher nie begegnet wären, stiften wider Willen eine friedliche Sperrmüllästhetik in der anachronistischen Wohnküche der Gründerzeit-Etage. Da wird geputzt, geschmirgelt, gespachtelt, gestrichen und poliert, um den Objekten neues Leben zu verleihen.

Materieller Gebrauchswert, ästhetischer Prestigewert und verinnerlichter Gemütswert regeln die gegenseitigen Beziehungen von Subjekt und Objekt. Sie können im Zusammenwirken, wie auch einzeln, die Dauerhaftigkeit der Dinge bestimmen. Der Verlust des Prestigewerts mindert nicht den Gebrauchswert. Er überdauert die verblaßte ästhetische Information zugunsten der willkommenen Reste entliehener Gemütlichkeit. So schwebt in dieser Welt wiederauferstandener Dinge gelegentlich ein heimlicher Hauch kleinbürgerlichen Kitsches, der sich im absichtslosen Sammelsurium der Rumpelkammer nicht entfaltet. Aber was soll's, wenn wir Recycling ernst nehmen?

Mens sana in corpore sano

Daß die »Kehrwoche« (eine sakrosankte Regelung der Mieterpflichten zur Reinigung von Treppenhaus und Straße) eine Erfindung der Schwaben sei, läßt sich schwer abstreiten; sie Friedrich Hegel zuzuschreiben, ist jedoch gewagt, denn sein Prinzip der aus dem dialektischen Widerspruch resultierenden Bewegung bezog sich nicht auf den Besen. Gleichwohl entsprang seine Philosophie dem Geist des schwäbischen Puritanismus, der Stammwurzel sprichwörtlicher Putzsucht. Wo Not und Glaube an Prädestination zusammentreffen, blitzt es nur so vor Sauberkeit. Wer wenig hat, muß pfleglich handeln; im Jenseits wird es ihm gelohnt. »Mens sana in corpore sano.« Das läßt auch den Umkehrschluß zu: Wer reinlich ist, ist gut. Da war die Hausfrau, die noch ein letztes Mal ihr Haus von oben bis unten putzte, Böden und Fenster spiegelblank, bevor der Bagger mit dem Abriß begann:»Was dädet d'Leit sonscht von oim denka!« Calvin läßt grüßen. Bleib sauber, Junge. Ich fürchte aber, man macht es sich zu leicht mit dem Spott auf den selbstgerechten Glauben an den Logenplatz im Himmel. Die Pflege der Gerätschaften war schon immer von existentieller Bedeutung und wurde in vielen Kulturen ritualisiert bis hin zu körperlichen Waschungen. Es geht um die Erhaltung von Gebrauchswert und Lebensdauer der Dinge. Achtsamkeit und Pflege sind Handlungen gegen Konsumterror und Vergeudung. Vernachlässigung entspricht einer kapitalistischen Verschleißkonzeption. Das war der Arrieregarde des Deutschen Werkbundes bei ihrer späten Herbsttagung zum Thema»Schmutz« entgangen, deren Polemik gegen Sauberkeit und Ordnung sich systemkonform in die Norm der Konsumgesellschaft einfügte.

> **»Der ist weise und wohlgeschickt,
> der seine Hosen selbst flickt.«**

Das waren noch Zeiten, als man sein Radio selbst reparieren konnte! Mein Toaströster zum Beispiel. Ich kenne ihn genau, so oft habe ich ihn schon zerlegt. Er hat einen intelligenten und zugleich verblüffend einfachen Wendemechanismus, und es macht jedem Frühstücksgast Spaß, ihn zu bedienen. Von Zeit zu Zeit muß eine Schraube nachgezogen werden. Über 60 Jahre ist er in täglichem Gebrauch. Meine Eltern bekamen ihn zur Hochzeit, 1922. Er hat eine Vergangenheit und eine Geschichte. Wenn er auch nach meiner Zeit Liebhaber findet, die sich seiner annehmen, wird er's noch lange machen. Seine Dauerhaftigkeit ist in seiner Reparaturfähigkeit begründet. Der alte Küchenstuhl: er hielt Jahrhunderte. Zwölf Teile aus Holz. Vier Beine, eine Lehne, ein Sitz, zwei eingenutete Zargen und vier Keile. Durch Gebrauch gewann er seine Stabilität, notfalls brauchte man nur die Keile etwas einzutreiben. Er reparierte sich gewissermaßen selbst. Nur Mißhandlung oder Feuer konnten seine Brauchbarkeit vermindern oder zerstören. Selbst ein neues Bein war herstellbar. Ein Kunststoffstuhl ist irreparabel. Die Makellosigkeit des technischen Gerätes ist Teil seiner Qualität. Sie verträgt kaum die Spuren des Gebrauchs. Handwerklich hergestellte Möbel konnten sogar Formveränderungen hinnehmen. Ein geflickter Rahmen, ein falsches Bein an der Kommode; sie wären für das Industrieprodukt untragbar. Man denke nur an die kleine Schramme am Auto. Nichts geht mehr ohne Aufwand. Einfache Reparaturen scheitern. Die Industrie hat es nicht leicht. Die Funktionsfähigkeit des technischen Produkts ist überprüfbar und wird befristet garantiert. Aber die Zeitbombe tickt im unscheinbaren Detail. Es ist dafür gesorgt, daß nichts mehr paßt im Zeitalter weltweiter Normung. Eine kleine Veränderung der Serie genügt, und wegen einer defekten Dichtung fliegt die Miele auf den Müll. Man könnte sich das Ding wahrscheinlich selbst ausschneiden oder in der Schublade eines italienischen Kramladens finden. Die heben alles auf, man weiß ja, wozu man's noch brauchen kann. Dort sind die Dinge noch nicht tot. Aber bei uns veraltet Dauerhaftigkeit, und der Aufwand für die Reparatur erreicht oft ein Ausmaß, das uns die Neuanschaffung als Geschenk erscheinen läßt.

Reparatur ist Partisanentätigkeit gegen das kapitalistische Industriemonopol. Der Rest ist Abfall.

Verschleißplanung begann in guter Absicht, als der Firma Bosch auffiel, daß ihre weltberühmten Zünder viel länger hielten als die Autos, denen sie dienten. Statt der gepriesenen Optimierung ihrer Produkte sahen sich Ingenieure auf einmal vor die Aufgabe der »Pessimierung« gestellt, um die unterschiedlichen Verfallszeiten anzugleichen. Nur, die Autos wurden dadurch nicht billiger. Längst ist das ewige Zündholz erfunden, und der Hersteller des unzerreißbaren Nylonstrumpfes erntete dafür Millionen, daß er seine Erfindung nicht auf den Markt brachte.

Des Produzenten Dankgebet lautet: Ich bete an die Macht der Mode. Sie zielt nicht auf Befriedigung, sondern auf die Erregung neuer Bedürfnisse. Sie hat eine Zeitrafferfunktion durch ständige Veränderung äußerer Wertmaßstäbe, der man sich kaum entziehen kann. Die Versicherung des Verkäufers, daß der Anzugstoff ein halbes Leben halte, nützt wenig, denn es setzte doch ein zu hohes Maß an Selbstverleugnung voraus, ihn wirklich auszutragen. Die »Vermodung« hat sich inzwischen verlagert. Der Gegenstand wird jetzt durch das dezent angebrachte Firmenzeichen geadelt. Auf die Etikette kommt es an. Fünf Buchstaben entscheiden über Prestige, Geschmack, Durchblick und Geld. Mit dem dialektischen Verhältnis von Mensch und Gegenstand haben sich Philosophen von Hegel, Marx bis Haug und Kühne auseinandergesetzt, ja, es steht sogar im Mittelpunkt moderner Philosophie. Es ist an der Zeit, daraus Nutzen zu ziehen.

> **»... und wie wir's dann zuletzt so herrlich**
> **weit gebracht.«**
> *Faust*

Ein Bauwerk ist als materieller Gegenstand dem Verfall ausgesetzt und damit endlich. Es unterliegt dem Verschleiß durch Gebrauch und Alterung, im Unterschied zu Musik und Literatur. Ihre Dauer ist unbegrenzt, auch wenn man sie eine Zeitlang satt hat. Sie sind wieder verwendbar.

Bis zum Beginn dieses Jahrhunderts hatten sich Bautechnik und Baustoffe kaum geändert. Naturstein, gebrannter Ton und

Holz waren die gestaltbestimmenden Materialien, von deren Haltbarkeit und Verarbeitung Dauerhaftigkeit des Hauses abhing. Der Aufwand stand im Einklang mit einer Lebensdauer von zwei bis drei Jahrhunderten. Noch vor 50 Jahren rechnete man für ein bürgerliches Wohnhaus mit einer mittleren Lebenserwartung von 150 bis 180 Jahren, bei besserer Ausführung 250 Jahre. Die Materialien alterten etwa gleich. Bei guter Pflege und Unterhaltung blieb die Abnutzung auf wenige Bauteile begrenzt. Mögliche Schäden waren überschaubar. Setzrisse, Schwinden und Quellen des Holzes, selbst Nässe, wenn sie nicht von oben oder unten kam, wurden als natürlich hingenommen. Man fürchtete Hausschwamm und Holzbock mehr als Zugluft oder ein durchhängendes Dach. Heute haben sich die Verhältnisse umgekehrt. Neue Techniken, Konstruktionen und Materialien erlauben nahezu alles.

Dementsprechend haben sich Kosten und Risiko von der Dauerhaftigkeit entfernt. Je kurzlebiger, desto teurer. Langfristige Erfahrungen fehlen, weil die Objekte nicht mehr alt genug werden. Nicht nur die Möglichkeiten der Fehler haben sich gewaltig vergrößert, sondern noch viel mehr deren Folgen.

Kitte, Klebemassen, Pasten, zwei Jahre dauerelastisch, nach VOB, ersetzen tonnenweise die Kunst der Fuge. Die neuen Materialien altern unterschiedlich und brauchen meist erheblich mehr Pflege. Reparaturen gehen bis in die Substanz und sind häufig mit Formveränderungen verbunden, die die gewollte Gestaltqualität des technischen Produkts erheblich beeinträchtigen. Dauerhaft bauen ist unmodern geworden. Mit raschem Verschleiß legitimierte schon die Moderne der zwanziger Jahre ihre gestalterische Überempfindlichkeit. Alterung paßte nicht ins revolutionäre Konzept, das sich bei Licht besehen als ebenso system- und konsumkonform erwies wie das der Wegwerfarchitektur der sechziger Jahre. Erstaunlich ist nur, wie ungerührt dieser Verschleiß zur Kenntnis genommen wird. Man möchte keinem Architekten Absicht unterstellen, aber es gehört schon Dreistigkeit dazu, sich deswegen für bedeutend zu halten, weil es reinregnet. In dieselbe Richtung weisen die Appelle, die Abschreibungsfristen drastisch zu verkürzen und das Haus als industrielles Produkt den Mechanismen von Entwicklung, Technisierung und Automatisierung zu unterwerfen. Verkürzung von Amortisationszeiten heißt Vergrößerung der Gewinnspannen. Merkwürdig, daß entschiedene Verfechter solcher Thesen heute in alten Bauernhöfen leben. Haarsträubend ist der Einblick in die Praxis gewisser Investoren oder Generalübernehmer. Schneller Verfall wird gewinnträchtig einkalkuliert und vorgeplant. Man denkt an morgen. Zu Istanbul war's anders: Da war Verfall strategisch programmiert. Um zu verhindern, daß sich die Bevölkerung in ihren Häusern verschanzte, erlaubte der Sultan im alten Stambul Steinbauten nur für die multifunktionalen Moscheen, während die Bevölkerung mit Holzhäusern vorlieb nehmen mußte, und da die Stadt dauernd abbrannte, baute man sie gleich, so schlecht man konnte. Ein Problem für die Denkmalpflege, solche Häuser als Originale auf Dauer zu erhalten.

Immerhin: Der Preis der Unbekümmertheit lohnt sich nicht nur für Versicherungen und Anwälte, sondern für lukrative Zukunftsberufe: Sanierer, Abkleber, Einpacker, Entroster, Nachdichter, Überstreicher und Zuhälter.

Non multum, sed multa
Plinius d. J.

Dauerhaftigkeit hat viele Gründe. Die Tauglichkeit einer Gebäudestruktur, die nach wie vor eine viel umfassendere Aussage beinhaltete als ihre Verpackung, verhindert oder fördert die Anpassungsfähigkeit an wechselnde Anforderungen und Nutzungen. Dabei haben sich allen Widerständen zum Trotz geometrische Grundmuster wie Raster, Reihung, Kreis, Rechteck und Quadrat im Laufe von Jahrhunderten als die offensten und elastischsten Systeme erwiesen.

Filaretes Hospedale Maggiore in Mailand von 1546 konnte aufgrund seiner Raumzuordnungen und -größen noch 400 Jahre später die Anforderungen an ein modernes Krankenhaus erfüllen. Lediglich die erschwerte Anfahrt und Parkplatznot in der Innenstadt zwangen zum Neubau am Stadtrand. Seither dient derselbe Grundriß der juristischen Fakultät zur Zufriedenheit. Der monströse Rundturm des Castello Sforzesco tut seit dem vorigen Jahrhundert der Stadt als Wasserturm gute Dienste.

Je härter eine Struktur ist, desto elastischer erweist sie sich gegenüber Nutzungsänderungen. Die Geschichte widerlegt auch alle Überzeugungen von der Bedeutung von Programmen und bestätigt das Gegenteil: Das Spezielle ist am vergänglichsten, das Allgemeine überlebt. Das hat uns auch schon die Natur gelehrt. Umbaubarkeit ist eine Qualität, die langfristigen Gebrauch sichert. Kein Schiff wird in dem Zustand abgewrackt, in dem es in Dienst gestellt wurde. Der VW-Käfer, für seine Zeit ein Wunder an technischer Planung und Fortschrittlichkeit, verdankte sein hohes Alter der Fähigkeit, Veränderungen und neue Anforderungen innerhalb des Typus aufzunehmen, ohne sein Gesicht zu verlieren. Daß er trotz aller Innovation noch an der Nabelschnur der Vergangenheit hing, sei nebenbei bemerkt: Er behielt jahrzehntelang sein Trittbrett als Erbteil der Kutsche. Umbaufähige Häuser oder solche mit autonomen Strukturen erfreuen sich des langen Lebens. Da früher oder später alles, was übrig bleibt, in den Fürsorgeanstalten der Denkmalpflege der öffentlichen Hand zur Last fällt, hat sich diese durch das Konzept »Erhaltung durch Nutzung« mit Erfolg entlastet. Baden-Württemberg bietet Baudenkmäler gegen die Zusicherung guter

Pflege zum Verkauf an und scheint damit Erfolg zu haben. Auch Kirchen sollen recht gut gehen. Und allen Überzeugungen zum Trotz, daß die Zukunft schon begonnen habe und die modernen Technologien völlig neuartige, hochspezialisierte Gebäudeanlagen forderten, hat eine weltbekannte Elektronikfirma ihre Produktion in ein altes Schloß verlegt und soll sich dem Vernehmen nach darin recht wohl fühlen. Auch scheint man sich an der ewigen Jugendlichkeit mancher strahlenden Bauten allmählich zu stören, weil sie mit 30 noch immer aussehen wie neu geboren. Fortschrittliche Architekten prophezeien eine neue Ära der Medienarchitektur durch den Einzug des Computers in die Familie. Gemach, gemach Freunde: Es genügt ein Kabelanschluß!

Ein Haus, dem Spuren des Gebrauchs und der Alterung fehlen, wirkt unglaubwürdig, denn selbst der Laie vermag anhand von Formen und Details das wahre Alter zu schätzen, das sich hinter der glatten Hülle der Zeitlosigkeit verbirgt.

»Aus Ton formt man Töpfe.
Die Leere in ihnen wirkt ihre Wesenheit.«
Laotse frei nach Paul Schmitthenner

Dauerhaftigkeit ist nicht eindimensional. Sie hat eine Richtung in die Zukunft, eine andere in die Vergangenheit. Architektur ist eine operative Diszplin der Geschichte. Ein Bauwerk wird zum Monument häufig erst dann, wenn sein praktischer Gebrauchswert erloschen und seine kulturgeschichtliche oder künstlerische Bedeutung freigesetzt ist: funktionslose Architektur. Der Kölner Dom wird zwar nach wie vor als Kirche benutzt, doch seinen Symbolwert bezieht er so wenig aus seiner praktischen Funktion wie der Parthenon, der immerhin vom Tempel bis zum Pulvermagazin seine Tauglichkeit erwiesen hat. Sein Wert liegt im Gedächtnis, das den Steinen einverleibt ist. Seine Nutzlosigkeit zieht immerhin Millionen von Touristen an und hat ihm dadurch unverhofft zu einer neuen Nützlichkeit verholfen. Der Gegenstand des Gebrauchs hat sich in einen der Anschauung verwandelt. Ruinen halten länger – am längsten, solange sie noch nicht ausgegraben sind. Architektur, die nie gebaut wurde, überlebt, weil sie nicht zerstört werden konnte. Ob wir Piranesis Carceri noch betrachten könnten, wenn sie verwirklicht worden wären?

Am dauerhaftesten sind die Spuren.

Von Agamemnons Burg Mykenä ist nicht viel geblieben. Ihr Untergang liegt drei Jahrtausende zurück. Ihre rachsüchtigen Bewohner sind in die Sagenwelt entrückt. Aber die Spuren der Räder von Tausenden von Wagen, auf denen die Atriden durch das Löwentor aus und ein fuhren, haben sich als tiefe Kerben in die steinerne Schwelle eingegraben. Das Nichts als authentisches Zeugnis von Leben hat die Sage eingeholt. Es sind die Kratzer auf den Tafeln der Geschichte, die sie lesbar machen.

»Die Griechen haben sich nicht geschämt, unter die großen Arbeiten des Herakles die Ausmistung eines Stalls zu setzen.«
Nietzsche

Die atomare Katastrophe ist möglich, die ökologische ist in vollem Gang. Jeder macht mit am Weltverbrauch. Doch wer genug hat, will noch mehr. Mehr Freizeit, mehr Freiheit, mehr Versorgung, mehr Sicherheit, mehr Komfort, mehr Geld, mehr Konsum, mehr Verschleiß.

Es wird Zeit, unser Verhältnis zu den Dingen zu überprüfen, neu zu ordnen, verlorene Beziehungen wieder anzuknüpfen und, statt die Gegenstände gleichgültig zu nehmen, sie mit Behutsamkeit zu behandeln. Sie brauchen deshalb nicht zum Fetisch zu werden. Pflegen, hegen, schonen, betreuen, für etwas einstehen, mit Rücksicht behandeln, Respekt erweisen, erhalten, bewahren, sich vertraut machen.

»Man kennt nur die Dinge, die man zähmt«, sagte der Fuchs zum kleinen Prinzen. Wegwerfen und Vernachlässigen führen zu einer Verarmung unseres Verhältnisses zur Welt der Dinge, in der wir leben. Die Abflachung von Wahrnehmungsfähigkeit hat zur Interessenlosigkeit an unserer Umwelt und zur Verkürzung ihrer Lebenschancen geführt. In der Dialektik des Fortschritts sind diese Feststellungen keineswegs gleichzusetzen mit konservativem Verfahren, mit Unbeweglichkeit. Jedes Fortschreiten ist auch ein Abschied. Aber Bleiben ist noch keine Verewigung eines Wertes, wie Heidegger mit seinem tausendfach zitierten »wohnen heißt bleiben« irrte. Die Erhaltung von Gebrauchswerten und ihre Pflege sind Kategorien einer umgekehrten Utopie. Es gibt eine Sehnsucht, mit Vergangenem in die Zukunft zu gehen, die von Verantwortung bestimmt ist. Doch es geht um keine Sentimentalität, sondern um Konzepte, die Vergeudung einzuschränken, dort, wo wir Einfluß nehmen können, aus Einsicht oder um unseren Nachkommen nicht soviel Schmutz zu hinterlassen. Aus Selbstachtung. Vielleicht wird das Haus ja gar nicht abgebrochen, um auf die eingangs erwähnte Hausfrau zurückzukommen.

Putzen ist mißachtete Arbeit in der pflegeleichten Konsumgesellschaft. Aber es ist ein Weg der Aneignung und der Identifikation mit der Gegenständlichkeit unseres Daseins. Es fördert unsere Objektbeziehungen, macht sie dauerhafter. Dinge wieder betasten und begreifen, unseren Händen wieder beibringen, daß Investition an Mühe und Zeit Zuwendungen sind, die sich dem Objekt und uns mitteilen. Pflege ist ein Nachschöpfen, ein kreativer Akt gegen die Abschaffung von Dauer.

»Die Zeit, die ich für meine Rose verloren habe, sie macht meine Rose so wichtig«, wiederholte der kleine Prinz.

Zerstören und Aufrichten

Zwei gegensätzliche Begriffe bilden die Essenz eines Essays des letzten großen französischen Lyrikers Paul Valery »Enpalinos ou l'architecte«, das von Rainer Maria Rilke übersetzt wurde. In einem Gespräch über die schöpferische Tätigkeit des Architekten sagt dort Sokrates zu Phaidros: »Zerstören und Aufrichten sind gleich an Wichtigkeit.«

Es geht dabei um die Auseinandersetzung mit einem zeitgeschichtlichen Phänomen, das uns alle berührt, das Phänomen eines radikal erscheinenden Gesinnungswandels, der sich in dreierlei Weise darstellt: in der scharfen öffentlichen Kritik gegenüber der Architektur der letzten Jahrzehnte; in der Verkündung vom Ende der modernen Architektur und von der Geburt einer »Postmodernen«, die alles darf, was ein halbes Jahrhundert lang als unanständig galt; und in der erstarkenden Macht, die Denkmalschutz und Denkmalpflege vor einigen Jahren fast über Nacht in den Schoß gefallen war. Einem nachdenklichen Beobachter muß diese Verwandlung von Saulus zu Paulus auf offener Bühne zutiefst beunruhigen. Mit großer Skepsis reflektieren wir über die Redlichkeit dieser Bemühungen, wechselt doch auch das Chamäleon seine Farbe, um durch Anpassung zu überleben. Es macht sich unsichtbar, indem es sein Profil verliert. Ist das alles am Ende nur Travestie?

Nun hat es Gründe gegeben dafür, daß die die antagonistischen Worte vom Aufrichten und Zerstören dem Begriffspaar von Erneuerung und Wiederherstellung gewichen sind. Sagen wir statt dessen Restauration und Innovation, so werden Assoziationen geweckt, die zugleich an die Wiederherstellung vergangener politischer und gesellschaftlicher Systeme, auf die Beseitigung von Reformen und erarbeiteter Freiheiten einerseits und auf das Prinzip schöpferischer Veränderung als Beitrag zur

Daseinsverbesserung und als Ausdruck der eigenen Zeit andererseits hinweisen. Sokrates meint, Zerstören und Aufrichten seien gleich an Wichtigkeit. Aber heute wird Veränderung schon wieder gleichgesetzt mit der Zerstörung von Altbewährtem und als destruktiv in Mißkredit gebracht. Verfolgt man die heftige Kritik an der Architektur der letzten zwei Jahrzehnte in Presse, Funk und Fernsehen, die sich doch in der Zeit des großen Bauens bewundernswert zurückgehalten haben, liest man die eilfertigen und selbstgefälligen Schuldbekenntnisse mancher prominenter Planer und Architekten und hört, wie sich Politiker aller Färbung in seltener Einmütigkeit von allem, was in Stadt und Land gebaut wurde, distanzieren, als ob eine böse Macht der Bundesrepublik mit Arglist ein Kuckucksei ins rechtschaffene Nest gelegt habe. Da entsteht der Eindruck, daß es kaum jemand noch für möglich hält, es könne durch Veränderung auch etwas Neues entstehen, das besser sei oder auch nur gleichermaßen gut wie das Althergebrachte. Daß Bauen von jeher ein Abbild der Gesellschaft, ein Petrefakt ihrer Träume und Ängste, ihrer Überzeugungen und ihrer Zweifel, ihres Selbstvertrauens und ihres Kleinmutes lieferte, wird heute mit Erfolg verdrängt. Hat man doch im Architekten den Schuldigen schon dingfest gemacht und erteilt ihm Lektionen über seine Verfehlungen. Man ist sich zwar darüber einig, daß die erhabene Architektur der Akropolis die höchsten Ideale der demokratischen Klassik verkörpere – aber wer kennt sie schon? –, daß die mittelalterliche Stadt ein Abbild der Macht der Kirche, der Zunft- und Ständeordnung sei, die absolutistische Stadt die Willkür der Fürsten veranschauliche und die Stadt des 19. Jahrhunderts durch Spekulation und Ausbeutung, die beiden Paladine des Kapitalismus, geprägt sei. Ausgerechnet der demokratischen Gesellschaft wäre es demnach schlechter als allen anderen Gesellschaftsformen gelungen, sich gültig im Bild der Stadt auszudrücken!

Sollten wir Architekten unsere Gesellschaft mit all dem, was da steht, am Ende so falsch interpretiert haben? »Hosianna« und »kreuziget ihn« sind heute zum Synonym geworden. Würde man Restauration und Innovation als sich ständig ergänzende und nicht sich widersprechende Prinzipien verstehen, die beide wechselweise oder nebeneinander, aber doch jeweils nach rationalen Entscheidungen anzuwenden wären, so könnte ein fruchtbarer Dialog zustande kommen. So aber, da durch irrationale Komponenten restaurative Überlegungen bestimmt sind, kann von Vernunft kaum noch gesprochen werden. Restauration – Innovation werden als sich ausschließende Gegensätze behandelt. Dementsprechend wechseln die Träger öffentlicher Verantwortung oft in voller Fahrt die Züge, ganz ohne Risiko, dabei als notorische Schwarzfahrer entlarvt zu werden. Während jahrelang jeder Versuch, überkommene städtebauliche Bausubstanzen zu erhalten und in die Planung einzubeziehen, jeder Gedanke über Stadtgestaltung, Stadtraum und künstlerische Gestaltung als spießig, unzeitgemäß, ja unsozial und ganz und gar unpolitisch abgetan wurde, jede künstlerische Ambition als unnütz unterdrückt wurde, haben wir heute einen extremen Rückfall in eine kleinbürgerliche Idylle. Das Glück im trauten Heim wird oft von denselben Marktschreiern der Flächennutzungsplanung, Stadtverdichtung oder -auflockerung gepriesen, die gestern noch Tausende von Wohnschachteln in neue Städte als ihren sozialen Beitrag in die Landschaft klotzten. Ein abgestandener Sud aus demokratischer Transparenz und Heimattümelei, verlogenem Milieu und fußläufiger Gesinnung wird schön bunt garniert mit reichlich Grün als neue Weisheit von Planung und Architektur serviert, von den Tischgebeten selbsternannter Kritiker ausgelöffelt.

Neue Propheten mit grünen Bärten sind aus dem Wald gekommen und bieten die Lösung aller Probleme an. Wo sie hintreten, wächst Gras.

Gegenwart wird wieder in Vergangenheit und ohne Chance für die Zukunft festgeschrieben. Aus Lieschen Müller ist Tante Emma geworden, die Architektur in deutschen Landen riecht wieder nach Gemütlichkeit und Bierdunst. Es geht aber gar nicht um eine Krise der Architektur, sondern um eine Krise der Legitimation unserer Auftraggeber, um die Legitimation von Architektur überhaupt. Es geht um das gestörte Verständnis einer Gesellschaft, die den Mut, selbständig zu wählen, verloren hat und so ihren Pluralismus häufig nur noch im Munde führt, um sich nicht mit dem eigenen Konformismus konfrontiert zu sehen.

Im Denkmaljahr 1975 wurde die Bundesgartenschau in Mannheim mit den Reden von Bundespräsident, Ministerpräsident, Verbandspräsident und Oberbürgermeister eröffnet. Keiner versäumte, in den gleichlautenden Bekenntnissen zur Schönheit der Natur gegen die Verunstaltung der Landschaft mit Industrie und Straßen, gegen die Burgen aus Beton, gegen die Bauten aus Stahl und Glas zu wettern. Offenbar ist es den Politikern und der kritischen Presse entgangen, daß die Bundesrepublik Deutschland seit 1949 ein demokratischer Rechtsstaat ist, in dem nirgendwo eine Straße, ein Hochhaus, eine Wohnsiedlung entstehen konnte, die nicht durch einen mehrheitlichen Beschluß gutgeheißen wurde oder doch vom gewählten Entscheidungsträger gebilligt worden wäre. Auch gibt es kein Gesetz, das einen öffentlichen oder privaten Bauherrn hätte zwingen können, das Projekt eines Architekten auszuführen, wenn es ihm nicht genehm gewesen wäre. Daß kein Holz wäre ohne einen gefällten Baum, daß kein Stein gewonnen wird, ohne in der Landschaft eine Narbe zu hinterlassen, daß der Akt des Bauens notwendig ein Akt gegen die Natur ist, das alles wird ebenso verdrängt wie die unbequeme Erkenntnis, daß die beklagte Zerstörung unserer Städte und Landschaften nicht getrennt werden kann von Errungenschaften sozialer Sicherung, dem allgemeinen Wohlstand und der freiheitlichen Idee unserer Gesellschaft. Keine Revolution wird die Kultur von ihrem Makel befreien können, die Natur zu zerstören.

»Zerstören und Aufrichten sind gleich an Wichtigkeit.« Aber Sokrates setzt den Satz fort und sagt: »Es braucht Seelen für das eine wie für das andere.« Vergessen wurde, daß Veränderungen gesellschaftliche Ursachen haben, die außerhalb von Architektur liegen. Vergessen wird, daß Verbesserungen von Lebensqualität eben nicht mehr durch Steigerung von Konsum, Produktion und Bruttosozialprodukt, sondern nur durch klugen Verzicht erzielt werden können. Nur wir als Architekten, weil wir uns immer so gerne als Demiurgen sehen, verwechseln oft die Rolle des politischen Bürgers mit unserem Beruf und glauben, durch politisch inspirierte Architektur gesellschaftliche Zustände ändern zu können. Welch ein Irrtum! Übersehen wird, daß der Vormarsch der Rückschritte und ein Übergewicht restaurativer Tendenzen, wie sie sich gegenwärtig in der Gleichzeitigkeit so vieler Symptome abzeichnen, zu Katastrophen führen können, die gerade deswegen so gefährlich sind, weil ihre Zerstörungen nur Lücken, aber keine Spuren hinterlassen. Wo wir keine Spuren mehr finden, da münden die Wege ins Nichts.

Der Rückfall in eine neue Restaurationsbewegung läßt sich in der überbewerteten Rolle des Denkmalschutzes als Beispiel besonders anschaulich demonstrieren. Dabei muß deutlich gemacht werden, daß es hier nicht um eine Kritik an qualifizierter denkmalpflegerischer Arbeit geht, der ich mich durch eigenes Engagement und durch eigene Bauten aufs engste verpflichtet fühle, sondern um die Einordnung eines Phänomens in einen zeitgeschichtlichen Zusammenhang. Denkmalschutz und Denkmalpflege sind Abkömmlinge der archäologischen Leidenschaft. Das humanistische Bildungsideal und das romantisch erweckte Nationalbewußtsein des 19. Jahrhunderts waren seine Ammen. In Deutschland beherrschte die nationale Komponente Ziele und

Aufgaben des neuen Denkmalgedankens. Enorme Gelder wurden aufgebracht, um die mit Kaisertum und Reichsidee verbundenen Dome zu restaurieren, von den Ablagerungen geschichtlicher Prozesse zu befreien oder sie fertigzustellen. So wuchsen den stolzen Torsen von Ulm, Regensburg und Köln anachronistische Türme zu einer Zeit, die zur Idee des Domes wohl kaum noch eine geistige Beziehung hatte. Bamberg, Speyer und viele andere wurden buchstäblich denkmalpflegerisch geplündert, wobei man damals schon sich auf die Wissenschaft berief, um diesen zerstörerischen Bildersturm zu rechtfertigen. Kaiser- und Königsburgen wurden restauriert oder nach neuen Idealentwürfen historisch echt gebaut, um sie geschichtlich vereinnahmen zu können. So wurden einerseits die Spuren der Geschichte um einer behaupteten historischen Wahrheit willen verwischt, indem sie als Verfremdung der Originale durch spätere Generationen pauschal verurteilt wurden. Andererseits schenkte man sich den Echtheitsvermerk und erfand neue historische Zeugen nach Belieben. Von daher war es völlig belanglos, ob es für die Burg der Hohenzollern oder für Neuschwanstein Vorgängerbauten gab oder nicht. Der Zweck heiligte die Mittel. Deutschland befand sich aber nicht allein; in ganz Europa folgte der Französischen Revolution die Zeit der Restauration und die ihr gemäßen Bauaufgaben, um sich darzustellen.

Der Denkmalschutz begann mit einem Mißverständnis. Man hielt die Restaurierung für eine Innovation. Ob Ähnlichkeiten immer zufällig sind? Der immer größer werdende Raumbedarf der wachsenden Industriegesellschaft brachte Ernüchterung. Der Denkmalbegriff wurde neu formuliert und bis in die Mitte des 19. Jahrhunderts ausgeweitet. Werke der Technik, der Volks- und Heimatkunst erfuhren die Aufmerksamkeit der Denkmalpflege, und neu gesehen wurde die Möglichkeit, originale Zustände durch schöpferische Neugestaltung zu erhalten. In dieser kreativen Offenheit lag ein Bekenntnis zur damaligen

Gegenwart und zugleich ein Ansporn, sich eigenschöpferisch mit einer Neuinterpretation von alter Bausubstanz auseinanderzusetzen: Denkmalpflege als künstlerische Innovation. Solche Zustände können hierzulande nicht lange halten. Die Träger des völkisch-nationalen Gedankens sahen sich enttäuscht und sammelten sich im Vorfeld des Nationalsozialismus. Naturschutz, Heimatschutz und Denkmalschutz verbündeten sich zu einer heiligen Allianz gegen den Einbruch des internationalen Stils, gegen das, was mit »Kulturbolschewismus« und als artfremdes Bauen bezeichnet wurde, zu dem natürlich die Neue Sachlichkeit gehörte. Alfred Rosenbergs und Schulze-Naumburgs rassische Gedanken fielen auf vorbereiteten Boden. Der Denkmalschutz erhielt seinen nationalen Auftrag wieder zurück, denn auch das Dritte Reich brauchte seine Kronzeugen.

Das Dritte Reich hat uns gelehrt, daß »1000 Jahre« kaum länger dauern als ein Sechstel eines Menschenalters. Als man nach 1945 daran ging, die zerstörten Baudenkmäler wieder zu errichten, da schien es manchem, als wolle man eine Welt vor dem Sündenfall rekonstruieren. Es fehlte nicht an engagierten Auseinandersetzungen darüber, ob man die Ursache, die zur Massenvernichtung kultureller Güter geführt hatte, durch deren getreuen historischen Wiederaufbau ungeschehen machen dürfe, als ob sie einem Erdbeben zum Opfer gefallen seien. Der Wiederaufbau des Frankfurter Goethehauses spiegelte die Problematik. Durfte eine Generation, die doch selbst dem Geist des Humanismus den Rücken gekehrt hatte, sich erlauben, die Geschichte derart zu umgehen? Man tröstete sich mit der Unschuld der Bauten und beschloß den originalgetreuen Wiederaufbau. Gleichzeitig detonierten in Nürnberg Sprengladungen, mit denen man erfolglos sich bemühte, die mächtigen Bastionen des Nürnberger Reichsparteitagsgeländes, als peinliche Zeugen der jüngsten Vergangenheit, stillschweigend zu beseitigen, und in

München waren schnell die Spuren der beiden Ehrentempel der NSDAP auf dem königlichen Platz getilgt. Denkmalpflege kennt Akte der Spurensicherung und der Spurenvernichtung. Das bauliche Abbild unsere Gesellschaft ist manipulierbar und so wenig objektiv wie die Geschichte selbst. Auch Restauration ist spekulativ. 1945 sahen sich alle vor eine unlösbar erscheinende Aufgabe gestellt. Städte und Kulturdenkmäler wieder aufzubauen, die innerhalb von wenigen Stunden zerstört worden waren, mußte Jahrzehnte in Anspruch nehmen, mindestens eine ganze Generation. Hoffnung beflügelte den Aufbauwillen, Erfolg sanktionierte den Fortschritt, und Kapital beruhigte das Gewissen. Innerhalb weniger Jahre veränderte sich das Gesicht der Landschaft und der Städte abermals in unvorstellbarem Maß, aber diesmal geplant. Vertraute Umgebungen, mit denen sich Zugehörigkeit und Erinnerungen verbanden, verschwanden unter Planierraupen. Nur wenige Städte verloren ihr Gesicht nur deswegen nicht, weil ihnen die politische Durchsetzungskraft zur Verwirklichung neuer planerischer Ideen und Konzeptionen fehlte, oder weil sie einfach kein Geld aufbrachten. Die wirkliche Erkenntnis der Werte alter Bausubstanz für die Lebensqualität einer Stadt dürfte nur selten das Motiv für die Verweigerung von Planung gewesen sein.

Während dieser zweiten Gründerzeit stand abermals die Denkmalpflege im Abseits, vorbelastet durch ihre konservative Aufgabe, und verlor im Interessenkonflikt gleich gegen zwei Gegner ihre Positionen: gegen den liberalen Geist von Freizügigkeit und Toleranz einerseits und andererseits gegen die Macht des Kapitals. Es gab zwar Länder wie Bayern, in denen die baugeschichtliche Tradition schon immer einen anderen Stellenwert besaß. Aber meist übten doch die Denkmalpfleger Zurückhaltung und schienen die zunehmende Vernichtung städtischer Substanz durch die militant betriebene Planung gar nicht wahrzunehmen. In der Haltung gegenüber der Moderne wirkte die restaurative Gesinnung der Vergangenheit nach. So konnte die Stuttgarter Weißenhof-Siedlung noch nach dem Krieg verschandelt werden, was nicht einmal den Nazis gelungen war, und das völlig intakte Kaufhaus Schocken von Erich Mendelsohn in Stuttgart verschrottet werden, ohne daß auch nur ein Protest aus der Reihe der Denkmalpfleger zu hören war. Auch die Bauten der Gründerzeit waren bis vor wenigen Jahren noch nicht der Weihen baugeschichtlicher Anerkennung teilhaftig geworden, und so suchten Architekten, die gegen die Zerstörung ganzer Straßenzüge aus der Gründerzeit protestierten, gerade bei jenen vergeblich Unterstützung, die heute so vehement als Ankläger auftreten und am liebsten alle Architekten auf die Strafbank setzen würden. Wenn seit dem Denkmaljahr 1975 die Denkmalpflege die Impulse für die Erhaltung städtischer Altbausubstanz für sich reklamiert, so muß dem mit Entschiedenheit widersprochen werden. Schon eher waren es die linken Hausbesetzer im Frankfurter Westend, denen es, wenn auch aus völlig anderen Motiven, gelang, den sinnlosen Abbruch alter Bausubstanz wirksam zu verhindern oder doch zu verlangsamen. Die Radikalen waren die erfolgreicheren Konservatoren.

Rigorose Planung, gefördert durch staatliche Abschreibungs- und Investitionsrituale, provozierte einen ebenso rigorosen Denkmalschutz. Mit Tendenzen der neuen Architektur hat das überhaupt nichts zu tun. Durch neue Gesetze und durch wachsenden öffentlichen Protest, der sich nicht von ungefähr gleichzeitig mit dem Ende des Wirtschaftswachstums und der beginnenden Arbeitslosigkeit einstellte, fand sich die Denkmalpflege plötzlich mit einer Macht ausgestattet, auf die sie gar nicht vorbereitet war. So wuchs zwar der Stellenwert des Denkmalschutzes über Nacht, aber doch nicht immer seine Kompetenz. Man wird ja nicht einfach dadurch besser, daß man sich multipliziert.

Heute gibt es kaum mehr ein Preisgericht, in dem nicht der Denkmalpfleger sitzt, sobald irgendwo ein alter Fachwerkgiebel um die Ecke schaut. Ihr Eifer macht vor nichts mehr Halt. Planungsämter, Architekten, Oberbürgermeister, Bürgermeister zittern vor den Denkmallisten vor lauter Angst, ihre Städte könnten sich urplötzlich in Museen verwandeln. Von der Fassade zum Haus, zum Ensemble. Man kann Bauten und Landschaften nicht gegen Menschen schützen, sondern nur mit ihnen. Man kann Städte auch tot schützen und die Spuren ihrer Benutzung tilgen. Es gibt Kräfte, die die Welt in ein Denkmal verwandeln könnten, sogar ganz ohne Leben. Unsere Aufgabe ist es daher, in kreativer Partnerschaft mit einer Denkmalpflege zu arbeiten, die innovative Ansprüche an die Architektur unserer Zeit stellt und eigene Intelligenz fordert, statt sich mit den geistlosen Kompromissen wörtlicher Anpassung zu begnügen. Sie kann sich nur legitimieren durch das bessere Neue, das aus den Ruinen blüht. Was aber ist das Neue?

Vor kurzem besuchte ich das Planungsamt einer Kreisstadt, da lagerten noch die Modelle nicht mehr ausgeführter Stadtentwicklungsplanung mit Klötzchen und Klötzen, zwanziggeschossige Dominanten, die irgendwo auf dem Modellregal herumstanden, daneben ganz entzückende Spielzeugmodelle, wie ich sie nur von der elektrischen Eisenbahn her kenne, Giebelchen an Giebelchen kreuz und quer, Dachlandschaft zum alten Kirchturm hochgestapelt, Fassädchen mit Fachwerk beklebt: Potz Biberschwanz und Fenstersprosse!, kein Bühnenbild für die Meistersinger, sondern der Bebauungsvorschlag für einen sanierten Ortskern am Ende des 20. Jahrhunderts. Ob wohl auch mal einer hingeschaut hat?

Man hatte das Altstadtmilieu wirklich getroffen, aber welches? Als ob Altstadt immer idyllisch wäre. Rothenburg bei Tag oder Soho bei Nacht. Kneipen, Striptease, Betrunkene, Kaschemmen, Uringeruch, Pommes frites aus der Tüte, Polizeistreife. Die alte Altstadt war heruntergekommen, billige Mieten, Randgruppen. Der Bürger schlenderte nur bei Tag durch. Aufwertung heißt Verdrängung. Wohin zieht die alte Altstadt nach der Sanierung? Zwischen Kabelschächten und Kanälen bluten Bäume fürs städtische Grün. Nicht selten wird von Preisgerichten die beste Mittelalterlichkeit belohnt, und der örtlichen Presse und der Bevölkerung treten fast die Tränen in die Augen, vermutlich auch später den ersten Bewohnern, wenn sie gewahr werden, daß die sozialen Errungenschaften der modernen Architektur der zwanziger Jahre begraben und vergessen sind.

Mit kleinkarierten Gestaltsatzungen werden Vergangenheiten festgeschrieben, die nie existiert haben. Pfeilerbreiten, Dachaufbauten, ja sogar Farben für jedes einzelne Haus werden bestimmt anhand von Musterkärtchen, selten größer als zwei Quadratzentimeter, mit einer Ziffer versehen, die keinerlei sinnlich wahrnehmbare Assoziation mehr vermittelt und nachher die Städte in eine Farborgie vulgärster Art verwandelt, als ob man Nashörner vertreiben wolle. Wir sollten mit unseren Reglementierungen und Vorschriften die Kirche lieber im Dorf lassen und in der Demokratie nicht diktatorischer sein wollen als die Diktatur.

Vor wenigen Jahren war selbst für kleinere Orte der Besitz eines Hochhauses ein unverzichtbares Statussymbol des Fortschritts. Als ich 1970 in einem Städtchen einen Vorschlag zur Stadterneuerung vorlegte, kam die enttäuschte Frage der Gemeinderäte, warum ich denn kein Hochhaus vorgeschlagen hätte!

Eine Planung ohne Dominanten war nichts wert. Aber der Umschwung ist nicht nur mit dem Unbehagen an der zunehmend verschlechterten Umwelt zu erklären. Dies müßte sich in einer anderen Sorgfalt der öffentlichen Planung und in einem anderen Anspruch gegenüber der Architektur darstellen. Sie entspricht vielmehr einer restaurativen Grundhaltung unserer Gesellschaft, die durch unkritisch gehandhabte Bürgerbeteiligung massiv durchschlägt. So wird die Ebene, auf der mehrheitliche Übereinstimmung im demokratischen Entscheidungsprozeß ohne Verpflichtung für den einzelnen erreichbar ist, immer weiter abgesenkt auf ein Niveau kleinbürgerlichen Durchschnitts, der, zur Norm erhoben, das Ende baulicher Kultur bedeuten würde. Auch die Gesellschaft von morgen beginnt sich bereits in ihren Bauten abzubilden.

Die Fähigkeit, veränderten Anforderungen gerecht zu werden und sich anpassen zu können, ist eine Grundqualität langlebiger Wirtschaftsgüter, nicht nur in der Architektur. Je vollkommener ein Produkt ein bestimmtes Programm erfüllt, desto weniger wird es anderen Forderungen entsprechen können. Die vergänglichsten Lösungen sind die speziellen; nur das Unnötige hat Bestand. Die Baugeschichte ist voll von Beispielen der unbegrenzten Vielfalt, voll von Metamorphosen, von Bauwerk und Stadt. übrig blieb immer das, was sich gegenüber Veränderungen der Benutzung als elastisch erwies, was sich im städtebaulichen Kontext behauptete und eine vom engen Zweck losgelöste baukünstlerische Qualität besaß. Demgegenüber entpuppt sich mancher funktionalistische Neubau mehr und mehr als restaurativ dort, wo seine Architektur sich gerade mit ihren Zwecken rechtfertigt und damit Zustände festschreibt, die Veränderungen und Erneuerungen erschweren oder ausschließen.

Eine Zukunft für unsere Vergangenheit! Deutlicher als dieser Slogan aus dem Jahr des Denkmals kann man den Zustand unserer Zeit nicht formulieren. Gegenwart schließt immer Vergangenheit ein, und Vergangenheit zeigt sich in Gegenwart und Zukunft. Veränderung als ein Lebensgesetz stellt jede Generation in den Konflikt zwischen der Verwirklichung eigener Interessen und Sehnsüchte und der Sicherung der Spuren auf den Wegen, die in die Zeit führen.

Aber jede Gegenwart ist egoistisch und interpretiert von daher die Geschichtsbilder nach den jeweiligen subjektiven Interessen neu. Das Selbstverständnis unserer Gegenwart und deren Ausdrucksformen sind pluralistisch. Wir leben nicht nur mit verschiedenen Vergangenheiten, sondern auch mit verschiedenen Gegenwarten, und wo sich Gegenwart öffentlich darstellen soll, da kann es nur in qualifizierter Vielfalt geschehen. Das ist schwierig im Rahmen demokratischer Entscheidungsprozesse mit den eingeschränkten Auswahlmöglichkeiten von ja und nein, pro und kontra, richtig und falsch. Es gibt kein elitäreres Prinzip als die Demokratie. Aber die Dogmatisierung der Vergangenheit würde zu einer geschichtslosen Gegenwart führen, und die Preisgabe der Vergangenheit würde umgekehrt das zeitliche Kontinuum zerstören. Beides wäre eine Fälschung der Geschichte. Um ihre historische Existenz nicht unter Gesichtspunkten wahlperiodischer Versprechungen oder aus Unbedacht selbst abzuwählen, bedarf Demokratie bremsender und stabilisierender Faktoren.

Sie braucht langfristig gültige Leitvorstellungen ebenso wie konservierende Verantwortung, wie sie beispielsweise die Denkmalämter tragen. Aber jene Ansprüche müssen genau formuliert und verteidigt werden, die sich nicht mit den Zielen der gesellschaftlichen Wohlfahrt in Einklang bringen lassen. Es bedarf der ständigen Kontrollen und Übereinkünfte über das, was unverzichtbar ist, denn keiner Generation darf das Recht auf Selbstverwirklichung genommen werden.

Überall in unserer gebauten Umwelt leben wir mit der Geschichte, und es muß uns wieder gelingen, zwischen Restauration und Innovation eine Brücke herzustellen, um die widersprüchlichsten Vergangenheiten wieder im Schmelztiegel der Zeit zur neuen Kontinuität von Gesamttradition miteinander zu vereinigen. Damit wird jeder Neubau alleine schon dadurch zum historischen Kompromiß, weil er unter bestimmten städtebaulichen Gegebenheiten zum Zeitpunkt einer Planung steht. Es gibt kein neues Bauen in alter Umgebung, denn jede Umgebung ist älter als der neue Bau. Es gibt also bestenfalls Bauen in Umgebung, und da jeder Bau eine Umgebung voraussetzt reicht es, vom Bauen zu sprechen.

Erst aus den Auseinandersetzungen mit den Situationen und Gegebenheiten entstehen gestalterische Herausforderungen, denen wir nicht aus dem Wege gehen dürfen, sondern auf die wir eine eigene Antwort zu formulieren haben. Diese wird nicht immer die Antwort der Denkmalpflege sein, die vorderhand der Architektur unserer Zeit, vielleicht aus guten Gründen, oft nur verbal eine Chance läßt. Es wird auch nicht die nur richtige Erfüllung von Bauprogrammen, Vorschriften, Auflagen, Geschoßflächen- und Grundflächenzahlen, wie das Gesetz es befahl, sein, so wenig wie die bürgernahe Disneyland-Architektur der neugeschaffenen Do-it-yourself-Kulturen. Es bedarf wieder einer Stadtbaukunst, die städtebauliche Räume definiert, statt sich mit Zahlen und Daten zu begnügen. Der Architekt muß den Städtebau wieder aus den Händen von schmalspurigen Spezialisten zurückfordern und seine stadtgestaltende Aufgabe erkennen. Wir müssen wieder eigene Sprachen finden, aber nicht gegen, sondern neben und mit den Sprachen der Vergangenheit, und das wird kein neues Babylon, sondern eine neue Übereinkunft auf der Basis künstlerischer Vernunft und künstlerischer Vielfalt: Städtebau als die Kunst des Weiterbauens.

Dazu brauchen wir Freiräume, Zeit und Geld. Wir müssen uns vor Augen halten, daß wir uns in einem immer engeren Raster von Geboten und Verboten bewegen, in das uns staatliche Reglementierung und Lenkungsanspruch der Bürokratie einzwängt. Von der so oft apostrophierten künstlerischen Freiheit kann kaum noch die Rede sein. Und dabei ist die Baukunst doch die öffentlichste aller Künste. Aber die Obrigkeit kann sich sogar auf einen berühmten Kronzeugen berufen, denn Platon schrieb bereits in seinem Werk über den Staat: »Wir müssen sämtliche Künstler und Handwerker beaufsichtigen und sie hindern, ihren Bauwerken einen schlechten Charakter, etwas Zügelloses, Unschickliches aufzuprägen. Können sie sich dem nicht fügen, so müssen wir die Ausübung ihrer Kunst in unserem Staat verbieten.« Kein Kommentar.

Daß die vielen schlecht gestalteten Bauten, die das Bild der Bundesrepublik so tiefgreifend verändert haben, durch strengere Reglementierungen hätten verhindert werden können, das ist ein Irrglaube. Auch können die oft kritisierten Fehler nur zum Teil Architekten angerechnet werden, denn der größere Teil des Bauvolumens wird von Nichtarchitekten und von anonymen Gesellschaften ohne persönliche gestalterische Verantwortung erstellt. Wir aber müssen unsererseits das Mißtrauen zur Kenntnis nehmen, das uns entgegengebracht wird, und es akzeptieren. Dies soll uns nicht entmutigen, sondern als Ansporn wirken, um in verstärkter Eigenverantwortung den von uns selbst gestellten hohen Anforderungen gerecht zu werden, nur so können wir glaubwürdig bleiben. Es liegt an uns, durch unsere Bauten und durch unsere kritische Haltung die Öffentlichkeit davon zu überzeugen, daß wir nicht funktionierende Erfüllungsgehilfen sein wollen, sondern daß wir es verstehen, durch unsere Ausbildung und durch unser Engagement unserer Gegenwart Ausdruck zu verleihen und sie durch die künstlerischen und materiellen Mittel unserer Zeit zu manifestieren. Um Aufzurichten bedarf es auch der Zerstörung von Vorurteilen und Tabus. Nur so können Bauten auch gültige Nachrichten unserer Zeit werden, und nur so vermögen wir dazu beizutragen, Kunst und Technik, Seele und Geist wieder miteinander zu versöhnen. Und darum sollten wir uns nicht zur Unterschrift unter die Bankrotterklärung der Architektur unserer Zeit erpressen lassen!

Der weise Sokrates wußte um unsere Not, als er zu Phaidros sagte: »Ich werde euch sehr viel kosten, ohne Zweifel, aber alle

Welt wird dabei gewinnen. Ab und zu werde ich mich irren, und es wird ein paar Ruinen geben. Aber man kann immer und mit großem Vorteil ein verfehltes Werk als eine Stufe ansehen, die uns dem Schönen näher bringt. Zerstören und Aufrichten sind gleich an Wichtigkeit. Es braucht Seelen für das eine wie für das andere. Aber das Bauen ist unserem Geiste teurer, oh sehr glücklicher Eupalinos.«

Wenn Baukultur
ein Spiegel der Gesellschaft ist ...

Vor über einem halben Jahrhundert schrieb der schwäbische Maler Lukas Moser auf den Rahmen seines Tiefenbronner Altars die resignierten Worte: »Schri kunst schri und klag dich ser, dein begert jetz niemen mer, so o weh!« Kulturpessimismus hat alte Tradition. Schon die Stadtgründung des Brudermörders Kain – jenseits von Eden – galt als ein Fortschritt der Sünde in der Menschheit und seit Sodom, Sybaris und Rom bis in unsere Tage scheint es offenbar bergab zu gehen. Buchtitel bezeichnen den steilen Weg nach unten: »Der Untergang des Abendlandes«, »Verlust der Mitte«, »Die Unwirtlichkeit der Städte«. Da die Zeit mit dem Whisky gemein hat, daß sie mit zunehmendem Alter besser wird, wird sie am Ende immer gut, weshalb das Neue immer schlechter bleibt. Selbst die Zukunft ist nicht mehr, was sie einmal war.

Man sagt, die Steine reden. Wenn wir nur wüßten, was sie verschweigen! Die Kultur einer Epoche drücke sich am deutlichsten im Bild ihrer Städte und Gebäude aus, die ein Spiegel der jeweiligen Verhältnisse seien. Das stimmt. Spiegel sind immer einseitig. Wenn Baukultur ein Spiegel der Gesellschaft ist, dann dürfte unsere Zeit den Bauhistorikern dereinst wohl nicht zum Frohsinn gereichen. Verschandelte Fassaden, trostlose Straßen und Plätze, ungeliebte Städte und Dörfer, gefährdete Landschaft und eine vom Untergang bedrohte Umwelt usw. – die Aufzählung der Zerstörungen ist schon längst zur Litanei geworden, kurz: Hübsch häßlich habt ihr's hier! Aber vielleicht sind wir bloß so, wie wir aussehen – oder geht's uns wie dem Whisky?

Doch was soll die Klage! Es sind ja nicht allein die Folgen eines ungehemmten technischen Fortschritts, die wehleidig bejammert werden, sondern ebenso Wohlstand, Verbesserung der Lebensverhältnisse und die Errungenschaften einer einmaligen sozialen Umwälzung, die auch ihren Preis fordern. Die soziale Revolution hat dem freien Bürger Mitbestimmung, Wahl- und Streikrecht, Sozialversicherung und offene Bildungschancen gebracht, unverzichtbare Fortschritte auf dem Weg zu einer humaneren Gesellschaft. Wenn das kein Fortschritt ist! Nur Baukultur mitnichten: so o weh.

Die Bundesrepublik ist ein demokratischer Staat. Kein Bebauungsplan wurde von den Behörden genehmigt, der nicht von einem demokratischen Gremium gebilligt worden wäre, kein Bauwerk erstellt, das nicht ein Bauherr in Auftrag gegeben hätte. Es kann nur gebaut werden, was gewollt und was genehmigt wird. Kein Grund zur Klage. Es gehört aber zu den Geschäftsbedingungen der Haftpflichtversicherungs-GmbH & Co. KG, in der wir leben, daß immer ein Schuldiger gefunden werden muß, und schuld an der verinnerlichten Häßlichkeit sind nach einer weitverbreiteten Meinung die Architekten; waren sie doch auch vorlaut genug, für sich den Alleinvertretungsanspruch für die gebaute Umwelt zu reklamieren. So etwas rächt sich, und nun sitzen wir seit Jahren schon in der Löwengrube und warten darauf, daß wieder einer ins Gedächtnis ruft, daß Baukultur ein Spiegel der Gesellschaft sei. Man sagt, fast 40 Prozent aller Bauten entstünden ohne Architekten. Mag sein. Aber irgend jemand muß sie doch gebaut und auch genehmigt haben. Trotz Architektenkammern und Planvorlageberechtigung. Wirkungsvollere geheime Kräfte scheinen die sogenannte Baukultur zu untergraben. Wer hat z. B. das Bauherrenmodell oder all die Abschreibungsmysterien erfunden? Wen kümmert's da noch, wie es aussieht, solange die Kasse stimmt? Wenn uns das Bild im Spiegel nicht gefällt, dann können wir ihn nur zuhängen, wegschauen oder die Gesellschaft ändern. Wer würde wem das Recht dazu einräumen? Doch allenfalls die

Vertreter des Volkes, die Politiker, und die werden sich hüten. Denn dazu haben wir sie eigentlich nicht gewählt. Von Baukultur ist die Rede, nicht von Architektur. Letztere ist allenthalben sehr gefragt. Sie hebt das Ansehen, gibt Anlaß zu öffentlichen Preisverleihungen und zum politischen Bekenntnis zur abendländischen Kultur. Kultur ist »in«, man wäscht sich wieder. Wie früher den Sport, so wählen heute Oberbürgermeister die Kultur als Konkubine. Eine Staatsgalerie hilft auf, und eine Handvoll Bauten genügen schon, des deutschen Reiches vielgeschmähtes Gold- und Silberloch zu einer Architekten- und Museumsmetropole am Main – Römerberg inklusive – zu verwandeln. Nur was besagt das für die Gesamtleistung des Bauens, wenn man ein Dutzend herausragender Gebäude als kulturelles Alibi vor ein unvorstellbar großes Bauvolumen der Mediokrität spannt?

Arme, reiche Bundesrepublik! Wir haben in wenigen Jahren mehr als irgendein Land der Welt gebaut und es doch nicht geschafft, so etwas wie Baukultur zu entwickeln, ich sag' einmal: trotz bester Absicht. Es war zuviel auf einmal: Fahrstunden in Demokratie, Wiederaufbau, Verkehrsexplosion, Lebensqualität, Bewältigung des Wohlstands und nun die Umwelt. Es waren halt immer viele Interessen im Spiel. Auch mangelt's an Vernunft und an Geschmack, dafür wird viel Gemüt geliefert. Das war schon früher so und ist uns – wie man weiß – nicht gut bekommen. Mit Baukultur läuft nicht viel ab, in diesem unserem Lande. Bierdunstgemütlichkeit ist Nummer eins. Warm soll sie sein, die Wohnung vom Genre eines Sauna-Clubs mit Moni-Maus und Wally-Bär, die Möbelindustrie verspricht uns rustikales Glück in den 20. Etage, damit man nichts mehr denken muß. Plastikplüsch und Frischluftmangel, fix und fertig und noch ganz individuell, Türen mit behämmertem Glas, wie aus der letzten Eiszeit und mit Griffen, die man nicht mit der Kohlenzange anregen mag. Fassaden im dernier cry der Shylo-

Ranch, Fertighausidylle aus dem Lechtaler Ferienparadies zaubern Alpenglühen nach Castrop-Rauxel, und Reetgedecktes bringt Meeresrauschen von Norderney zum Wendelstein frei Haus. Auf den Straßen wütet Terror: Dutzende von Blumenkübeln besetzen den einstmals öffentlichen Raum, Farbschlachten in streichfeinen Dispersionen garantieren den Malern schon heut' die Zukunft, weil man längst weiß, daß das nächste Mal der ganze Putz mit runter muß. Alles wird in Styropor gepackt, wie für eine Polarexpedition, und mit imitierten Verschindelungen vernagelt, unter denen auch die letzten Reste von baulichem Anstand verschwinden. Der Ölschock von 1978 hat viele reich gemacht und manche warm, aber die Häuser arm. Eingänge sind Psychogramme kleinbürgerlicher Träume: Potz Jägerzaun und Schiffslaterne! Draußen in der Natur blüht das Geschäft mit Schallschutzwänden, die an Berlin erinnern und wie die chinesische Mauer sinnlos die Landschaft zertrennen, wo Straßen einmal sorgsam in die Topographie gefügt waren. Das alles findet sich im Architektenbriefkasten als morgendliches Arsenal der Produktinformation, die ungelesen in den Papierkorb recyceln. Die Firmen sollten endlich ihre Werbetrottel wegen Inkompetenz mit hoher Rente pensionieren und würden damit immer noch viel Geld sparen. Das wäre mein erster bündiger Vorschlag zur Förderung der Baukultur.

Bastlermärkte breiten sich aus wie Fußpilz. Das Zeitalter der Leimwerker ist angebrochen. Vom Bauhaus zum Bauhaus! Einst der Versuch, Architektur, Kunst, Handwerk und Industrie zu einem großen Ganzen wieder zu verschmelzen – heute ein Kulturbeutel fürs Blackanddeckerherz. Ich möchte nicht mißverstanden werden: Meine elitäre Gesinnung scheut keineswegs vor Baumärkten zurück. Auch ich habe keine Zeit, auf Handwerker zu warten und kann's noch selbst ganz gut. Doch wer zuviel Freizeit übrig hat – freiwillig oder unfreiwillig –, muß sie rumbringen. Sie gibt uns Muße, und die Angebote sind doch so, daß mancher Fachhandel davon lernen könnte. So ist ein jeder heute Bauschaffender und trägt mit an der Verantwortung, die früher allein in den Händen von qualifizierten Baumeistern und Handwerkern lag, besonders jene, die all das Vorfabrizierte liefern. Die Schlüsselfigur im Zwischenhandel ist der Vertreter. Der Außendienst bestimmt die Produktion mit seinem subjektiven Geschmack, im guten wie im schlechten. Aber guter Geschmack ist nichts Persönliches, er ist nichts anderes als verfeinertes Unterscheidungsvermögen und schließt die Kenntnis von Herstellungs- und Gestaltungsvorgängen ein. Solange die Prozesse für den einzelnen noch überschaubar waren, war es leicht, kompetent zu sein und Geschmack zu haben. Je komplexer die Zusammenhänge, je vielschichtiger, desto größer wird auch die geschmackliche Inkompetenz des einzelnen. Da Geschmacksbildung ein sozialer Prozeß ist, endet auch hier jede Bemühung in der Sackgasse der Schule. Wenn wir nicht zu den Zünften »als Wahrer einstiger Baukultur« zurückkehren wollen und können, dann kann uns nur eine höhere Volksbildung weiterhelfen, damit ein neuer Standard von Qualität entstehen kann. Eben Baukultur. Der zweite Vorschlag also: qualifizierte Beratung als sozialer Beitrag statt elitärer Toleranz.

Mit der Entfremdung von der Arbeit ist das Verhältnis zum Objekt verlorengegangen. Das Teil hat die Eigenschaften des Ganzen verloren. In einer Konsum- und Wegwerfgesellschaft, in der Gegenstände, sobald sie ausgedient haben, durch neue ersetzt werden, ist kein Platz für Liebe zu den Dingen. Kann überhaupt der industriell gefertigte Artikel noch eine natürliche Beziehung zum Objekt ermöglichen? Ich meine ja, denn das Serienprodukt stellt doch die höchste Form von technischer Intelligenz und Perfektion dar. Wenn diese sich zugleich mit höchster Gestaltqualität vereint, dann wird man auch dem geschmacksneutralen Objekt gegenüber wieder zu einer persönlichen Beziehung fähig sein, es pflegen, schonen und bewahren.

Ob damit allerdings die Industrie zufrieden ist, sei hier zumindest in Frage gestellt. Dritter Vorschlag: Mehr Respekt vor den Dingen.

An heftigen Protesten gegen die Zerstörung unserer Umwelt und den Verfall von Baukultur hat es in der Vergangenheit nicht gefehlt. Aber man hat den geschenkten trojanischen Pferden immer mehr geglaubt als Kassandra, die nur prophezeit, was bereits vor der Tür steht. Von Zuwachsraten, Umsatzsteigerung und Expansion war viel die Rede, nie von Baukultur. Wird sie denn immer nur dann beschworen, wenn sich die wirtschaftlichen Verhältnisse verschlechtern? Oder ist der Kulturbegriff vielleicht schon so degeneriert, daß er nur noch als Schlagwort zur Ankurbelung der Bauwirtschaft taugt? Kultur nützt unmittelbar gar nichts. Aber es ist das Unnütze, was Dauer hat und was das Leben reich macht. Doch wer die Welt allein nach ihrer Nützlichkeit betrachtet, der wird schwerlich davon zu überzeugen sein, daß Baukultur und Lebensqualität zusammenhängen, daß Heimat, Tradition und Gegenwart, Erinnerung, Identität und Bürgerstolz Voraussetzungen für politisches Handeln sind. Und schließlich halten wir uns den größten Teil unseres Lebens in und zwischen Häusern auf. Sind sie auch nur noch Gegenstände zum Gebrauch? Wenn Baukultur ein Spiegel der Gesellschaft ist, hat sie dann in einer pluralistischen Gesellschaft überhaupt eine Chance, setzt sie nicht vielmehr eine Übereinkunft der Bedürfnisse und des formalen Wollens voraus? Ein Rückblick in die Geschichte tröstet, zeigt sie doch, daß es wenig Neues gibt unter der Sonne. Baugeschichte, die sich nicht an stilistischen Ordnungen, sondern an Prozessen orientiert, läßt erkennen, daß oft zur gleichen Zeit in verschiedenen Stilen gebaut wurde und umgekehrt im gleichen Stil zu verschiedenen Zeiten. Pluralismus bedeutet keineswegs die Verpflichtung zum Anderssein, sondern vielmehr die Chance, nach der eigenen Fasson selig zu werden, wenn es beliebt. Bezogen auf das Bauen heißt dies, daß zwar bei den internationalen Architekturfestspielen in Venedig extreme Bekenntnisse zur Zukunft vorgetragen und in Fachkreisen häufig scharfe Richtungskämpfe ausgetragen werden. Doch ihre Auswirkungen auf die Allgemeinheit sind ebenso gering wie die der avantgardistischen Modeschöpfungen aus Paris, Mailand und New York auf den Alltag. Wir brauchen uns nur selber anzuschauen. In einer pluralistischen Gesellschaft verläuft die Kurve der Konventionen konstanter als in dirigistischen, weil freiwillige Anpassung leichter ist als verordnete. Auch die pluralistische Gesellschaft zeigt ein normatives Verhalten, das in erheblichem Maß von gemeinsamen Wertvorstellungen geprägt und von gesellschaftlichen Leitbildern abhängig ist. Pluralistische Gesellschaft und Geschmackskonvention schließen sich nicht aus, sondern ergänzen sich, und so individuell können wir gar nicht sein, daß nicht die Gemeinsamkeit unserer Bedürfnisse überwiegen würde. Zeiten der Übergänge und Metamorphosen, wie sie sich heute durch die Ablösung von einer in Ehren ergrauten Moderne abzeichnen, werden auf dem Weg ins Unbekannte häufig von Krisen des Stillstands oder des Kulturverfalls begleitet, aus dem sich aber wieder neue Blüten entwickeln, wenn noch genügend lebensfähige Kultursubstanz vorhanden war. So nichts: »o weh«.

Vierter Vorschlag: Zertretet nicht die jungen Knospen, ihr Besserwisser. Unser Jahrhundert ist in seiner baulichen Entwicklung durch die Ablösung tradierter Handwerkstechniken und Unternehmensformen durch vielfältig anwendbare Bautechniken, verbilligte Produktion von Baustoffen, günstige Lager- und Transportmöglichkeiten viel stärker beeinflußt worden als durch äußerliche Stilwandlungen. Die meisten Häuser sehen noch immer aus, wie Häuser aussehen. Die klassische Dreieinigkeit von Konstruktion, Funktion und Ordnung hat einst das Vorbild geprägt, das heute als Klischee noch immer weiterlebt. Sie verlieh gestalterische Disziplin, und das Gesetz der Sparsamkeit zwang zur Ausnutzung der Materialien bis an ihre Leistungsgrenzen. Doch längst haben die alten Regeln ihre Gültigkeit eingebüßt. Der Stahlbeton erlaubt nicht nur beliebige Formen, sondern gestattet auch, die klassischen Lastübertragungen und die konstruktive Logik eines Gefüges aufzuheben. Der Computer macht es möglich, jeden konstruktiven Unsinn zu bauen, den man früher gar nie hätte berechnet. Doch Ergebnissen von EDV und Plotter wird man jeden Unsinn glauben, während man beim handgemachten Plan immer damit rechnet, daß er Fehler haben kann. Man muß zwar erst Informationen elektronisch verdaubar machen, Diätkost für die EDV, doch das, was dort geschrieben steht, wird »wahrgenommen«. Alles ist möglich, und der Techniker neigt dazu, alles, was möglich ist, auch zu tun und für gut zu halten. Dem Ingenieur ist nichts zu schwör. Er hat gelernt, Probleme zu lösen. Lösungen sind die Verflüssigung von Substanzen. Man sieht gelöste Probleme nicht mehr, so fein sind sie überall verteilt. Mein fünfter Vorschlag wäre daher: Wir müssen wieder lernen, mit ungelösten Problemen zu leben; dann wissen wir wenigstens, wo sie sind.

Man kann eben nicht alles lösen: z. B. die Diskrepanz zwischen Innovation und Gewohnheit. Ich besitze noch den Prospekt einer Fertighausfirma, die auf der ersten CONSTRUCTA nach dem Krieg ein Schwarzwaldhaus mit den Worten anpries: Man sieht es diesem Haus nicht an, daß es aus Messerschmitt-Flugzeugprofilen gebaut ist. Das war gut gemeint, aber natürlich eine Fehlleistung. Um wieviel billiger, schöner und glaubwürdiger wäre ein solches Haus geworden, das aus den Prinzipien des Leichtbaus seine Gestalt gewonnen hätte. Aber dann hätten die Leute vielleicht gedacht, es sei ein Flugzeug und kein Haus.

Die Industrie kann zwar nahezu alles herstellen, aber sie denkt nicht mehr an das Einfache. Einen ganz normalen Backstein ohne energiebewußte Löcher zu bekommen, ist heutzutage äußerst schwierig. Ich mußte welche für einen Bau in

Oberbayern aus Holland importieren. Betonsteine für Sichtmauerwerk desgleichen, weil sich noch nicht herumgesprochen hatte, was eigentlich im Kommen ist, zum Glück möchte man sagen, denn bei uns hierzulande würde man Betonsteine wohl kaum ohne Dekor bekommen. Sechster Vorschlag und diesmal an die Industrie: Das ganz Normale und Bewährte darf nicht auf der Strecke bleiben! Statt mehr Extravaganz – mehr Einfachheit.

Sie wollen ein Badezimmer einrichten, sagen wir ganz einfach: weiß. Folgen Sie mir bitte in den »Show-room« eines »Sanitär-Centers«. Die Verkäuferin führt uns durch Dutzende von Naßzellen mit enormen Bidet-Orgien in Himmelblau und Lindgrün. Hier organisch geschwungene Klosettschüsseln, dort eher etwas für Elefanten, Badewannen und Waschbecken in richtig unanständigen Formen und Farben. »Weiß«, belehrt mich die Saunapuppe schnippisch, werde heute nicht mehr verlangt, obwohl ich es eben verlangt habe. Und die einfache D-Form sei überhaupt nicht mehr »in«. Natürlich geniere ich mich zu sagen, daß ich Architekturprofessor bin und einen Lehrstuhl für Entwerfen und Raumgestaltung habe. Weil sie auf Pink steht, ignoriert sie, daß wir wieder auf einer weißen Welle schwimmen. Also muß man sich die Ideal-Standard-D-Form in Italien holen, wo sie noch vertrieben wird. Nun braucht man auch noch weiße Fliesen. Die sind natürlich anders als das Becken und Eckstücke gibt es schon lange nicht mehr. Die Lichtschalter sind dann »Saharaweiß«, die Garnituren »Perlweiß«, ein schmuddeliges Nebeneinander, wie vor dem ersten Waschgang, nur eben kein Weiß. Geschmack ist verfeinertes Unterscheidungsvermögen. Statt unsere Sensibilität zu steigern, müssen wir sie ständig mindern, um nicht laut zu schreien. Siebenter Vorschlag: Verbraucher aller Länder, vereinigt euch!

Auf die Griffe von Mischbatterien hat irgend jemand ein sinnloses Dekor gebrummt, das keinen Menschen unter der

Brause interessiert. Ein Glück für den deutschen Baumarkt, daß die Italiener so schlecht organisiert sind. Und hat sich eigentlich noch keiner gefragt, warum die jungen Leute und die Architekten wohl ihre Lampen in Mailand holen? Zur Baukultur gehört eben auch Kultur der Materialien, der Ware, der Geräte und Produkte. Die Industrie brauchte sich jahrelang nicht zu bemühen und sparte den Designer. Entweder bestimmte die Frau vom Chef die Richtung oder der Geschäftsführer. So sieht es denn auch aus:»Werksentwurf«. Auf kaum einem italienischen Prospekt fehlt der Name des Designers. Auf kaum einem deutschen findet man einen. Man spart ja bei uns gerne am falschen Ende und traut dann eher dem naßforschen Vertreter, der gestern Nähmaschinen verkauft hat und sich morgen Produktberater nennt. Er denkt, er»stylt«, statt sich um ein möglichst hohes Maß an gegenständlicher Neutralität zu bemühen, damit sich ein Produkt in viele gestalterische Absichten einfügen läßt. Aus der Addition je für sich gestalteter Objekte kann keine Qualität zustande kommen, allenfalls Kitsch. Gestalt bezeichnet immer das Ganze.

Aber auch der Architekt hat sich in seiner gestalterischen Kompetenz immer mehr an den Rand drängen lassen. Bald die Hälfte aller Bauten, sagt man, würden heute schlüsselfertig von Generalunternehmern hergestellt oder von Baubetreuungsfirmen begleitet. Das erleichtert uns sogar manches. Aber der Architekt ist vom Prozeß der Ausschreibung, der Vergabe und der Bauleitung immer häufiger ausgeschlossen. Er liefert nur noch»Standardleistungen« ab. Auch hat er selbst die Hand dazu geliehen, mit Hilfe der Politiker die»künstlerische Oberleitung« sang- und klanglos zu beerdigen, und mancher war noch stolz darauf! Dies war eine Gebrauchsanweisung zur Verhinderung von Baukultur. Schri kunst schri ... Achter Vorschlag: Die künstlerische Oberleitung muß wieder als eine unverzichtbare und spezielle Architektenleistung ausgewiesen werden.

Auch das Handwerk hat längst resigniert, ohne es zu merken. Wozu der Meister einmal ausgebildet wurde, wird kaum von ihm verlangt. Der Tiefstand des Handwerks ist eine Legende und eine Schutzbehauptung jener, die verlernt haben, was das Handwerk zu leisten vermag. Nicht nur das Besondere, sondern gerade auch das Einfache verlangt höchstes Können, da ein Mangel durch nichts verdeckt werden kann und die nackte Wahrheit zum Vorschein kommt.

Aber nun studieren angehende Gewerbelehrer an Universitäten Didaktik und Pädagogik. Sie wissen zwar nicht mehr was, aber wie sie lehren sollen, und so können sie nun alles, was sie nicht wissen, viel besser an den Mann bringen. Aber auch die Architekten- und Ingenieurausbildung an den Hochschulen läßt viele Wünsche offen. Die Logik der Kultusminister ist überraschend. Die Probleme des Bauens werden immer komplexer, sind zur »res publica« geworden, und viel Geschrei ist in Sodom und Gomorrha. Aber die Studienzeiten sollen verkürzt werden! Eignungsprüfungen würden angeblich nicht dem Grundgesetz entsprechen. Aber es entspricht dem Grundgesetz auch nicht, daß der eine eben musikalisch ist und der andere nicht. Da den Architekten vielfach handwerkliche Praxis fehlt, sind auch die Werkpläne oft nicht mehr für die Ausführung qualifiziert. Planung und Ausführung treffen sich häufig erst auf der Baustelle, wenn es meistens zu spät ist. Oder nimmt ihm eine Firma die ganze Arbeit ab und entwickelt Fassaden oder Fenster nach den Normen irgendeines Institutes, absolut wasserdicht und pflegeleicht, umweltfreundlich und gutachtensicher, dafür aber ohne jede »Fensterkultur«. Jeder Versuch, etwas zu ändern, scheitert an Gewährleistungsverweigerung. So werden manche DIN-Normen gemeingefährlich und richten sich gegen die Ausbreitung von Baukultur. Neunter Vorschlag: Verbessert die Ausbildung, aber das ist ein weites Feld.

Obwohl es nachweislich immer weniger brennt, werden Brandschutzforderungen immer absurder, damit es noch weniger brennt. Es scheint eine Konspiration im Gange, die Feuerwehr endgültig abzuschaffen. Daß ein Bundesland feuergefährlicher als das andere sei, kann bei aller Liebe zum föderalistischen System kaum mit politischen Überzeugungen begründet werden. Aber all das, was zur Kommunikation und Selbstdarstellung einer demokratischen Gesellschaft tauglich sein könnte, z. B. offene Treppenhäuser, Hallen, Galerien, das werden wir in Zukunft vergessen müssen. Die Industrie verdient daran mit Türen, die so feuersicher sind, daß sie sich jeder Gestaltung entziehen. Und die Berufsgenossenschaften fordern möglichst bequeme Treppen auf den Dachziegeln und ein Korsett um den Kamin für körperbehinderte Schornsteinfeger.

Wenn Baukultur der Spiegel der Gesellschaft ist, dann kann unsere Umwelt gar nicht anders aussehen, als sie ist. Denn dieselbe Gesellschaft, die den Niedergang der Baukultur beklagt, fordert zugleich noch mehr Sicherheit in allen Lebenslagen: im Stubenwagen, in der Küche, am Arbeitsplatz, auf der Treppe, auf der Straße, in der Stadt. Warum hängt man nicht einfach ein Schild an ihren Toren auf: Betreten auf eigene Gefahr. Oder man begnügt sich mit der Feststellung: Wissenschaftler hätten entdeckt, daß das Leben gesundheitsschädlich sei und mit Sicherheit zum Tod führe. Es werde daher dringend davon abgeraten! Solange wir nicht alle bereit sind, mehr eigenes Risiko in Kauf zu nehmen, so lange wird sich auch nichts ändern. Das war zehntens.

Kein Bauwerk, das bis vor drei Jahrzehnten je gebaut wurde, kein Bauernhaus, kein Dom würde heute noch das Baurecht überstehen, geschweige denn vom Denkmalschutz gebilligt werden. Und da kommt der fachkundige Politiker, der soviel für die Baukultur getan hat, daß seine Landeshauptstadt gar nichts mehr zu tun braucht, und sagt uns: Die Bauschaffenden müssen einen Kulturbeitrag liefern! Gerne, Herr Ministerpräsident! Schaffen Sie die Voraussetzungen dazu! Wir sind bereit. Vielleicht muß auch der Politiker sein gestörtes Verhältnis zur Macht in Ordnung bringen. Macht ist ihm vom Volk geliehen, und wir sind nicht so popelig, wie sich die Demokratie in unseren Bauten oftmals darstellt, scheinheilig sich berufend auf Tugend und Sparsamkeit. Also müssen wir uns mehr um Politik kümmern und Alternativen vorschlagen. Wir müssen den gordischen Knoten alleine lösen, denn ich scheue jene, die ihn mit einem Streich durchhauen. Alles hängt eben mit allem zusammen.

Viele Einsichten, viele Vorschläge:

Baukultur ist nicht, was das Publikum verlangt. Baukultur entsteht nicht von allein. Sie entsteht aus der Übereinkunft von Wertvorstellungen auf einer Ebene, die höher als die Brauchbarkeit der Dinge liegt.

Baukultur kann nicht verordnet werden, sondern nur Ergebnis sein, an dessen Zustandekommen alle beteiligt sind: Politiker, Gesetzgeber, Bürger, Wähler, Auftraggeber, Medien, Gewerkschaft, Banken, Juristen, Gutachter, Versicherungen, Genossenschaften, Institute, Hochschulen, Industrie, Gewerbe, Handwerk, Ingenieure und Architekten.

Baukultur ist immer die Leistung aller in ihrer Gesamtheit. Sie bedeutet Pflege und Veredelung über das Maß des Nützlichen hinaus. Sie ist nie nur ein Museum seltener Architektur-Wertstücke, sondern meint immer die Gesamtheit des Gebauten.

Baukultur kann nur entstehen, wenn die Planenden und Ausführenden wieder zum gemeinsamen Werk zusammenfinden, statt daß jeder nach seinen eigenen Normen und Interessen arbeitet.

In einem halben Jahrhundert gab es nicht soviel Innovation, Anregung und Aufregung um die Architektur, wie in den vergangenen Jahren mit ihren geistigen und künstlerischen Bewegungen. Auch das Essen ist besser geworden im letzten Jahrzehnt, und daran haben unsere Kontakte mit dem Ausland keinen geringen Anteil. Nur weil wir mehr gebaut haben als die anderen, muß es noch lang nicht besser sein. Drum sollten wir auch den Philistern mißtrauen, die schon wieder das, was morgen kommt, verurteilen, weil es anders ist als gestern, und jenen, die nur auf Rezepte warten, statt selbst etwas zu tun für eine neue Baukultur.

Da war noch eine letzte Frage: Wie gestalten wir die Zukunft? Ich mag sie nicht, die Frage nach der Zukunft. Sie ist bequem, weil sie die Gegenwart immer umgeht, denn das Morgen hat keine andere Vergangenheit, als was wir heute tun.

Spurensuche

Nur oberflächliche Menschen urteilen
nicht nach dem Augenschein.   Oscar Wilde

Der große Pan ist tot

Obwohl es Sommer war und schon gegen Mittag, hing der
Nebel noch in den Bergen und zwischen den Bäumen wie ver-
wehte Tücher aus Gaze. Das konnte oben in den Wäldern gefährlich sein, wenn man zwischen alten Schlangenfichten und
schroffen Felsklippen balancieren mußte oder ein schmaler Pfad
unvermutet über dem Abgrund endete wie drüben am Schwarzen Brand, wo an Sonnentagen waghalsige Kletterer üben. Hier
unten im Tal schien alles ausgestorben. Es war, als hätte die Zeit
den Atem angehalten oder sich entschlossen, rückwärts zu laufen – mir entgegen. Zeit für Spurensuche.

Von der Stelle an, wo sich das Tal verengt und die Straße
hinter der verlassenen Obermühle den Bach kreuzt, kam mir auf
der kurvenreichen Strecke außer einem leeren Bus kein Fahr-
zeug mehr entgegen, so daß ich um so schärfer Ausschau halten
konnte. Auf den feuchten Wiesen über der alten Hammer-
schmiede standen im schattenlosen Licht ein paar blasse Schafe
bewegungslos herum, hingestellt wie die Eisenstühle auf der
verlassenen Terrasse des unwirtlichen Gasthofs am Bachrand.
Die ganze Gegend schien von lastender Stille umhüllt, die nur
von einem mühsamen Hahnenschrei durchbrochen wurde.

Damals mußte man hier schon den Schlag der Äxte gehört
und den Duft des frischen Holzes gewittert haben. Jetzt wehte
der Wind nur anrüchige Schwaden von Jauchedunst herüber,
der sich wohl am Wochenende mit den Auspuffgasen der Auto
kolonnen vereinen würde, die sich wie Flüchtlingsströme durch
das idyllische und für seine Unberührtheit gepriesene Tal drän-

gelten – auf der Suche nach der verlorenen Unschuld der Natur, vergeblich lauschend nach den Klängen einer Hirtenflöte. Tausende mußten schon achtlos an jenem Ort vorüber gefahren sein, den ich suchen und finden wollte. Aber Steine schweigen. Ein paar Male hielt ich an, wenn ich glaubte, die richtige Stelle gefunden zu haben, um nach einem kurzen Rundblick rasch wieder weiterzufahren. Immer fehlte irgend etwas Entscheidendes: Mal war der Hang zu flach, das Tal zu eng, oder war der Wald zu hoch, denn auch nach einem halben Jahrhundert mußte man noch einen Unterschied feststellen können. Ich hatte eine genaue Vorstellung von der Situation im Kopf. Wenn meine Annahmen richtig waren, dann konnte es eigentlich nur eine einzige Stelle geben, wo alles zusammenpaßte, und es war nur eine Sache der Aufmerksamkeit, um sie zu erkennen. Aber die Realität sieht meistens anders aus.

Wieder einsteigen und erfolglos weiterfahren bis ans Ende des Tals. Der Weg zurück scheint kürzer als der Hinweg, wie meist, wenn man eine Strecke schon einmal gefahren ist. Nun liegt der Nordhang rechts von mir, und ich fahre schon zum zweiten Mal daran entlang. Ich hätte mir ja eine bessere Karte besorgen, Leute fragen oder einfach in Bibliotheken und Archiven nachschlagen können. Aber ich wollte Fakten statt Akten und hatte es mir in den Kopf gesetzt, die Bestätigung meiner Annahmen alleine und ohne fremde Hilfe zu finden, genauso, wie sie damals die Stelle ausgekundschaftet haben mußten.

Wie ein Schatzsucher plötzlich weiß, daß er fündig wird, ohne es zu vermuten, trat ich instinktiv auf die Bremse, ließ den Wagen ausrollen, kletterte zielsicher über die steile Böschung, den unmittelbar ansteigenden Hang durch dichtes Unterholz hinauf, rutschte ein paar Mal auf dem nassen Laub ab, riß mir die Hand an einigen Dornen auf, und dann versperrte schon nach dreißig Schritten mitten im Gestrüpp eine breite Barriere aus vermoostem Beton, gespickt mit verrosteten Armierungseisen und abgeschnittenen Stahlankern wie ein Drache im Bannwald den Aufstieg. Ich hatte gefunden, wonach ich suchte, und hastete weiter den Berg hinauf, als müsse ich der Erste sein, zur nächsten und übernächsten Barriere, bis ich oben auf dem Gipfel anlangte und von einer künstlichen Plattform aus ins Hirschbachtal hinunterschaute – und auf die Reste des gigantischen Tribünenmodells für das nie gebaute Stadion, das Albert Speer für das Reichsparteitaggelände in Nürnberg entworfen hatte, damals nicht nur das größte Bauvorhaben der Welt, sondern auch das größte Architekturmodell der Geschichte.

Über das sogenannte deutsche Stadion auf dem Nürnberger Reichsparteitaggelände gibt es mehrere Veröffentlichungen, von denen eine grundlegende, leider nicht publizierte Arbeit von Karin Förster und ein wichtiger Beitrag von Hajo Bernett besonders hervorzuheben sind. Die Spurensuche eines Architekten kann sich daher darauf beschränken, nur das in Erinnerung zu rufen, was im Zusammenhang mit seinen Betrachtungen erforderlich scheint.

Das Deutsche Stadion war die letzte Ergänzung eines Gesamtkonzepts, von dem das Zeppelinfeld, die Kongreßhalle, die Große Straße und das Märzfeld fertiggestellt bzw. schon im Bau waren, als Hitler dem deutschen Volk »einen Bau, wie ihn die Erde noch nicht gesehen hatte« versprach: ein Stadion, das 405 000 Menschen fassen sollte! Mit seinen riesenhaften Ausmaßen stellte es eine Eskalation des Größenwahns dar und bezeichnete zugleich eine Wendemarke in der Baupolitik des Dritten Reiches. Fast gleichzeitig mit der von Hitler schon lange erträumten Großen Halle im Berliner Spreebogen begann sich Staatsarchitektur von bedarfs- und nutzungsorientierten Bauprogrammen zu lösen und zu verselbständigen. Der Wahn, durch physische Größe zu imponieren, war zwar nicht neu in der Geschichte und hatte meist Erfolg, vor allem bei jenen, die

*Hitler und Speer vor der Attrappe
einer Stadionecke in natürlicher Größe*

sich zu kurz gekommen glaubten. In dieser Hinsicht dürfte Hitler alle Rekorde gebrochen haben.

Das Stadion sollte die stattliche Länge von über einem halbe Kilometer, eine Breite von 445 Meter und eine Höhe von 82 Meter erhalten, womit es nicht nur die 77 Meter hohen Turmspitzen der St. Lorenzkirche, sondern auch die ganze Burgsilhouette der Meistersingerstadt überragt hätte. Speer erzählt, er habe sich an dem klassischen Athener Stadion orientiert, das 1896 zur ersten Olympiade der Neuzeit wiederhergestellt worden war. Dieses hätte mit seinen 70 000 Sitzplätzen gerade auf das Spielfeld des geplanten Nürnberger Stadions gepaßt. Größenvergleiche mit dem römischen Circus maximus und seinen 180 000 Plätzen oder mit der Cheopspyramide, deren Volumen von dem des Stadions dreifach übertroffen werden sollte, führten damals keineswegs zur Diagnose der Megalomanie, sondern riefen nach dem deutschen Welterfolg auf der Berliner Olympiade 1936 Begeisterung und stolze Bewunderung hervor. Daß die U-Form für neuzeitliche Sportveranstaltungen gänzlich ungeeignet war; daß die Sichtverhältnisse allein aufgrund der riesigen Entfernungen indiskutabel waren; daß eine sinnvolle sportliche Nutzung überhaupt nicht möglich und von daher wohl auch gar nicht beabsichtigt war, das hat Hajo Bernett aus der Sicht der sportlichen Tauglichkeit bestätigt, daß längst der Geltungsnutzen den Vorrang vor dem Gebrauchsnutzen gewonnen hatte und daß Massenwirkung und Selbstdarstellung zum eigentlichen Zweck der Architektur geworden war. Aber wodurch hätte sich der gigantische Bau denn überhaupt sonst legitimieren können?

Die erst 1987 gefundene Urkunde der Grundsteinlegung gibt darüber mit unerträglich schwülstigen Phrasen nur spärlich Auskunft. Danach sollten sich hier die Deutschen »bis in fernste Jahrhunderte hinein ... im Wettkampf miteinander messen, um das höchste Ziel der nationalsozialistischen Revolution zu verwirklichen: Ein Volk, gestaltet in körperlicher Kraft und Gesundheit, erfüllt von der stolzen Stärke tapferer Männer und schönster Frauen«. Als Speer Hitler darauf hinwies, daß die Maße des Spielfelds nicht mit den Normen übereinstimmten, soll dieser geantwortet haben: »Ganz unwichtig, 1940 finden die olympischen Spiele noch einmal in Tokio statt. Aber danach werden sie für alle Zeiten in Deutschland stattfinden, in diesem Stadion. Und wie das Sportfeld zu bemessen ist, das bestimmen dann wir«. Eigentlich war es auch egal, was man dort veranstaltete. The medium is the message.

Hitler kannte sehr wohl die Wirkung der Massen auf sich selbst und umgekehrt: Sie schaukelten sich gegenseitig auf. Als routinierter Demagoge verstand er es, das emotionale Potential, das sich in jedem vollbesetzten Stadium anstaut, mit übersteuertem Gebrüll freizusetzen und unterstützt vom Widerhall der Lautsprecher zu einem kollektiven Orgasmus zu steigern: Ein Volk, ein Reich, ein Führer! Das war der eigentliche Zweck des Riesenstadions, aus 405 000 Individuen ein einziges Kollektivwesen zu machen, das um so willenloser reagierte, je mehr es sich dem »Gemeinschaftserlebnis« und dem Rausch des großen Spektakels hingibt: »Soma« für das Volk. Für diesen Zweck der Masseninszenierung waren nicht nur die Ausmaße des Raums, sondern gerade seine U-Form viel besser geeignet als ein kesselförmig umschlossenes Stadion. Sie zeigte eine eindeutige Schauseite, ein Portal, in dessen Tiefe man schon von weitem hineingezogen wurde. Aus dem gigantischen Raum heraus würde sich der Blick wie durch ein Bergtal in die Ebene öffnen und aus ungewohnter Höhe das Gefühl von Weite, Überlegenheit, Offenheit, warum nicht gar berauschender Erhabenheit verleihen. Die offene Längsachse des Stadions verband sich mit der Landschaft, zielte ins Unendliche und bezog auch die Menschen außerhalb mit ein, wogegen das zentrierte Stadion sich immer nach außen abgrenzt, auf eine Mitte konzentriert und einen offenen Übergang zur Landschaft ausschließt. So gesehen wäre der geplante Riesenbau zwar falsch für eine sportliche oder spielerische Gebrauchsfunktion, aber ideal für seinen eigentlichen Zweck, der größenwahnsinnigen Darstellung der totalen Macht gewesen.

Es ist keineswegs verboten, daß Architektur beeindrucken darf. Es ist jedoch ein deutsches Trauma, das meist auf biographischen Ursachen beruht, schon die Grundelemente der Architektur als »Machtinstrumente der Unterdrückung« zu verdächtigen. Dieses Stadion hätte auch den Wahn einer schönen neuen Welt, das Gefühl einer nie erlebten Aufwertung und Befreiung des einzelnen in der Masse auslösen können, und man möge sich ruhig darüber streiten, was von beidem das Schlimmere wäre. Im Gegensatz zur verschämten Publikation von Bauten der Demokratie brachte die Diktatur ihre Projekte schon im Vorfeld in eindrucksvollster Weise unter die Leute. Die schwindelhaften Bausummen störten niemanden, denn solche Investitionen verhießen Arbeit und Sicherheit. Allerdings wurde Architektur auch nicht zur Diskussion gestellt, und es hätte niemand gewagt, etwas dagegen zu sagen, abgesehen davon, daß die Bauten durchaus nach dem Geschmack der Leute waren. Die monumentale Staatsarchitektur war eben nicht nur eine Form absolutistischer oder egozentrischer Glorifizierung. Sie kam der Gefühlsstruktur des unterdrückten Kleinbürgers mit seinem Wunsch nach Anerkennung und Stolz durchaus entgegen. In ihr konnte er sein verlorenes Selbstbewußtsein wiederfinden und sie bot darüber hinaus die Chance zur nationalen Identifikation.

Albert Speer begründete die städtebauliche Lage des U-förmigen Stadions an der zwei km langen und 80 m breiten Aufmarschachse, die längst als Autowaschstraße für die Nürnberger einen praktischen Nutzen hat, fachmännisch mit der optimalen Orientierung eines Stadions, nämlich von Nordwesten

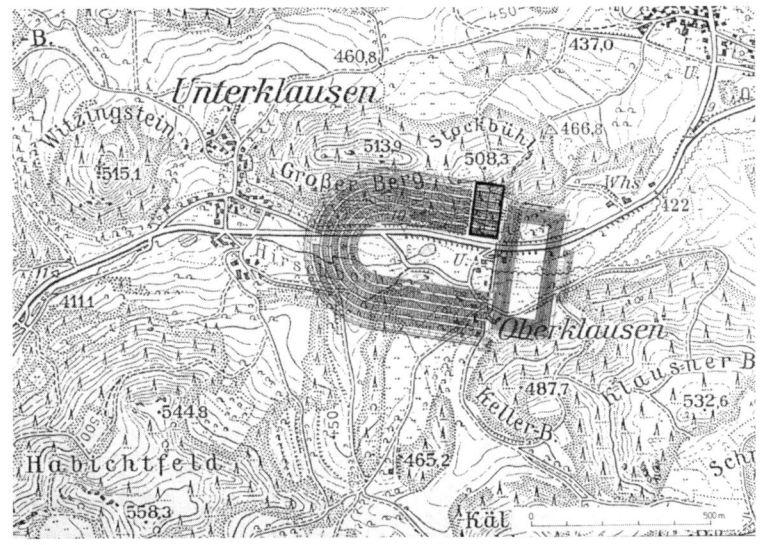

Topographische Karte des Hirschbachtals
Größenvergleich des Modellausschnitts

nach Südosten, damit für die Mehrzahl der Besucher die Sonne
im Rücken steht. Speer hat hier wohl wieder mit der Unaufmerksamkeit seiner Leser gerechnet, denn die Straße lag bereits,
und im städtebaulichen Gesamtkonzept hätte es gar keine andere Möglichkeit gegeben, als das Stadion im rechten Winkel zu
ihr anzuordnen. Es war ein reiner Zufall, daß die Achse gerade
richtig lag.

Sicherlich ist es eine Gewohnheit unserer Zeit geworden, bei
allem immer nach Zweck und Bedarf zu fragen, auch in der
Architektur. Die wenigsten bedeutenden Bauwerke der Geschichte waren jedoch von solchen Nützlichkeitserwägungen
bestimmt. Niemand brauchte das Deutsche Stadion außer Hitler und sein engagierter Compagnon Speer, und jeder bestärkte
den anderen in der Notwendigkeit des Bauwerks. Beide dürften

wohl davon überzeugt gewesen sein, daß sie dem Volk damit einen großen Wohlgefallen erweisen würden. Und um sich dieses zu beweisen brauchten sie auch das maß- und nutzlose Phantom im Hirschbachtal als ihre Probebühne.

Potemkin im Hirschbachtal

»Wir studierten an einem Hang etwa gleicher Neigung, dessen Unebenheiten wir durch Holzkonstruktionen ausglichen, ob auf den oberen Rängen den sportlichen Veranstaltungen noch zu folgen war«, schreibt Albert Speer in seinen Erinnerungen. Auf Anhieb klingt das vernünftig, denn wie hätte man es auch anders machen sollen? Ein freistehendes Modell eines Tribünenausschnitts mit einer Höhe von über 80 m, mehr als doppelt so hoch wie das Kolosseum, was Speer ursprünglich vorhatte, hätte zur Aufnahme der Eigenlasten und aller Aussteifungen gegen Sog- und Windkräfte eine gigantische Ingenieurkonstruktion und immense Kosten erfordert. Man hätte auch gleich ein Stück des Rohbaus errichten können. Die Neigung des Hangs enthob den Architekten seiner Sorgen.

Aber hätte es an einem Hang überhaupt des Baus einer Tribüne bedurft, um nachzuprüfen, ob man von oben noch was sieht? Das hätte man einfacher haben können: Man brauchte nur den Berg hinaufzusteigen und hinunterzuschauen, was auch zu keinen anderen Erkenntnissen geführt hätte, als die, die man den Plänen entnehmen konnte: daß die kürzeste Blickentfernung vom oberen Rang ins Stadion ca. 200 m, bis in die Mitte des Spielfeldes ca. 300 m, die auf die gegenüberliegende Seite ca. 400 m, und bis ans Ende des Stadions ca. einen halben Kilometer betrug. Die Menschen hätten eben wie unter dem Mikroskop ausgesehen. Daß das alles viel zu groß war, hatte dem jungen Speer auch sein Kollege Ernst Neufert sagen können, mit dem er schon damals eng zusammengearbeitet hatte.

In der weltbekannten Bauentwurfslehre von Neufert, die immerhin schon im März 1936 – also gerade rechtzeitig – im Bauwelt-Verlag erschienen war, hatte der Autor die Höchstgrenze für die Sichtlinien in Sportstadien mit ca. 100 m in der Quere und ca. 140 m in der Längsrichtung angegeben, und Neufert war gewiß nicht kleinlich. Wozu also der Aufwand von 1,5 Millionen Reichsmark – für die damalige Zeit eine horrende Summe – um nachzuweisen, daß bei größerer Entfernung alles kleiner erscheint?

Außerdem war doch die Entwurfsplanung schon längst abgeschlossen, und man arbeitete an den Details. Das große Gesamtmodell war gerade auf der Weltausstellung in Paris 1937 im Deutschen Pavillon als Attraktion bewundert und in Zusammenhang mit der Gesamtanlage für das Reichsparteitagsgelände sogar mit einem Grand Prix ausgezeichnet worden – übrigens unter dem sozialistischen Kabinett des jüdischen Leon Blum. Dramatisch ausgeleuchtete Fotos eines perfekten Holzmodells im Maßstab 1 : 200 wurden in vorbildlich gestalteten Zeitschriften und Büchern auf Kunstdruckpapier verbreitet. Dieses Modell stand auf der Ersten Deutschen Architekturausstellung im »Münchner Hause der Deutschen Kunst« 1938 im Mittelpunkt des Interesses. War es da nicht ein wenig spät, um sich noch Gedanken darüber zu machen, ob man von den oberen Rängen etwas sehen würde? Oder kam es etwa gar nicht darauf an?

Wenn Speer seine Bemerkungen dennoch fortsetzt und feststellt: »Das Ergebnis war positiver als ich angenommen hatte«, fragt man sich, was er wohl erwartet hatte. Speer war ein intelligenter, ehrgeiziger und talentierter junger Architekt mit einem gut organisierten Stab von erfahrenen Mitarbeitern. Da er selbst keine Neigung zum Zynismus hatte, konnte seine Äußerung nur auf eines schließen lassen: daß es eben nicht der eigentliche Zweck des Stadions war, sportlichen Veranstaltungen zuzuschauen, auch wenn er im Hirschbachtal einen Trupp

Männer vom Arbeitsdienst zur Demonstration herumturnen ließ. Was da in Nürnberg und später in Berlin im Maßstab 1 : 1, also in natürlicher Größe fieberhaft gebaut, fotografiert und publiziert wurde, das waren keine Modelle, sondern propagandistische Attrappen. Unter einem Modell versteht man in der Regel eine vereinfachte Darstellung in verkleinertem Maßstab, die eine Untersuchung oder Erforschung erst möglich macht, also einen Arbeitsschritt, aus dem gezielte Erkenntnisse für die Ausführung gewonnen werden sollen. Die Attrappe dagegen ist eine täuschend ähnliche Nachbildung, eine Schaupackung in natürlicher Größe gewissermaßen, die Wirklichkeit suggerieren soll wie im Filmstudio von Warner Brothers oder bei Potemkin, der Attrappendörfer errichten ließ, um seiner Zarin etwas vorzumachen. So dienten auch die raffinierten Fotoeinstellungen und Ausleuchtungen der perfekt gearbeiteten Modelle viel weniger dem Studium von Proportionen, Material und Detail, als vor allem der propagandistischen Verbreitung von Fortschritt, Tatkraft und Verherrlichung der Nation und nicht zuletzt als Kulisse für die Auftritte des furchtbarsten Schauspielers der Geschichte, Adolf Hitler.

Natürlich waren das nicht die ersten 1 : 1-Modelle, die die Baugeschichte kannte. Aber diese dienten meist der vergleichenden Wahl zwischen Alternativen. Albert Speer bestätigte meine Vermutung in einem persönlichen Gespräch »von Architekt zu Architekt«, daß die Modelle in natürlicher Größe nur selten Änderungen in der Bauausführung zur Folge gehabt hätten, und auch Hitler hätte sie meist als fertige Ergebnisse betrachtet. Beiden ging es nicht um die Überprüfung von Proportionen oder die Korrektur von Details, sondern primär um die Illusion. Architektur war nicht mehr Mittel, sondern Ziel, Architektur war selbst Inhalt, Funktion und Zweck geworden, zweckloser Selbstzweck. In der Überzeugung von der Autonomie staatlicher Architektur trafen sich Bauherr und Architekt. Technische oder

Holzkonstruktion eines Segments des Stadions 1:1
am Hang des Hirschbachtals

funktionale Untersuchungen mochten dazu dienen, die Errichtung der Riesenattrappen formell zu begründen. Auch die Selbstdarstellung braucht administrative Legitimation. Seinem Bauherrn gegenüber hätte es dieser Vorsicht sicher nicht bedurft. Beide brauchten Staatsattrappen für den Attrappenstaat, in dem sich alle etwas vormachten – gegenseitig und sich selbst.

Ortstermin

Berge gibt es schon. Man müßte nur den richtigen finden, an dessen Hang sich eine riesige Tribüne lehnen könnte, so wie die antiken Theater meist aus der Topographie entstanden waren, wo man nur den Rücken ausrunden, den Boden den Fußsohlen anpassen, die Tritt zum Sitzen gerecht machen brauchte. Es ist die diagnostische Leistung der Ortsfindung, die Bewunderung verdient, und nicht so sehr die architektonische Durchbildung, die oft Jahrzehnte und Jahrhunderte später erfolgte. Erst mußte man einen Ort finden, dann ergab sich auch die Gelegenheit, einen Ort zu stiften.

Die Idealforderungen an solch einen Standort sind schnell gefunden:

- aus praktischen Erwägungen sollte er nicht allzuweit von der Nürnberger Baustelle entfernt liegen,
- er mußte gut erschlossen sein, den Transport von Baumaschinen, Material und Versorgungseinrichtungen ermöglichen und für Besucher erreichbar sein,
- der Hang mußte die Höhe des Stadions, also ca. 90 m und eine möglichst gleichmäßige Steigung wie die geplante Stadiontribüne haben,
- man würde einen Südhang wählen, denn er läge tagsüber am längsten in der Sonne und würde stimmungsvolle Fotos in jeder Lichtsituation mit steilen kurzen oder flachen langen Schatten erlauben, was für die propagandistische Auswertung von Bedeutung war. Außerdem würde man die Betrachter der Anlage nicht ins Gegenlicht blicken lassen. Das Tal müßte also in Ost-/Westrichtung verlaufen,
- am Hangfuß bedürfte es einer größeren ebenen Fläche für Baustelleneinrichtung, Materiallager, Sägewerksbetrieb, Zimmereien, Maschinen und Baracken in unmittelbarer Verbindung zum Bauplatz,
- schließlich brauchte man auf der gegenüberliegenden Seite des Tals etwa auf halber Höhe einen gut erreichbaren prominenten Standort, eine Art von Feldherrnhügel, gerade so weit entfernt, als ob man sich auf der gegenüberliegenden Tribüne des Stadions befände, um das Werk bestaunen zu können

Zieht man die determinierenden Vorgaben und das organisatorische Talent Speers ins Kalkül, so kann man sicher sein, daß er sich einen Ort zu finden bemühte, der alle Voraussetzungen optimal erfüllte. Das bedingte entweder eine systematische Bereisung der näheren und weiteren Umgebung von Nürnberg, was Wochen und Monate in Anspruch genommen und jeweils Grobvermessungen nötig gemacht hätte. Oder man könnte anhand einer sorgfältigen Karte mit Eintragung der Höhenlinien geeignete Orte einkreisen, um diese gezielt auf ihre Übereinstimmung mit den Kriterien zu prüfen. Ein nachträglicher Blick auf die topografische Karte 1 : 25 000 des Bayerischen Landesvermessungsamtes München von 1939 zeigt ein so hohes Maß an Genauigkeit, daß es ohne weiteres möglich war, nach dieser Methode vorzugehen. Eine probeweise Untersuchung des Kartenblattes Pommelsbrunn im Maßstab 1 : 25 000 bewies, daß auf einer Fläche von ca. 150 km² tatsächlich keine geeignetere Stelle zu finden gewesen wäre, als das Waldstück bei Oberklausen im Hirschbachtal.

Das Hirschbachtal liegt von Nürnberg etwa 35 km entfernt und ist auf der B 14 über Lauf-Hersbruck zu erreichen, von wo die Straße nach Königstein abzweigt. Die Landstraße führt über Hirschbach unmittelbar an der kleinen Abzweigung nach Oberlausen am Fuß eines Hangs vorbei, der von einer Meereshöhe von 419,0 m im Tal zum Stockbühl mit einer Gipfelhöhe von 508,3 m ansteigt, also ca. 90 m. Die Talaue weitet sich hier zu einer Ebene aus, die sich hervorragend für die Einrichtung einer Großbaustelle eignet. Ein noch bestehendes Transformatorenhäuschen garantierte schon damals die Stromversorgung. Vis-à-vis des Tribünenhangs liegt auf einer Höhe von ca. 430,0 m das Dörfchen Oberklausen in einer Entfernung, die der mittleren Breite des geplanten Stadions entspricht, umgeben von flachen Wiesen und einem kleinen Plateau am Wegesrand, das sich für einen direkten Ausblick auf den besonnten Tribünenhang anbot: insgesamt eine Meisterleistung geomorphologischer Treffsicherheit.

Hier standen am 21. März 1938, zwei Tage nach Speers 33. Geburtstag und knapp einen Monat vor Hitlers 49. Geburtstag der Führer und sein junger Erzbaumeister zusammen, um ihr Werk zu bewundern. 40 000 Menschen hätten alleine auf diesem Holzmodell Platz gehabt, an dem 400 Mann in Tag- und Nachtschicht zwei Jahre lang gearbeitet haben sollen. Das Holz hat hinterher noch eine nützliche Verwendung gefunden. Mit ihm bauten die Bewohner des Tals ihre Häuser wieder auf, die bei der Eroberung des Phantoms in den letzten Kriegstagen 1945 zusammengeschossen wurden. Die Leute im Tal können sich kaum noch an den Ort erinnern, und der Wald ist wieder über den Hang gekommen. Aber auch die Natur ist vergeßlich und dort, wo sie damals mit ihren Reitstiefeln auf den Wiesen am andern Hang standen, blühen wie immer im Frühjahr die Schlüsselblumen.

Mutmaßungen eines Architekten

Der Verlockung, aus der reinen Anschauung Schlüsse zu ziehen und Thesen aufzustellen, pflegen seriöse Wissenschaftler nach eigenen Aussagen zu widerstehen, was allerdings nicht immer zutrifft. Sie mögen es daher dem unbefangenen Architekten nachsehen, wenn ihn die Authentizität des Vorgefundenen dazu anregt, sich Gedanken zu machen, die zwangsläufig von Überlegungen begleitet werden, wie er selbst die gestellte Bauaufgabe gelöst haben würde.

Vitruv gibt als ideale Steigung für die Tribüne eines Stadions das Verhältnis von Höhe zu Breite mit 1 : 2 an, vermutlich, weil es sich so gut rechnen läßt. Der ausgewählte Hang bei Oberklausen kam dieser Proportion mit 1 : 2,13 sehr nahe. Speer hatte für sein Stadion eine steilere Steigung von 1 : 1,6 angenommen, was zunächst auf den gewohnten zeichnerischen Umgang mit dem 30 Grad-Winkel zurückzuführen wäre. (Nervi hatte seinen Stadien das Verhältnis von 1 : 1,5 zugrunde gelegt.)

Speer wollte zur Verbesserung der Sichtverhältnisse von einer Überhöhung der Sitzstufen Gebrauch machen, wie man sie von Kino und Theater her längst kannte, obwohl das bei den riesigen Entfernungen auf das Spielfeld auch nichts mehr gebracht hätte. Hingegen mögen durchaus ästhetische Gründe eine Rolle gespielt haben, denn eine parabolische Kurve hätte gegenüber einem linearen Anstieg die monumentale Starrheit des Innenraums gemildert und in Schwung gebracht. Eine wesentliche Vereinfachung des Großmodells bedeutete die Verwandlung der Parabel in einen Polygonzug aus fünf Rängen mit jeweils gleichmäßig ansteigendem Gestühl, aber wachsenden Steigungswinkeln. Aus der unterschiedlichen Überhöhung der fünf Ränge ergab sich somit für den unteren Abschnitt eine Steigung von nur 1 : 2,2, also flacher als die Neigung des Hanges. Der oberste Rang zeigte jedoch eine ziemlich steile Steigung von 1:1,3. Ein solches polygongekrümmtes Modell paßte jedoch nicht auf einen gleichmäßig ansteigenden Hang. Die konkave Form hätte entweder im mittleren Bereich um über 10 m eingegraben werden müssen, was bei dem felsigen Untergrund aufwendig und zeitraubend gewesen wäre, oder sie mußte an beiden Enden durch hohe Unterkonstruktionen abgestützt werden. Die Bemerkung Speers, man brauche nur die Unebenheiten des Hanges auszugleichen, erweist sich also als eine charmante Vereinfachung des Problems, denn die Fotos des Hirschbachtal-Modells zeigen einen ganzen Wald von Balken und Sprießen der gewaltigen Unterkonstruktionen, die am oberen Rand der Tribüne mehr als 10 m über das Gelände herausragten. Es hat sogar den Anschein, als sei hier der obere Abschluß höher und der Neigungswinkel des fünften Ranges steiler als in den Plänen.

Neben dieser Tribüne fällt eine zweite mit einer geringeren Überhöhung auf, neben der ein dritter Streifen zu erkennen ist, der in der Fallinie des Hanges zu liegen scheint. Obwohl dieser auf keiner der Abbildungen einen Tribünenaufbau trägt, hat man die betonierten Fundamentstreifen quer über den Hang gezogen, woraus man schließen könnte, daß man erst später zu der Einsicht gelangte, daß der Hang alleine ja genüge, die Sichtverhältnisse zu prüfen. Sucht man nach einer Begründung, warum Speer sich nicht auf die ursprüngliche mittlere Lösung beschränkte, sondern eine steilere und eine flachere Alternative probierte, so ist man auf Spekulationen angewiesen, sofern es keine gültigen Aussagen dazu gibt. Möglich wäre indessen, daß der Blick von der schwindelhaften Höhe in den Trichter des Stadions mit seiner großen Steigung vom obersten Rang aus doch zu unbehaglich und zu atemberaubend war und man daher versuchte, ihn durch flachere Ränge zu mildern. Es könnte natürlich auch sein, daß man Alternativen als Begründung dafür brauchte, daß sich ein Architekt ein solch teures Riesenspielzeug bauen durfte.

Der dritte, nicht aufgebaute Tribünenabschnitt wird auf den Fotos an seiner Krone durch eine turmartige Bastion mit zwei Rundbögen begrenzt. Dabei kann es sich nicht um ein Teilmodell eines der beiden 100 m hohen Ecktürme der Stadionfront gehandelt haben, die als Wasserreservoir Verwendung finden sollten. Alle publizierten Pläne zeigen diese 30 m breiten Pylone mit ungegliederten Mauerwerksflächen und ohne Öffnungen, was dem monolithischen Charakter der Anlage entsprochen hätte. Die beiden Rundbögen, von denen der linke vom Baugerüst verdeckt ist, entsprechen vielmehr in ihren Maßen genau jenen Arkaden, die sich um die gesamte Außenwand legen sollten. Man plazierte diesen Fassadenausschnitt der Einfachheit halber neben die Tribünenansicht.

Die genaue Betrachtung des Bauablaufs anhand der Fotos und des Geländes dürfte auch die Annahme in Frage stellen, der vermeintliche Eckturm sei aus Naturstein aufgemauert worden. Die Bilder lassen erkennen, wie zuerst eine Holzkonstruktion errichtet wird, wie diese mit Brettern zur Wand verschalt wird, und wie man sich dann bemühte, den Steinschnitt der Rundbögen durch konisch zugesägte Bretter nachzubilden, die erst an Ort und Stelle, also im Bogen selbst rundgesägt wurden. An diesem Fassadenmodell fällt allerdings ein anderes Detail auf, das auf den Zeichnungen und Modellabbildungen in mehreren Varianten auftaucht: ein romanischer Rundbogenfries mit Zahnschnitt, der sich anstelle eines straffen Horizontalgesimses wie bei den bestehenden Parteitagsbauten um die gesamte Außenfront ziehen sollte. Dieser stilistische Ausrutscher an einem Bau, der von seinen Interpreten immer als typischer Neoklassizismus beschrieben wird, ist vielsagend. Einmal zeigt sich, daß das Großmodell doch nicht nur propagandistischer Demonstration diente, sondern, in diesem Fall wohl auch zu gestalterischen Studien. Zum anderen macht er deutlich, daß dem Architekten der tiefere Sinn eines Rundbogenfrieses, durch die Verbindung seitlicher Lisenen Wände einzurahmen und Massen zu gliedern, wohl nicht geläufig war. Dieses klassische Gestaltungselement einfach als Girlande zu mißbrauchen, verrät eine Stilunsicherheit, die man dem jungen Speer noch nachsehen könnte, nicht aber, daß er offenbar hier begann, sich solcher eklektizistischer Motive zu bedienen, die bald darauf die Architektur der neuen Reichskanzlei und vieler, gottlob ungebauter, Projekte mit ihrem vordergründigen Stilmischmasch prägten, dessen Vergleich die ersten Nürnberger Bauten trotz ihrer absurden Dimensionen immer noch »moderner« erscheinen lassen.

War dies der unangebrachte Versuch, noch so etwas wie gewohnte Maßstäbe in die Kolossalarchitektur zu bringen? Sollte der Rundbogenfries als eine Huldigung an das mittelalterliche Nürnberg oder als eine Assoziation an die rheinischen Kaiserdome verstanden werden? Noch mehr Anlaß an der Gestaltungsunsicherheit zu zweifeln, sofern er selbst solche Details angeregt hat, geben die schwerfälligen triglyphenartigen Aufsätze auf der Mauerkrone, die wie überdimensionale Laternen wirken.

Zu diesem Attikageschoß waren verschiedene Varianten versucht und publiziert worden und man weiß, daß sich Speer mit dieser Mauerbekrönung ziemlich lang herumgeschlagen hat. Sie zeigen einen Teil des gleichförmig umlaufenden Attikaaufbaus, nach außen wie eine endlose Zahnstange über dem Rundbogenfries gewirkt hätte. Speer scheint diese Version bevorzugt zu haben, denn er wählte sie selbst für sein Buch im Propyläen-Verlag 1978. Die Modellversuche zeigen jedenfalls, daß sie keine Verbesserung dargestellt haben würden. Da wären die 60 Opferschalen, die den Bau ringsum weihevoll einrahmen sollten, gestalterisch noch immer die bessere Lösung gewesen. Auch der Umgang mit der Monumentalität hat eben Regeln und braucht Erfahrung.

Aber läge nicht auch die Vermutung nahe, daß sich der 32jährige Architekt dem kleinbürgerlichen Geschmack des größten Führers und Bauherrn aller Zeiten, der sich selbst für einen verkannten Meisterarchitekten hielt, gebeugt hat, weil diesem der ursprüngliche Entwurf vielleicht doch zu sachlich oder zu »römisch« war? Oder sollte Speer selbst auf einmal Skrupel oder Angst bekommen haben? Darüber werden die Akten nichts berichten, denn die eigenen Unsicherheiten und Irrtümer pflegen Architekten entweder zur Absicht zu erklären, zu beschönigen, andern in die Schuhe zu schieben – oder für sich zu behalten.

Neue Spuren – Alte Fährten

Ein sensationeller Fund war 1987 im Nürnberger Stadtarchiv aufgetaucht, unter dem sich die Urkunde der Grundsteinlegung für das Deutsche Stadion von 1937 befand, aber erst 1992 wurde die Existenz des Grundsteins selbst bekannt. 55 Jahre lang war der 1,00 m hohe Granitblock auf einem ca. 1,70 m hohen Backsteinsockel im dichten Gestrüpp, nur ein paar Schritte von der großen Straße entfernt verborgen geblieben, bis er identifiziert wurde. Wie der Gletscher seine Opfer, gibt auch die Geschichte ihre Zeugen nur langsam preis.

Man sagt, die Steine reden. Das ist falsch. Von alleine sagen sie gar nichts, sondern stehen nur da. Wer keine Fragen hat, bekommt auch keine Antworten. Manchem sagen sie nur, was er am liebsten hören möchte. Manchem gelingt es zu erfahren, was sie verschweigen. Ein hoher Steinpfeiler im Dickicht oder großmächtige Betonstufen im Wald sind mehr als Stücke aus Ziegel, Zement oder Eisen. Es sind namenlose Orte von beklemmender Authentizität, Orte der Wahrheit.

Dreimal fiel am 9. September 1937 der versilberte Hammer in Hitlers Hand vor 7000 Gästen auf jenen Granitwürfel der nur 1,00 m aus der großen Holztribüne herausschaute. Damit setzte er den Bau des größten Stadions der Geschichte ins Werk.

Zeugen berichteten, er habe wie versteinert und seltsam unbeteiligt gewirkt; man kannte das bereits von anderen Anlässen her. Er sei indisponiert gewesen, hieß es. Vielleicht haben die Hitler-Biographen verdrängt, daß auch er nur ein Mensch war – so schwer es einem zu sagen fällt. Vielleicht stand hier gar nicht der Triumphator, sondern einer der Angst hatte und sich selbst gefragt haben mag, wohin das alles führe; einer, der immer B sagen mußte, weil er schon so oft A gebrüllt hatte; einer dem die eigenen Verkündigungen schon längst zur unentrinnbaren Fessel geworden waren, die kein Widerruf mehr hätte lösen können; einer, der schon unterwegs war, zwischen Hybris und Nemesis, wo es keine Umkehr gibt: vielleicht der einzige, der seinen Untergang voraussah und in Erwartung der Götterdämmerung den Höllensturz mit desto größerem Einsatz inszenierte, nicht um ihn zu beschleunigen, sondern um sicher zu sein, daß nichts mehr übrig bliebe.

Aber die Spuren der Geschichte sind dauerhaft, und Steine haben ein Gedächtnis, das nicht vergißt. Inzwischen werden andere Biographien begradigt oder verkrümmt, und abermals werden Spuren beseitigt und Fährten verwischt: Dresden, Chemnitz, Magdeburg, Berlin. Überall sind Fälscher am Werk. Es ist ein Zeichen eines verlorenen Geschichtsbewußtseins, daß viele nicht wissen, wie sie mit ihren Zeugnissen umgehen sollen. Die einen wollen sie vernichten, um unliebsame Vergangenheiten zu tilgen. Die anderen sagen, sie brauchen sie »um die Vergangenheit zu bewältigen«. Aber was bewältigt ist, ist auch erledigt.

Geschichte kann man nicht erledigen. Gras mag darüber wachsen. Es verdeckt die Spuren nur, aber es tilgt sie nicht. Wir müssen Spuren suchen, um zu den Ursprüngen zu finden. Wir müssen Steine befragen, um Geschichte zu entziffern. Wir müssen Spuren aufdecken, um Vergangenheit zu vergegenwärtigen. Wer Spuren vernichtet, fälscht die Geschichte und betrügt die Zukunft. Wer Spuren verfolgt, sucht nach Wahrheit. Wer Spuren sichert, protestiert gegen die Abschaffung von Erinnerung.

*Der hochgemauerte Backsteinsockel in situ
für die Grundsteinlegung 1936*

Offener Brief

Sehr geehrter Herr Speer,

Sie mögen sich fragen, weshalb die Publikation Ihrer Bauten und Projekte von 1933 bis 1942 so viel Unmut, Verärgerung und empörte Kritik ausgelöst hat und gerade bei Architekten auf so entschiedene Ablehnung gestoßen ist, wo doch die neuerliche Auseinandersetzung mit dem Klassizismus Ihrer Absicht nach einer Aufwertung Ihrer Entwürfe eher entgegenzukommen schien. Kaum jemand hätte sich an einer sachlichen und sorgfältigen Dokumentation der unter Ihrer Zuständigkeit entstandenen Arbeiten als Beitrag zur Zeitgeschichte gestört. Diese Aufgabe haben Sie jedoch mit der Herausgabe einer eigenen »Festschrift« verwechselt, die als die späte Krönung eines Lebenswerks verstanden werden will. Gerade deswegen darf dieses Buch nicht totgeschwiegen oder mit taktvoller Zurückhaltung umgangen werden, sondern fordert eine offene Antwort.

Für den 1933 noch nicht einmal dreißigjährigen Glückspilz brauchten Sie kaum um Verständnis und Nachsicht zu werben. Architekten und Künstler wissen, daß es noch nie ihre Stärke war, Verlockungen zu widerstehen. Aber dieses Speerbuch wird nicht von einem jungfräulichen Architekten, sondern von einem über siebzigjährigen Mann vorgelegt, dessen Lebensschicksal zwischen frevelhaftem Übermut und Vergeltung für viele zum Anlaß geworden war, über die Hintergründe der opportunistischen Grundhaltung nachzudenken, die den schöpferisch gewillten Idealisten – ob Künstler oder Techniker – so leicht verführbar und in seiner unkritischen Wirksamkeit so gefährlich macht. Es war offenbar ein Irrtum zu hoffen, Sie selbst hätten diese Einsichten gewinnen und damit zur Schärfung eines moralischen Bewußtseins unmittelbar beitragen können. Im Gegenteil: Ihr gutbürgerliches Charisma hat Sie zu jeder Zeit vor Infektionen geschützt, weil es immer nur die anderen ansteckte.

Nicht für den Autor, sondern für den Verfasser der Bauten und des Vorworts dieses Buches steht Ihr Name. Aber es soll und kann gar nicht daran gezweifelt werden, daß Sie selbst dieser Autor sind, den die demonstrativ gediegene Aufmachung des Werkes gleichsam als Titelhelden herausstellt. Nur Sie können die Auswahl und Zusammenstellung der Abbildungen und den Abdruck der scheinobjektiven Bildunterschriften und Zwischentexte suggeriert haben, die sich wie eine wundertätige Ikone selbst geschrieben zu haben scheinen. Nur Sie können es gerichtet haben, daß zugunsten ihres Vorwortes die wissenschaftlichen Beiträge von drei bedeutenden Kunsthistorikern (Karl Arndt, Göttingen – Georg Friedrich Koch, Darmstadt – Lars Olof Larsson, Stockholm) ohne deren Wissen ans Ende dieses Buches gerückt und als Alibi für Ihre Selbstdarstellung mißbraucht wurden. Wie gut hat sich auch sonst alles gefügt: das angesehene Werkbundmitglied druckte, was der links engagierte Akademieprofessor typografisch zeitgerecht gestaltete und was nun ein Verlag von internationalem Ruf verbreitet, alles um der Wahrheit willen. Man kann keinem etwas anhaben – es ist fast wie damals.

Das Vorwort aus Ihrer Hand läßt keine Zweifel; es ist eine fatale Verzerrung von Wertbegriffen und ein empörendes Stück Geschichtsklitterung: fatal, weil es die Argumente der kunsthistorischen Kritik zur Bestätigung einer bislang von niemandem behaupteten Qualität Ihrer Bauten ummünzt und die Schwäche des Architekten ganz auf dessen Unterwerfung unter den Machtanspruch des Auftraggebers Hitler reduziert; empörend, weil Sie den Leser für so unkritisch halten, daß er sich von der Irrationalität Ihrer Argumente überzeugen ließe. Sie weben unter der Hand Querverbindungen zwischen dem Parthenon, den Kathedralen, den sieben Weltwundern und Ihren Bauten, so daß sich die Assoziation wie von selbst einstellt, daß doch die Berliner Kuppel oder das Nürnberger Stadion das achte oder neunte hätten werden können. Sie wollen kritisieren, aber sich nicht distanzieren. Das klingt gut; aber wo tun Sie es denn? Sie übertrumpfen Ihre behutsamen Kritiker geradezu in der Hervorhebung des totalen Herrschaftsanspruchs der nationalsozialistischen Architektur, lassen aber durchblicken, daß Ihnen dessen Umsetzung doch ganz gut gelungen sei. Zwar wollen Sie das Argument der Übergröße Ihrer Bauten nicht gelten lassen; es hätte auch früher schon Großes in der Baugeschichte gegeben. Aber für die frühen Bestrebungen der Sowjets wählen Sie das Wort »gewalttätig«.

Sie stellen lakonisch fest, daß es gegen Maßstabslosigkeit kein Mittel in der Architektur gäbe, als sei das halt so. Dabei ist sie doch gerade Ihr architektonisches Mittel gewesen!

Sie bemühen Goethe und zitieren seine Schilderung über die Arena von Verona; aber Sie lassen ihn durch Umstellungen und Kürzungen seines Zitats als Ihren Fürsprecher erscheinen. Sie bestehen darauf, daß Ihre Bauten nicht ideologische, sondern politische Aufgabenstellungen interpretiert hätten. Abgesehen davon, daß es das eine nicht ohne das andere gibt, sagen Sie in einem Interview im Januar 1979, das einzige Neue in der Architektur sei »die von der Ideologie her verursachte Aufgabenstellung« gewesen.

Sie gehen neuerdings gar so weit, die Formelemente der nationalsozialistischen Architektur pauschal auf die führenden Vertreter der Jugendstilbewegung zurückzuführen. Sie nehmen beiläufig noch das Prädikat eines Künstlers in Anspruch. Ob diese Behauptungen von Ihnen absichtsvoll kalkuliert sind oder tatsächlich Ihrem Verständnis von Architektur und Geschichte entspringen: Ich weiß es nicht. Es spielt auch keine Rolle mehr.

Mit allen Vorbehalten bekennen Sie Empfindungen der Befriedigung über Ihr Werk, ja, dieser Band sei alles, was geblieben, »von einem Bauverlangen, das seinesgleichen nicht in der neueren Geschichte kennt«. Im Hinblick auf den Wiederaufbau haben Sie sich da wohl getäuscht. Aber Anna Teut hatte in ihrer frühzeitigen und verdienstvollen Dokumentation »Architektur im Dritten Reich« (Bauwelt – Fundamente Nr. 19) den Gedanken erwogen, Ihre damalige Arbeit mit einer Bilanz der durch die Hitlerregierung – zu der Sie zweifellos gehörten – verursachten Zerstörungen zu beschließen. Nun sind gleichzeitig mit Ihrem Buch zwei Bände über die Schicksale deutscher Baudenkmale im Zweiten Weltkrieg auf dem Gebiet der heutigen DDR erschienen (Beck-Verlag, München). Sie stehen für die Fortsetzung Ihrer Tätigkeit als effizienter Architekt: Werke von 1942 bis 1945. Über zweitausend Abbildungen zeigen die Antwort auf ein »Zerstörungsverlangen«, das auch seinesgleichen nicht in der neueren Geschichte kennt. Sie haben mir klargemacht, daß man den Reichsminister für Bewaffnung und Munition nicht vom Architekten trennen kann.

Es blieb Ihre Architektur, nur mit anderen Mitteln.

Als ich Sie vor sechs Jahren aufsuchte, um von dem Architekten Albert Speer zu erfahren, welche Fragen denn jenen Architekturstudenten und Hochschulassistenten in den fortschrittlichen zwanziger Jahren bewegten, der in den dreißiger Jahren die Gunst seines Führers zu erringen vermochte, sprachen wir über die Verantwortung des Architekten. Sie erzählten von Schmitthenner, der zu Ihnen gesagt habe, ein Architekt müsse immer für alles, was er tue, die Verantwortung übernehmen, und so hätten Sie immer gehandelt. Auch in Nürnberg. So stehen Sie zu Ihrer Arbeit und schreiben: »Die Verleugnung des Werkes wäre das Dementi der Person.« Das klingt sehr ehrenhaft und hat doch keinerlei Bedeutung: Verantwortung ohne Konsequenz.

Ihr Buch und Ihr Vorwort haben Sie in abgründige Erinnerung gebracht und Klarheit wider Willen geschaffen. Der alte Speer ist trotz aller Erfahrungen und geäußerter Einsichten der Versuchung genauso erlegen wie damals der junge. Sie selbst hätten die Chance gehabt, durch Ihr Beispiel ein stummes Menetekel für die Verantwortung des Architekten zu sein. Und nun nicht einmal das: Gewogen und zu leicht befunden.

Ihres Geistes haben wir einen Hauch verspürt!

Quellenverzeichnis

Der Traum eines Dichters
Gabriele d'Annunzios Vittorale
Der Architekt 2/1985

Sanfte Ruhe in Venetien
Ein Friedhof von und mit Carlo Scarpa
Der Architekt 4/1981

Alles Beton
Die Kirche in Hérémance von Walter Förderer
Kunst und Kirche 2002

Die Wiedergeburt eines Tempels
Impressionen von der Einweihung des Barcelona Pavillons
Der Architekt 7-8/1986

Ein blindes Huhn kommt selten allein
Zwischen Zeitgeist und Mode
Der Architekt 3/1995

Ein Arkadien um die Ecke
Ein Gespräch zwischen Mies van der Rohe und Iktinos
Der Architekt 11/1992

Über das Plagiat in der Architektur
Der Architekt 12/1978

Wohnen à la carte
Architekturgalerie am Weißenhof Stuttgart 1995

Das Hinterland im Vormarsch
Ein Darmstädter Lesebuch
Roetherverlag Darmstadt 1967

Auf der Suche nach der schöneren Stadt
Aspekte Verlag Frankfurt 1975

Ballereien im Park
Garten und Landschaft 3/1976

Es kommt darauf an, was man draus macht
Architekturgalerie am Weißenhof Stuttgart 1/2002

Die Gebrüder Grimm und die Erfindung des Glassarges
Eine Satire
Der Architekt 3/1997

Vor-denken – Nach-denken
An Dürers schwarzen Engel
Daidalos 22/1986

Von Räumen und Träumen
Kultur des Eigentums
Schwäbisch Hall Stiftung
Springer Verlag, Berlin

Ewig währt am längsten
Der Architekt 3/1988

Zerstören und Aufrichten
Deutsches Architektenblatt 2/1981

Wenn Baukultur ein Spiegel der Gesellschaft ist
Deutsches Architektenblatt 6/86

Spurensuche
Das Modell des Nürnberger Stadions
Festschrift für Tilmann Buddensieg
Verlag für Geisteswissenschaften 1993

Offener Brief an Albert Speer
Der Architekt 6/1997

Fotos

Marianne Bächer-v.Simson, Max Bächer, Elke Seitz,
Privatarchiv Bächer

Abbildungen

Osbert Lancaster, Häuser machen Leute, Ullstein
Kurt Halbritter, Mach dein Hobby selbst, Buchheim